Selby * Sieben Meister – ein Weg

John Selby

Sieben Meister – ein Weg

Sieben große Weisheitslehrer und ihre Geheimnisse der Meditation

Aus dem amerikanischen Englisch
von Stephan Schuhmacher

atmosphären

Die Originalausgabe dieses Buches erschien 2003 unter dem Titel
Seven Masters, One Path –
Meditation Secrets from the World's Greatest Teachers
bei HarperCollins Publishers, New York

Umschlaggestaltung: Greenstuff, München
Lektorat: Karin Breyer, Freiburg i. Br.
Satz: Prade Design, Kinsau
Druck und Bindearbeiten: Clausen & Bosse, Leck
Printed in Germany

ISBN 3-86533-001-0

www.atmosphaeren-verlag.de
www.at-verlag.ch

INHALT

Danksagung

In aller Bescheidenheit möchte ich folgenden zeitgenössischen Lehrern danken, die sich beträchtliche Zeit genommen haben, mir persönlich den Weg zu einem tieferen Verständnis des meditativen Prozesses zu weisen und die mir zudem einzigartige spirituelle Einsichten verschafft haben, die ich in diesem Buch nun mit anderen teilen möchte: Alan Watts, Krishnamurti, Richard Alpert, Rebecca Oriard, Bill Gearhart, Rollo May, Humphrey Osmond, Thakin Kung, Carl Rogers, Birgitta Steiner, Kriyananda und Samuel Lewis. Natürlich gibt es auf dem meditativen Weg viele andere anerkannte und unbekannte Lehrer und ich bin jedem dankbar, der zu einem tieferen Verständnis des Funktionierens unseres Geistes und der Weise, wie Meditation am besten erfahren werden kann, beigetragen hat.

Die meditative Lektion, die Opa meiner Seele einprägte – und das ist wohl der wichtigste Aspekt für dieses Buch –, ist die Tatsache, dass Meditation nicht etwas ist, das man ein- oder zweimal am Tag tut, sondern dass sie eine spirituelle Haltung ist, die idealerweise jeden Augenblick unseres Lebens durchzieht. Wenn die Dinge zu hektisch wurden, dann pflegte Großvater innezuhalten, sich gegen einen Zaunpfahl zu lehnen oder sich für einige Minuten hinzusetzen, bis das für ihn charakteristische Strahlen wiederkehrte. Solche kurzen meditativen Pausen schienen ein integraler Teil seines täglichen Lebens zu sein.

Opa hatte auch so etwas wie eine formelle Meditationspraxis. Er stand nämlich fast immer im Morgengrauen auf und saß, wenn es das Wetter zuließ, bei Sonnenaufgang unter seiner Lieblingseiche. Ich stand oft rechtzeitig auf, um bei Sonnenaufgang still neben ihm zu sitzen und den besonderen Bewusstseinszustand zu genießen, wenn wir so für fünfzehn oder zwanzig Minuten still beisammensaßen. Er machte auch regelmäßig eine Pause bei Sonnenuntergang. Dann setzte und entspannte er sich, um ganz einfach zu „sein", während die Sonne verschwand. Er trat während seiner Sonnenmeditationen nicht irgendwohin „weg"; ja, es gehörte zu seinen ausgeprägtesten Eigenschaften, dass er sich intensiv und unablässig auf den gegenwärtigen Augenblick einließ.

INNEHALTEN UND NACHDENKEN

Vielleicht mögen Sie hier einen Moment innehalten und über Einflüsse aus Ihrer Kindheit nachdenken, die Sie spirituell tief bewegt haben, während Sie aufwuchsen. Wer oder was waren diese Einflüsse? Was haben Sie von ihnen gelernt? Sind diese Einflüsse im Geiste immer noch mit Ihnen?

Kognitive Befreiung

Einige Jahrzehnte nachdem Opa ins Ojai-Tal übergesiedelt war, ließen sich eine Reihe von spirituellen Gemeinschaften in dieser friedlichen Region nieder und etablierten dort ihre jeweiligen Schulen und Lehren. Eine davon war die Theosophische Gesellschaft, die kurz nach der Wende zum zwanzigsten Jahrhundert ganz Indien absuchte und einen kleinen Jungen als den nächsten Messias dieser Welt identifizierte – als die lebende Inkarnation von Jesus und Krishna. Die Theosophen brachten Jiddu Krishnamurti zuerst nach Europa und dann im Jahr 1921 nach Ojai, wo er spirituell und biologisch zum Mann heranreifen sollte. Während Krishnamurti nur wenige Meilen von Ojai entfernt in den Orangenhainen lebte, machte er seine ersten Erfahrung des „Erwachens" – und bald darauf schockierte er Tausende seiner ergebenen Anhänger, indem er seine Identität als der neue Messias von sich wies. Ich selbst war bis in mein tiefstes Inneres berührt, als ich ihn als kleiner Junge zum ersten Mal in den Eichenwäldern von Ojai sprechen hörte. Ich spürte, dass da jemand war, der in Worten zum Ausdruck brachte, was mein Großvater durch sein Handeln demonstrierte – dass wir lernen müssen, unseren Geist zu meistern und uns auf unser innerstes Zentrum jenseits aller kulturellen Prägung und aller religiösen Glaubenssätze einzustimmen, wenn wir Seelenfrieden und Klarheit des Blicks erreichen wollen.

Seit jener ersten Begegnung mit Krishnamurti hatte ich viele informelle Unterhaltungen mit ihm und nahm an zahlreichen formellen Zusammenkünften teil. Bis hin zu unserer letzten Begegnung in der Schweiz – kurz vor seinem Tod – waren seine ins Mark treffenden Lehren für mich immer die klarsten sämtlicher spiritueller Lehrer dieser Welt. In vieler Hinsicht ist dieses Buch meine Weise, die kognitive Befreiung und meditative Weisheit, die Krishnamurti alle jene lehrte, die

Ohren hatten zu hören, neu zu formulieren – in einem Format, das für die heutige Generation leicht zugänglich ist. In diesen Einsichten hallen die Wahrheit der alten Meister und das unmittelbare Beispiel meines eigenen Großvaters wider – in einer neuen begrifflichen Form, die unsere entstehende Weltzivilisation inspirieren soll.

Lebende Lehrer

Eine der zentralen Lehren Krishnamurtis war, dass wir auf dem spirituellen Pfad am besten vorankommen, indem wir nicht etwa zum ergebenen Anhänger eines bestimmten Gurus werden, sondern indem wir vielmehr unser eigenes inneres Zentrum suchen und so die ewige Weisheit direkt anzapfen. Allerdings hat er mich als jungen Mann dazu ermutigt, in die Welt hinauszugehen und aus erster Hand die Techniken und Lehren der äußerst umfangreichen meditativen Tradition dieser Welt zu erkunden – um die Notwendigkeit einer echten Revolution in unserer Gesellschaft klar sehen zu können. Wenn man draußen in der Welt ist, so sagte er, „wird offensichtlich, dass es eine totale Revolution geben muss. Eine andere Art von Kultur muss entstehen. Solange es keine tiefe psychische Revolution gibt, werden bloße Reformen an der Peripherie wenig Wirkung zeigen. Und diese psychische Revolution – die ich für die einzig wahre Revolution halte – wird durch Meditation möglich."

Derart ermutigt, begann ich im Alter von neunzehn Jahren eine Reihe von prominenten Lehrern aufzusuchen und bei ihnen zu lernen. Jeder von ihnen war in den Lehren der alten Meister und in seinen eigenen Einsichten und Inspirationen verwurzelt und besaß einen speziellen Schlüssel zu den Geheimnissen erfolgreicher Meditation. Dieses Buch ist ein direktes Ergebnis dieser lebenslangen Erkundung.

Damals war ich auch sehr neugierig hinsichtlich der wissenschaftlichen Aspekte meditativer Erfahrung und ich verbrachte viele Jahre damit, das formelle psychologische und neurologische Verständnis der spirituellen Erfahrung zu studieren. Was diesen Bereich anging, forderte mich einer meiner Lehrer – der zugegebenermaßen nicht von Makeln freie, jedoch brillante Zen-Gelehrte Alan Watts – heraus, die Arbeit an einem Schlüsselprojekt fortzusetzen, das er initiiert hatte: die grundlegenden psychologischen Prinzipien und Vorgehensweisen zu identifizieren, die allen großen meditativen Traditionen der Welt gemeinsam sind, und diese Vorgehensweisen dann für alle Welt zu lehren.

Ich nahm diese Herausforderung an und fand mich schon bald in Bewusstseinsforschung am National Institute of Mental Health (NIMH) eingebunden, wo ich in den sechziger und siebziger Jahren an wegweisenden Meditationsstudien beteiligt war, die mithalfen, Licht auf das wissenschaftliche Verständnis der meditativen Erfahrung zu werfen. Nach vielen Jahren der Forschung auf diesem Gebiet wurde mir langsam klar, dass alle großen Meditationstechniken der Welt in der Tat auf einem einheitlichen psychologischen Verständnis der Funktionsweise des Geistes beruhen, wozu das Wissen darum gehört, wie man das Bewusstsein am besten in tiefere Bereiche des spirituellen Gewahrseins ausweitet. Dieses Buch vermittelt die wesentlichen Einsichten dieser Studien, indem es zeigt, dass die sieben großen Meister der spirituellen Gemeinschaft unserer Welt alle Schlüsselaspekte oder Stadien desselben zugrunde liegenden meditativen Prozesses lehrten.

Was ist neu an diesem Ansatz?

Nahezu alle Kulturen dieser Welt haben tiefgründige Meditationstraditionen entwickelt; einige von ihnen gehen bis in prähistorische Zeiten zurück. Was also den grundlegenden natürlichen Prozess angeht, durch den der menschliche Geist sich öffnet, kontempliert und mit dem Göttlichen verschmilzt, gibt es sicherlich nichts Neues unter der Sonne.

Ganz gleich, wie unsere theologischen oder philosophischen Glaubenssätze aussehen – die tatsächliche spirituelle Erfahrung, die jenseits menschlicher Ideen und Gedanken liegt, ist universal. Aus diesem Grunde funktioniert das hier vorgestellte Meditationsprogramm für einen Christen ebenso gut wie für einen Daoisten, einen Hindu, einen Buddhisten, Theosophen, Naturwissenschaftler – wen auch immer.

Dieses Meditationsprogramm stellt eine Revolution dar, da es Meditation aller religiösen Dogmen, jeglichen Rituals und aller Theologie entkleidet, um den zugrunde liegenden psychologischen Prozess zu enthüllen, den die großen Meditationslehrer der Welt über die Jahrhunderte gelehrt haben.

Durch unsere Erforschung dieses gemeinsamen psychologischen Prozesses, der all den großen meditativen Traditionen zugrunde liegt, vermochten meine Kollegen und ich ein neues Meditationsprogramm zu entwickeln, das die verschiedenen traditionellen Ansätze zu einem einheitlichen Ganzen zusammenführt.

Es gibt fünf wesentliche Innovationen, die das „Sieben Meister – ein Weg" genannte Meditationsprogramm zu einem einzigartigen und wichtigen Hilfsmittel bei der Suche nach tiefer meditativer Erfahrung und Einsicht machen:

Innovation 1: Die sieben Erweiterungen

Die meisten spirituellen Lehrer sind sich einig darin, dass Meditation am besten zu definieren ist als die methodische Erweiterung des menschlichen Bewusstseins über die angelernten Glaubensformen und Lebenseinstellungen hinaus, so dass man einer tieferen Wirklichkeit direkt begegnen kann. Wir fanden bei unserer Forschungsarbeit, dass es sieben primäre Erweiterungen des Bewusstseins gibt, die sich natürlich bei jeder erfolgreichen Meditationssitzung einstellen. Der menschliche Geist schreitet klar ersichtlich durch einen vorhersehbaren Prozess zur spirituellen Seligkeit und Verwirklichung fort, wenn er unbehindert ist von mentalen Gewohnheiten, störenden Emotionen und einschränkenden Überzeugungen. Eine klare Darstellung dieses Erweiterungsprozesses in sieben Schritten steht im Zentrum des „Sieben Meister – ein Weg"-Meditationsprogramms.

Innovation 2: Die Quiet-Mind-Technik

Zu lernen, wie man während der Meditation allzu geschäftiges und oft störendes Denken beruhigt, war immer eine der wesentlichen Herausforderungen. Im Rahmen unserer Bewusstseinsforschung am NIMH haben meine Kollegen und ich einen speziellen Wahrnehmungsprozess identifiziert, der augenblicklich und zuverlässig den Fluss der Gedanken durch den Geist beruhigt. Wenn wir diese einfache Methode zur Befriedung des Geistes lernen, können wir zu tiefer Meditation fortschreiten.

Innovation 3: Der Kurzform-Ansatz

Im Allgemeinen heißt es, dass man sich wenigstens eine halbe Stunde lang ausschließlich der Meditation widmen muss, damit diese wirksam werden kann. Wir haben jedoch gefunden, dass diese Annahme psychologisch nicht zu halten ist. Durch die Anwendung neuer Einsichten auf den meditativen Prozess haben wir einen „Kurzform-Ansatz" der Meditation entwickelt, den man in einem bemerkenswert kurzen, aber effektiven Zeitrahmen durchlaufen kann. Beherrscht man den mentalen Ausdehnungsprozess erst einmal gut, kann man in jedem zur Verfügung stehenden Zeitraum eine vollständige Meditation durchlaufen und auf diese Weise die Meditation gänzlich in jeden Aspekt eines geschäftigen Lebens integrieren.

Innovation 4: Die Aufmerk-Sätze

Eine weitere Innovation, die wir hier vorstellen und durch die es leichter, wirksamer und erfreulicher wird, Meditation zu lernen, ist der Gebrauch von sieben sehr sorgfältig konzipierten „Aufmerk-Sätzen", welche die innere Aufmerksamkeit Ihres Geistes direkt auf eine der sieben Erweiterungen ausrichten. Sobald man das anfängliche Schulungsprogramm absolviert hat, werden diese speziellen Sätze augenblicklich die gesamte Erfahrung hervorrufen, die mit der jeweiligen Erweiterung einhergeht.

Innovation 5: Die Online-Audioanleitung

Die letzte Innovation, welche die „Sieben Meister – ein Weg"-Meditationspraxis für jeden, der sich einen tieferen Kontakt mit dem inneren Kern des Seins wünscht, wahrhaft effektiv macht, ist die Online-Dimension des Schulungsprogramms, die Ihnen kostenlos auf www.7masters.com zur Verfügung steht. Schon immer haben Schüler meditieren gelernt, indem sie der Stimme ihres Lehrers gelauscht haben, der sie immer wieder durch den Prozess geleitet hat, bis sie den gesamten Prozess internalisiert hatten. Solch eine direkte Anleitung ist über das Medium der Schrift nicht möglich. Jetzt können Sie jedoch Online gehen und erhalten sofort Zugang zu jeder der sieben meditativen Erweiterungen.

Der Lernprozess

Dieses Buch ist eher ein Handbuch fürs Lernen als ein rein philosophischer Diskurs. Es geht mir insbesondere darum, sicherzustellen, dass Sie jede meditative Erweiterung meistern. Um das zu erreichen, schließt jedes Kapitel mit einer geführten Meditation, die auf jenen mündlichen Unterweisungen basiert, die ich in der persönlichen Begegnung mit Schülern und Klienten benutze.

Meine Absicht ist es, Ihnen gerade genug Einsicht und Anleitung zu vermitteln, damit Sie an den Punkt gelangen, wo Ihre eigene innere Meditationserfahrung abhebt und allein zu fliegen beginnt. Das kann geschehen, wenn Sie sich regelmäßig auf Ihren Atem einstimmen, Ihre Gedanken beruhigen, sich auf jedes einzelne der sieben meditativen Themen konzentrieren und sich ganz und gar auf die Einzigartigkeit Ihres eigenen, stets neuen meditativen Moments einlassen.

In diesem Sinne macht jedes Kapitel Sie mit einem Lehrer, einem Meditationsprozess und einer neuen inneren Erfahrung bekannt – bis Sie die sieben kurzen, aber kraftvollen meditativen Erweiterungen, die zusammengenommen ein schönes, machtvolles und vollständiges Meditationsprogramm ergeben, auswendig gelernt haben. Ich biete Ihnen in jedem Kapitel auch kurze meditative Pausen an – Zeiten, in denen Sie das Buch zur Seite legen können, um über das nachzudenken oder das zu erfahren, was Sie gerade gelesen haben, damit während der gesamten Lektüre Ihre tatsächliche Erfahrung den Vorrang vor bloßen intellektuellen Erwägungen hat.

Jene von Ihnen, denen die Meditation noch neu ist, sollten sich viel Zeit gönnen, jede einzelne Erweiterung zu erkunden, bevor Sie zur nächsten voranschreiten. Sie brauchen sich nicht zu beeilen, nichts zu forcieren, denn es gibt kein letztes Ziel und keine letzte Errungenschaft. Es ist wichtig, dass Sie Ihre ganze Aufmerksamkeit jedem neu auftauchenden meditativen Augenblick widmen.

Einige von Ihnen haben möglicherweise schon einmal etwas von der allgemeinen meditativen Erfahrung gehört: Sie haben Bücher zu diesem Thema gelesen, haben vielleicht sogar die eine oder andere traditionelle Technik ausprobiert, haben jedoch nie eine spirituelle Praxis gefunden, die Sie wirklich die Ihre hätten nennen können. Mit einem solchen Hintergrund können Sie den Lernprozess möglicherweise schneller durchlaufen, aber Sie sollten sich trotzdem genug Zeit nehmen, um eine Erweiterung nach der anderen gänzlich zu verstehen und zu erfahren.

Vielleicht sind einige von Ihnen auf ihrer meditativen Reise schon ziemlich weit fortgeschritten, suchen aber noch eine integriertere und effektivere tägliche Praxis, die ihr tägliches Leben erleuchtet. Sie können Diskussionen in diesem Buch zügig durchlesen, wenn es darin um Erfahrungen geht, die Sie bereits kennen ... aber Sie sollten auf jeden Fall innehalten und sicherstellen, dass Sie jede Erweiterung in der hier vorgestellten Form auch tatsächlich erleben.

Indem Sie die Einsichten und Erfahrungen durchlaufen, die spontan auftreten, während Sie durch dieses Meditationsprogramm in sieben Erweiterungen fortschreiten, werden Sie ein Leben der spirituellen Erkundung und des spirituellen Erwachens für sich entdecken. Gehen Sie dabei gerade so schnell voran, wie Sie möchten. Schon bald werden Sie in der Lage sein, allein ganz mühelos den gesamten Meditationsprozess zu durchlaufen, ohne die Notwendigkeit einer äußeren Anleitung.

Die Kurzform-Meditation

Der Tradition entsprechend würde man, besonders in einem hinduistischen oder buddhistischen Kontext, ein- oder zweimal am Tag für wenigstens eine halbe Stunde am Stück meditieren. Ein solcher Rahmen ist auch heute noch sehr zu empfehlen, wenn es Ihnen in Ihrem geschäftigen Leben möglich ist, jeden Tag zu einem geregelten Zeitpunkt so viel Zeit zu erübrigen.

Vielen Menschen mag es jedoch so ergehen, dass sie vielleicht fünf kurze Gelegenheiten zur Meditation am Tag haben, aber keine Möglichkeit zu einer langen Meditationsperiode. Außerdem sitzen manche Menschen gern für längere Zeit still, während Menschen mit einem anderen Temperament vielleicht lieber in Bewegung sind. Und es gibt Menschen wie mich, die Freude an einer regelmäßigen Morgen- und Abendmeditation von einer halben bis zu einer Stunde haben, die aber auch viel Kraft daraus ziehen, dass sie mehrmals am Tag für fünf bis zehn Minuten innehalten, um eine kürzere Meditation durchzuführen, die ihr Bewusstsein schnell in einen friedlicheren, einsichtigeren und liebevolleren Zustand bringt.

Ich habe schon vor langer Zeit herausgefunden, dass „Kurzform"-Meditationserfahrungen sehr wertvoll sein können, und habe unlängst noch genauer erforscht, wie man die verjüngenden Kräfte der Meditation schnell auf die effektivste Weise anzapfen kann. Das siebenstufige Meditationsprogramm, das Sie in den Händen halten, wird formell ein „modularer" Meditationsprozess genannt – modular, weil jede der Meditationen als eine kurze, aber vollständige Meditation für sich stehen kann. Wenn man diese Meditationen jedoch in der richtigen Reihenfolge zusammensetzt, dann funktionieren die sieben Meditationen auch als ein Ganzes mit fließenden Übergängen von Thema zu Thema, die Sie mit jedem hinzukommenden Modul immer mehr in die Tiefe führen.

Wir werden noch gründlich erkunden, wie Sie Ihre eigene ideale Struktur für die Meditation entwickeln können, eine Struktur, die es Ihnen erlaubt, sich jeweils auf das meditative Thema zu konzentrieren, das für jeden neuen Tag für Sie am wichtigsten ist. Wir zielen darauf hin, sicherzustellen, dass Sie – wo auch immer Sie sich befinden und egal wie wenig Zeit Ihnen zur Verfügung steht – Ihren Geist jederzeit Ihrem inneren spirituellen Zentrum zuwenden und vielfältigen Nutzen aus der meditativen Erfahrung ziehen können.

Im Zentrum dieses einzigartigen und vielleicht radikalen Ansatzes der Meditation steht die Lektion, die ich von meinem Großvater und dann später auch von Krishnamurti gelernt habe – dass unser spirituelles Ziel nicht darin besteht, uns ein- oder zweimal am Tag zur Meditation zurückzuziehen, sondern darin, zu lernen, wie wir jeden Moment unseres Lebens in Kontakt mit unserem spirituellen Kern leben können.

Neue Formen der spirituellen Führung

Meditation, das machtvollste Instrument zur Arbeit mit dem Geist, das je entwickelt wurde, wurde der Tradition entsprechend direkt von einem Menschen an einen anderen weitergegeben, nicht durch Schriften, sondern durch mündliche Überlieferung. Im Allgemeinen lernen wir am besten, wenn wir einer Stimme lauschen, die uns durch einen Prozess führt, statt nur über diesen zu lesen. Die Stimme eines Lehrers ist sehr viel wirksamer, wenn es um die Auslösung innerer Erfahrungen geht, als wenn man dieselben Worte auf einer Buchseite liest.

Um einen meditativen Prozess erlernen zu können, müssen Sie dieselbe grundlegende innere Sammlungsaktivität in Ihrem Geist etliche Male durchlaufen … bis Sie den Meditationsprozess als eine wunderbare geistige Gewohnheit internalisiert haben, die Sie ohne Anleitung vollziehen können. Die meisten Menschen sträuben sich dagegen, dieselben Anweisungen immer wieder zu lesen, um einen Prozess auswendig zu lernen, aber sie schließen recht gern die Augen und lauschen ohne geistige Anstrengung immer wieder auf eine Stimme, die sie durch den meditativen Prozess führt, bis sie es „begriffen" haben und keiner mündlichen Anleitung mehr bedürfen.

Dieser Tatsache eingedenk, haben meine Kollegen und ich während des letzten Jahrzehnts daran gearbeitet, ein neues System zur Fernübermittlung mündlicher Meditationsanweisung zu entwickeln, und zwar mit Hilfe der Möglichkeit, Audiodateien über das Internet zu übermitteln, sowie mit Audio-CDs. Unsere Absicht war, das Konzept des „Fernstudiums" dahingehend zu erweitern, dass es auch die Audioanleitung einschließt.

Sie finden deshalb am Ende eines jeden Kapitels eine Internetadresse, die Ihnen die Möglichkeit gibt, mündliche Unterweisung abzurufen, die das Erlernen dieser Meditationen müheloser und wirksamer macht. Sie finden dort sowohl kurze

Meditationen, wenn Sie nur wenige Minuten Zeit übrig haben, um sich nach innen zu wenden, sowie längere Varianten über den grundlegenden Prozess der sieben Erweiterungen, wenn Sie sich über einen längeren Zeitraum – vielleicht zehn oder zwanzig oder dreißig Minuten – der Meditation widmen können.

Natürlich werden viele von Ihnen die schriftlichen Anweisungen völlig ausreichend finden und die Meditationen ohne die Audiounterstützung beherrschen lernen. Wenn Sie jedoch zu jenen gehören, die mehr Hilfe in Anspruch nehmen möchten, brauchen Sie nur Ihren Computer zu starten, sich auf unserer Website einzuloggen – und da bin ich. Bei www.7masters.com haben Sie auch die Möglichkeit, an Chats teilzunehmen und Ihre neuen Meditationserfahrungen mit anderen Menschen zu teilen, die dieses Buch lesen. Online ist auch viel Hintergrundinformation über jeden der sieben Meister und vieles andere zugänglich. Und wer selbst keinen Computer hat, kann die sieben Meditationen auch in einer preiswerten CD-Ausgabe erwerben (mehr dazu im Anhang).

Die sieben Meister

Sie fragen sich vielleicht, wie ich unter all den spirituellen Meistern der Geschichte die sieben Meister ausgewählt habe, von denen dieses Buch handelt. Zweifelsohne waren die ersten fünf Meister – Patañjali, Laozi, Buddha, Jesus und Mohammed – bemerkenswerte Weltlehrer, die nicht nur meine Seele mit ihren Lehren, Einsichten und Techniken berührt haben, sondern die auch immer während im Zentrum der größten spirituellen Bewegungen dieser Welt stehen.

Die letzten beiden, die ich ausgewählt habe, Gurdjieff und Krishnamurti, runden den Meditationsprozess vollkommen ab. Sie hatten nicht nur einen besonderen Einfluss auf mein eigenes Verständnis von Meditation, sondern sie haben auch neue Beiträge geleistet und Beispiele gegeben, welche die fortschreitende spirituelle Entwicklung der Weltgemeinschaft fördern.

Wie wir hier entdecken werden, führen alle wahren spirituellen Lehrer ihre Schüler zur selben letzten Verwirklichung und Erfahrung – der des vollständigen Eintauchens in den spirituellen Kern des Seins, den wir alle gemeinsam haben und aus dem wir unsere tiefe Nahrung, Weisheit, Vitalität und Einsicht beziehen.

Ich möchte Ihnen nun diese sieben Meister vorstellen, die bereits seit Jahrhunderten oder erst seit kürzerer Zeit ein machtvolles Erwachen zu besonderen spirituellen Bewusstseinsbereichen in sehr vielen Herzen dieser Welt hervorgerufen haben und die fortfahren, uns durch Meditation direkt zu berühren. Gleichzeitig werde ich die sieben „Aufmerk-Sätze“ einführen, die Sie lernen und in Ihren Meditationen benutzen werden. Diese Aufmerk-Sätze werden alles sein, woran Sie sich nach Beendigung Ihrer Schulungsperiode noch erinnern müssen, um den gesamten Meditationsprozess zu durchlaufen.

Patañjali

Vor etwa viertausend Jahren wurde die systematische Schulung in Meditation in Indien von alten yogischen Meistern initiiert. Sie schritten Stufe für Stufe durch innere Forschung und Erkundung zu einem klaren Verständnis der Art und Weise fort, wie unser Geist funktioniert und wie wir die Meditation dazu benutzen können, unser tieferes spirituelles Gewahrsein zu wecken. Nach zweitausend Jahren dieser Entwicklung fasste ein bemerkenswerter Weiser namens Patañjali all diese Lehren und Einsichten zusammen und legte in seinen „Yoga-Sûtras“ detaillierte Unterweisungen zur Kunst der Meditation und Hingabe nieder.

Im Zentrum von Patañjalis Lehre stand die Idee, dass eine gesammelte Aufmerksamkeit auf den eigenen Atem für jede

Meditation wesentlich ist und dass spezielle Atemtechniken das Bewusstsein in eine ganz bestimmte spirituelle Richtung verändern können. Der Sanskritbegriff *Prâna*, der „Atem" oder „Lebenskraft" bedeutet, war in der gesamten Geschichte hinduistischer Religiosität ein zentrales Konzept. Wie wir noch sehen werden, ist in fast allen meditativen Traditionen die Ausrichtung auf eine tiefe innere Erkundung der Erfahrung des Atems bedeutsam.

Aus Patañjalis wegweisender Lehre zum Prânâyâma (Bewusstheit und Kontrolle des Atems) können wir lernen, dass die essenzielle Übung für den Einstieg in die Meditation darin besteht, unsere gesamte Aufmerksamkeit auf die Erfahrung des Atmens zu richten.

- Die erste Erweiterung unserer siebenstufigen Meditation werden wir in folgende Worte fassen: „Ich atme frei."

Laozi

Ebenfalls vor etwa viertausend Jahren entstand in den Bergen von China die meditative Tradition der Daoisten. Schritt für Schritt entwickelte sie grundlegende Einsichten in den Prozess, durch den wir mittels innerer Erfahrung direkt mit dem Göttlichen in Berührung kommen können. Im Herzen der chinesischen Tradition der spirituellen Verwirklichung finden wir den alten daoistischen Meister Laozi (auch Laotse oder Lao Tzu), den Autor eines der meistgelesenen spirituellen Texte der Menschheit, des „Daodejing" (auch „Tao te king").

Als ich begann, bei Alan Watts zu studieren, war er gerade dabei, seine eigene Übersetzung des chinesischen Originaltextes des „Daodejing" fertig zu stellen. Während ich Zeuge von Alans vergnüglichem Ringen mit seiner Übersetzungsarbeit wurde und an seinen Seminaren über den daoistischen Text teilnahm, wurde mir klar, dass das letzte Ziel der daoistischen

Meditation einfach darin besteht, den Fluss der Gedanken durch den Geist zur Ruhe zu bringen, so dass man der Natur des tieferen „Ganzen" des Lebens gewahr werden kann.

Unter Rückgriff auf Laozis Worte und Hinweisen aus dem allgemeinen Meditationsansatz des Daoismus und des Zen lernen wir eine sehr praktische Technik (eine Verbindung von uralter daoistischer Atemmeditation mit neuen wissenschaftlichen Erkenntnissen) zur willentlichen Beruhigung des Gedankenflusses durch den Geist, so dass wir die Macht und Schönheit der Meditation erfahren können.

- Die zweite Erweiterung unserer siebenstufigen Meditation werden wir in folgende Worte fassen: „Mein Geist ist jetzt ruhig."

Buddha

Siddhârtha Gautama wurde etwa einhundert Jahre nach Laozi und vierhundert Jahre vor Christus in eine reiche Hindu-Familie in Indien geboren. Er erfuhr im Alter von neunundzwanzig Jahren das völlige Erwachen. Seine Hauptlehren zeigen, dass wir alle in urteilenden und ängstlichen Gedanken und Einstellungen gefangen sind, die chronisches Leiden erzeugen, und dass wir uns nur dann von dem Erzeugen von immer mehr Leiden befreien können, wenn wir diese mentalen Gewohnheiten direkt untersuchen und Kontrolle über unseren Gebrauch des Geistes gewinnen.

In seiner meditativen Lehre veranschaulicht er, dass wir, solange wir uns weigern, die Wirklichkeit des gegenwärtigen Moments rückhaltlos zu akzeptieren, fortwährend ein inneres Trauma erzeugen und uns damit von unserer wahren Buddha-Natur abtrennen. Unser permanentes Urteilen und unsere Weigerung, die Welt so zu akzeptieren, wie sie ist, machen das Leben zu einer Hölle. Indem wir auf realistischere Weise mit unserem Geist und unserem Handeln umgehen, können wir unsere Erfahrung von Augenblick zu Augenblick aus Leiden in Freude transformieren.

Beim dritten Meditationsschritt geht es darum, zu lernen, das Leben genau so zu akzeptieren, wie es ist, anstatt ständig zu meinen, mit uns oder der Welt sei etwas nicht in Ordnung, wir seien böse, unvollkommen oder einfach nicht gut genug. Indem wir die Wahrheit dessen, was wir tatsächlich sind, völlig annehmen, können wir uns der Befreiung vom Leiden annähern und sie sogar verwirklichen.

- Die dritte Erweiterung unserer siebenstufigen Meditation werden wir in folgende Worte fassen: „Ich nehme die Welt genau so an, wie sie ist."

Jesus

Die Lehren Jesu lassen sich aus verschiedenen Perspektiven betrachten und sie wurden buchstäblich von Hunderten von äußerst unterschiedlichen Sekten und Bewegungen theologisch ausgelegt. Für die meditativen Zwecke, um die es uns hier geht, müssen wir nicht an ein bestimmtes religiöses Dogma glauben. Wir können auch ohne ein solches die Grundzüge des Erwachens verstehen, die Jesus lehrte. Was den meditativen Pfad angeht, stimmte Jesus im Grunde völlig mit Buddha, Laozi und Patañjali überein: dass es ein essenzieller Aspekt des spirituellen Pfades ist, mit dem inneren „Atem Gottes" in Kontakt zu sein; dass Geistesfrieden und innere Stille zu den wesentlichen Übungen gehören, die es zu pflegen gilt; dass wir aufhören müssen zu urteilen und Gottes Schöpfung annehmen müssen, wie sie ist; und – das ist vielleicht der wichtigste Aspekt – dass Liebe das Herz allen spirituellen Lebens ist.

Die vierte Erweiterung unserer Meditation stellt die machtvollen Lehren Jesu über die Liebe und die zentrale Rolle des Herzens in der spirituellen Praxis vor. Aus seinen Worten übernehmen wir das Thema der bedingungslosen Liebe und lernen, diese Worte in die Praxis umzusetzen, während wir entdecken, wie man sich direkt auf sein eigenes Herzzentrum konzentriert, welches uns ermöglicht, in allen unseren Beziehungen mehr Liebe auszustrahlen.

- Die vierte Erweiterung unserer siebenstufigen Meditation werden wir in folgende Worte fassen: „Ich liebe mich selbst, genau so, wie ich bin."

Mohammed

Das große Geschenk, das Mohammed in seine islamische Kultur einbrachte, die im sechsten Jahrhundert nach Christus begann, ist – aus der Sicht der Meditation – die Gewissheit, dass es nur eine einzige unendliche spirituelle Macht gibt und dass diese Macht letztlich liebevoll und voller Vergebung ist; diese Macht betrachtet das Menschenwesen als grundlegend gut und harmonisch. Eine der eigentlichen Wurzeln des Wortes Islam ist „Friede". Dieser Friede wird in der Meditation erreicht, indem man sein ganzes Sein Allah hingibt und es Gottes Liebe erlaubt, all die verschiedenen Konflikte, Enttäuschungen und Verwirrungen des Geistes und der Emotionen, die in einem Leben auftreten, zu heilen, so dass der Einzelne, die Familie und die Gemeinschaft „in Gott wohnen" und in Frieden gedeihen können.

Die meditative Erweiterung, derer wir uns für unsere fünfte Meditation bedienen, ist dieser Prozess der völligen Hingabe an Gott (welchen Namen wir ihm auch geben möchten) und der Öffnung unseres Herzens für die heilende Berührung Gottes, seine Führung und seine unendliche Liebe in unserem täglichen Leben. Eine solche Hingabe und „Öffnung, um zu empfangen" trägt uns direkt in den Kern des spirituellen Erwachens. Durch diese vollkommene Hingabe an Gottes Willen und Hilfe, reduzieren sich unsere negativen Gefühle von Furcht und Angst und die damit in Zusammenhang stehenden Feindseligkeiten und Urteile lösen sich als Folge davon auf. Das

Ergebnis ist eine Erfahrung tiefer emotionaler Heilung und tiefen Friedens.

- Die fünfte Erweiterung unserer siebenstufigen Meditation werden wir in folgende Worte fassen: „Mein Herz ist offen für das Empfangen von Gottes heilender Hilfe."

Gurdjieff

Im achten und neunten Jahrhundert entwickelte sich aus den jüdischen, christlichen und muslimischen Traditionen des Mittleren Ostens und zudem noch aus anderen mystischen Traditionen die spirituelle Bewegung der Sufis; diese breitete sich durch Zentralasien und Osteuropa bis hinab nach Afrika aus. Ein besonders machtvoller Lehrer, der aus dieser expansiven und auf Freude ausgerichteten Tradition hervorging, war Georg Iwanowitsch Gurdjieff, ein griechisch-armenischer Mystiker und Lehrer heiliger Tänze und Meditationen, dessen Bedeutung für die spirituelle Gemeinschaft dieser Welt sowie dessen Einfluss auf diese erst noch richtig gewürdigt und integriert werden müssen.

Eine der Haupttechniken, die aus Gurdjieffs Lehren stammen, wird im Allgemeinen „Selbsterinnerung" genannt; sie passt wunderbar in unser Meditationsprogramm. Diese tiefe Gewahrseinstechnik macht es uns möglich, im gegenwärtigen Augenblick bewusster und lebendiger zu sein. Sie gründet sich auf das, was wir in den fünf vorangegangenen Meditationen gelernt haben, und weitet unsere Meditation dahingehend aus, dass sie nun nicht nur unsere innere Erfahrung, sondern auch unsere Wechselwirkungen mit der Außenwelt einbezieht.

- Die sechste Erweiterung unserer siebenstufigen Meditation werden wir in folgende Worte fassen: „Ich weiß, wer ich bin."

Krishnamurti

Mit Jiddu Krishnamurti kommen wir zur letzten Erweiterung unserer täglichen meditativen Reise; dabei wird unser Geist still und vollkommen aufmerksam für den gegenwärtigen Moment. Wir erlauben es unseren Gedanken wieder, durch unseren Geist zu fließen, während wir gleichzeitig eine klare Empfindung bewahren, ein Beobachter zu sein, der seine Gedanken beobachtet und sich nicht mit den Gedanken identifiziert. In einem solchen Zustand erweiterten Bewusstseins entdecken wir, dass unsere Gedanken oft eine mystische und einsichtsvolle Natur besitzen, und sind inspiriert, dass sie uns zu plötzlichen Erkenntnissen führen, die unser Leben verändern können.

Inmitten solcher Inspirationen treten wir oft in einen Zustand ein, in dem die Worte wegfallen, und wir eintauchen in die Glückseligkeit reiner Existenz im gegenwärtigen Augenblick. Wir haben nun die vollständige Erweiterung unseres meditativen Prozesses erkundet und sind frei dazu, in einen reinen Zustand der Einheit mit dem Göttlichen einzutreten … und das jedes Mal zu tun, wenn wir meditieren, sei es nun für fünf Minuten oder für zwei Stunden. Während wir so die siebte Erweiterung vollenden, finden wir uns wieder am Anfang, wo wir einfach des Atems gewahr sind … in Glückseligkeit.

- Die siebte Erweiterung unserer siebenstufigen Meditation werden wir in folgende Worte fassen: „Ich bin hier, jetzt, in Glückseligkeit."

Die sieben Meditationen

Ich möchte Ihnen nun kurz jede der Meditationen vorstellen, die Sie in diesem Programm zu beherrschen lernen, so dass in Ihrem Geist der komplette Fluss der Erfahrungen vorhanden ist, die den vollständigen Meditationsprozess ausmachen. Sie werden sehen, dass es ein natürliches Fortschreiten von der ersten Meditation zur zweiten gibt, von der zweiten zur dritten – und so weiter bis zur siebten. Der Ordnung und Abfolge dieser Meditation liegt in der Tat eine sehr strenge psychologische ebenso wie spirituelle Logik zugrunde.

Atembeobachtung

Nahezu alle meditativen Traditionen beginnen mit der wichtigen Erfahrung der Sammlung der Aufmerksamkeit des Geistes auf das augenblickliche Geschehen unseres Atems. Der physiologische Prozess des Atmens ist zweifelsohne unsere lebenswichtigste und unmittelbarste Lebensaktivität. Wir besitzen die Macht, unseren Atem willentlich zu kontrollieren. Ebenso können wird unseren Atem völlig befreien, indem wir uns der unendlichen Tiefen des Bewusstseins gewahr werden, die ins Sein treten, wenn wir uns vor allem auf den Atem konzentrieren.

Befriedung des Geistes

Viele Menschen verwechseln das Gebet, in dem wir „mit Gott sprechen", mit der Meditation, in der unser sprechender, denkender Geist still wird und wir in das Universum des Bewusstseins eintreten, das nur existiert, wenn für eine gewisse Zeit der Gedankenstrom, der unseren Geist durchzieht, zum Stillstand kommt. Ebenso wird die Meditation häufig mit der Kontemplation verwechselt, in der wir (oft mit einem sehr aktiven kognitiven Geist) über das Thema der Kontemplation nachdenken. Den Geist ruhig zu stellen bedeutet auch, uns zuerst vom Fluss der Gedanken, der unseren Geist durchzieht, zu distanzieren und ihn dann ganz behutsam zum Schweigen zu bringen. Dies ist der zweite essenzielle Schritt in einer vollständigen Meditationsübung – und glücklicherweise hat uns moderne Bewusstseinsforschung neue Wege aufgezeigt, wie wir dieses alte Ziel erreichen können.

Annehmen der Wahrheit

Eine der großen Fähigkeiten des menschlichen Geistes – und zugleich einer seiner schwersten Flüche – ist das Vermögen, das, was uns selbst und der Welt um uns herum geschieht, zu beurteilen. Wir erben Überzeugungen und kreieren selbst Ansichten davon, wie die Welt unserer Meinung nach beschaffen sein sollte, und dann lehnen wir alles ab, das nicht in unser Glaubenssystem passt. Meditation verlangt, dass wir diese beurteilende Aktivität des Geistes vorübergehend beiseite stellen, damit wir die Wahrheit klar sehen und die Wirklichkeit als das, was sie ist, annehmen und uns so von dem blendenden Effekt permanenten Urteilens und all dem daraus entstehenden Herzeleid befreien können.

Erwecken des Herzens

Genau in der Mitte unserer sieben meditativen Praktiken steht die bemerkenswerte Eigenschaft der Liebe – die Fähigkeit des Herzens, zu tieferen spirituellen Ebenen des Mitgefühls zu erwachen. Meditation, in der die Liebe keine zentrale Rolle spielt, ist überhaupt keine Meditation. Jede einzelne spirituelle Tradition der Welt bezeichnet die Liebe als entscheidend und das direkte Bewusstsein des eigenen Herzzentrums als grundlegend. Die universale Gleichung „Gott ist Liebe" stellt das Fundament der Meditation dar. Unsere Herausforderung besteht darin, eine einfache, aber tiefgründige Meditation zu meistern, welche unser Vermögen, Liebe zu empfangen und sie in der Welt zu verbreiten, verstärkt.

Heilung der Emotionen

Psychologisch gesehen, befinden Menschen sich ständig entweder in einem Zustand der Furcht (Zusammenziehung) oder einem Zustand der Liebe (Ausdehnung). Aus unseren gewohnheitsmäßigen Verkrampfungen von Angst, Furcht und Sorge entstehen all die anderen negativen Emotionen wie Wut,

Hass, Depression, Verwirrung, Zukunftsangst und so weiter. Außerdem können wir, wenn wir von Furcht ergriffen sind, einfach keine Liebe fühlen. Alle großen religiösen Lehrer haben dies verstanden; deshalb lehren sie, dass wir lernen müssen, auf Gott zu vertrauen, die Furcht loszulassen, im Glauben zu leben und letztlich aufzuhören, uns um die Zukunft und wegen des Todes zu sorgen. Kein Meditationsprogramm ist vollständig, wenn es nicht regelmäßig unsere Aufmerksamkeit auf unsere Emotionen lenkt – insbesondere auf jene Gedanken, die angstvolle Gefühle hervorrufen – und uns zeigt, wie wir durch spirituelles Erwachen unsere Ängste loslassen und in den umfassenderen Zustand bedingungsloser Liebe eintreten können. Unsere fünfte Meditation leistet genau dies.

Selbsterinnern

Das Ziel jeglicher Meditation ist, dass wir unserer selbst stärker gewahr werden und uns insbesondere an das erinnern, was wir in unserer Tiefe wirklich sind. Die sechste Meditation richtet unser Bewusstsein so aus, dass wir gleichzeitig der Außenwelt und unserer inneren Gegenwart gewahr sind. Diese Qualität des Innen-außen-Gewahrseins lässt sich direkt durch eine spezielle Fokussierungsmeditation unterstützen, die zu einer augenblicklichen Erweiterung des Bewusstseins führt. Diese Meditation ist auch besonders geeignet, uns zu helfen, während unseres geschäftigen Alltags einen meditativen Zustand aufrechtzuerhalten, ganz gleich, was wir gerade tun.

Glückseligkeit erfahren

In den ersten sechs Erweiterungen des Bewusstseins stimmen wir uns fortschreitend auf unsere Atmung ein und befreien diese, lassen unsere Ängste los und beruhigen unseren Geist, hören auf zu urteilen und treten in Verbindung mit dem ewigen gegenwärtigen Moment; wir öffnen unser Herz für uns selbst, öffnen unsere Seele für die heilende Berührung unseres

Schöpfers – und dann erfahren wir direkt unsere unendliche Präsenz. Wenn wir derart diese sechs Erweiterungen des Bewusstseins durchlaufen haben, treten wir ganz natürlich in einen Zustand der Glückseligkeit ein – nicht als eine erhabene Idee, sondern als tatsächliche Erfahrung. Ja, wir meditieren, um uns besser zu fühlen, um uns regelmäßig total glückselig zu fühlen. Die letzte Erweiterung ermutigt uns, uns völlig dem gegenwärtigen Augenblick hinzugeben – das ist jener letzte Schritt, der nötig ist, um Glückseligkeit zu erlangen.

Was nützt uns das?

Niemand unternimmt etwas ohne eine Motivation und wir müssen uns der Meditation aufrichtig mit einem klaren Verständnis dafür annähern, wie wertvoll eine Selbstdisziplinierung ist, wenn wir in unserem Leben eine spirituelle Ausrichtung aufrechterhalten wollen. Ziel dieses neuen Meditationsansatzes ist es, Ihnen zu ermöglichen, Ihre ganze Aufmerksamkeit an jedem einzelnen Tag auf die sieben lebenswichtigen Lebensqualitäten zu richten, so dass Sie das Licht Ihrer tieferen spirituellen Präsenz regelmäßig auf alle Lebensthemen fallen lassen können.

Lenken Sie Ihre Aufmerksamkeit regelmäßig auf diese meditativen Themen, so wird das unmittelbare Ergebnis ein wundervolles Erwachen und eine Erneuerung Ihrer gesamten mentalen, emotionalen und spirituellen Präsenz sein. Insbesondere wenn Sie die Meditationen in der in diesem Buch vorgegebenen Reihenfolge praktizieren, werden Sie feststellen, dass Sie beinahe jedes Mal, wenn Sie die komplette Meditation durchführen – sei es in Kurzform von zwei Minuten oder in längeren Formen von zehn Minuten, einer halben Stunde oder einer Stunde –, eine äußerst bemerkenswerte Bewusstseinserweiterung erfahren können.

Besonders wichtig ist, dass Sie daran denken, Ihre volle Aufmerksamkeit wenigstens einmal pro Tag in jede dieser Richtungen zu lenken, so dass Ihr Geist, Ihr Herz und Ihre Seele kontinuierlich über diese essenziellen Dimensionen Ihres Lebens meditieren und mithelfen, sie zu aktivieren und auszubalancieren.

Wie wir noch gründlich untersuchen werden, ist Aufmerksamkeit Energie und willentlich ausgerichtete Aufmerksamkeit ist manifestierte Macht. Wenn Sie die mentale Gewohnheit entwickeln, die ganze meditative Aufmerksamkeit Ihres Geistes regelmäßig auf die wichtigsten spirituellen Themen auszurichten, so kann dies alle Dimensionen Ihres Lebens verändern. Alles, was Sie dazu brauchen, ist, die Meditation auswendig zu lernen und sich damit zutiefst vertraut zu machen (das braucht höchstens einige Wochen, besonders wenn Sie die angebotene Audiounterstützung nutzen) und sich dann jeden Tag die Zeit zu nehmen, die Erweiterungen zu durchlaufen und diese Dimensionen Ihres Lebens weiterhin zu erwecken.

Damit Sie dieses Meditationsprogramm in Ihr tägliches Leben integrieren können, werden die begleitenden Audiodateien, die Sie unter www.7masters.com finden, sowie die CDs Ihnen nicht nur einen Zeitrahmen, sondern drei verschiedene Zeitrahmen für die Meditation zur Auswahl stellen. Wenn Sie ganze dreißig Minuten Zeit haben, dann führe ich Sie durch ein Programm, das jeder der sieben Erweiterungen vier Minuten widmet. Wenn Sie nur zehn Minuten zur Verfügung haben, benutzen Sie das geführte Programm, das für jede einzelne Meditation sieben Atemzüge vorsieht. Auch dies kann, wie Sie sehen werden, eine sehr tiefe Erfahrung auslösen.

Haben Sie lediglich zwei Minuten Freiraum, werden Sie trotzdem tief erfüllt sein, wenn Sie sich nur für eine kurze Zeit (jeweils zwei Atemzüge lang) mit vollem Einsatz gänzlich auf jedes der sieben Themen nacheinander ausrichten und Ihre Aufmerksamkeit, wenn auch nur kurz, sanft darauf lenken …

sich zuerst Ihrer Atmung bewusst zu sein … dann Ihren Geist zu beruhigen … dann die Welt um Sie herum anzunehmen … dann sich selbst zu lieben, so wie Sie sind … dann Ihr Herz für das Empfangen zu öffnen … dann zu wissen, wer Sie wirklich sind … und dann zutiefst die abschließenden Atemzüge zu erfahren, die Sie im Zustand der Glückseligkeit im gegenwärtigen Moment zurücklassen.

Unter dem Strich heißt das: Diese sieben Meditationen werden Ihnen helfen – wieviel Zeit Sie auch dafür aufwenden können –, sich besser zu fühlen und liebevoller, wacher, harmonischer und erfolgreicher zu sein. Wenn Sie Zeit mit den Meditationen verbringen, werden diese ein wesentlicher Teil eines jeden Augenblicks Ihres Lebens werden … und Sie werden mehr und mehr zu Ihrem eigenen wahren Selbst werden.

DIREKTE ERFAHRUNG

Lassen Sie uns, noch bevor wir zum ersten Kapitel kommen, den besonderen Lernprozess initiieren, in den wir uns gemeinsam vertiefen werden, indem wir den einfachen Vorgang erforschen, wie man die Aufmerksamkeit des Geistes allmählich von Wörtern und Ideen weg und auf die unmittelbarste Erfahrung hinlenkt, die ein Mensch in diesem Leben machen kann – die des Atmens von Augenblick zu Augenblick.

> Werden Sie zuerst ohne jede Anstrengung gewahr, dass Sie in diesem Augenblick die Aufmerksamkeit Ihres Geistes darauf ausrichten, die Wörter auf dieser Seite zu lesen, diese Wörter in Ihren Geist zu bringen und ein Gefühl für Bedeutung in dem Fluss der Wörter zu erzeugen …

> Während Sie diese Anleitungen weiterlesen, erlauben Sie Ihrem Gewahrsein, auch die unmittelbaren Empfindungen

zu umfassen, die Sie haben, während die Luft durch Ihre Nase oder Ihren Mund einströmt … und dann ausströmt …

Und, während Sie des Atems gewahr bleiben, der durch Ihre Nase oder Ihren Mund ein- und ausströmt, werden Sie auch der Atembewegung gewahr, die natürlich in Ihrer Brust und Ihrem Bauch stattfindet, während Sie atmen …

Sagen Sie zu sich selbst: „Ich bin meines Atmens gewahr …"

Nachdem Sie diesen Abschnitt gelesen haben, können Sie die Augen schließen und weiterhin Ihre Aufmerksamkeit *auf Ihre Atmung* ausgerichtet halten … Seien Sie offen für neue Erfahrungen, die aus dem unendlichen spirituellen Potenzial des gegenwärtigen Augenblicks kommen …

Sofortzugang zur Audioanleitung
finden Sie im Internet unter:
www.7masters.com

1. ATEMBEOBACHTUNG – PATAÑJALI

Eines der erstaunlichsten Charakteristika des Menschen ist, dass jeder von uns ein riesiges Potenzial zur Erweiterung seines Gewahrseins auf eine Art und Weise besitzt, die große Einsicht, Freude, Frieden und Erfüllung in unser Leben bringen könnte – dass wir jedoch im Allgemeinen unser Bewusstsein auf einem begrenzten Niveau halten, das uns von unserer tieferen spirituellen Natur und unserem Potenzial fern hält.

Einer der zentralen Punkte, um die es hier geht, ist die Beziehung zu unserer eigenen Atmung. Es ist bereits seit Tausenden von Jahren bekannt, dass das bloße Gewahrsein des eigenen Atems unser Leben zum Besseren verändern kann. Außerdem ist in der menschlichen Konstitution nichts angelegt, das uns hindern würde, einen Teil unseres Gewahrseins von Augenblick zu Augenblick der Erfahrung des Atems zu widmen. Wir würden uns ganz gewiss wesentlich besser fühlen und auf höheren Ebenen funktionieren, wenn wir unserem Atem die ihm gebührende Aufmerksamkeit widmen würden. Und dennoch laufen die meisten von uns in einer Geistesverfassung herum, die sich der im Körper verankerten Quelle von Freude und Inspiration nicht im Geringsten bewusst ist.

Die vielleicht grundlegendste psychologische Erkenntnis über die Meditation ist, dass sich spirituelles Erwachen nur in der Unmittelbarkeit des gegenwärtigen Augenblicks abspielt. In der Tat geschehen all unsere menschlichen Gefühle und Erfahrungen nur genau hier und genau jetzt. Der gegenwärtige Augenblick ist der einzige Ort, an dem wir sowohl unseren inneren Gefühlen als auch der äußeren Welt begegnen – und nichts verwurzelt uns so tief und unmittelbar im gegenwärtigen Augenblick wie ein fortlaufendes Gewahrsein der Erfahrung unseres Atems.

Die Hauptverantwortung dafür, dass unsere Aufmerksamkeit ständig vom gegenwärtigen Augenblick abgezogen wird, liegt bei der Neigung unseres denkenden Geistes, vom Hier und Jetzt in Erinnerungen, Vorstellungen, Urteile und abstrakte Assoziationsketten und Überlegungen über diese Urteile abzuschweifen. Angetrieben von den ständigen Sorgen und Grübeleien unseres aufgeregten Egos, neigen wir dazu, uns für den größten Teil des Tages in oft widerstreitende Gedanken und Gefühle zu verlieren. Wir versuchen durch Problemlösung zu Erfolg zu gelangen, machen uns zu viele Sorgen um die Zukunft, planen die nächsten Schritte für unsere geschäftlichen oder privaten Unternehmungen und geraten vielleicht ins Tagträumen über unseren nächsten Urlaub.

Deshalb besteht die anfängliche meditative Herausforderung darin, zu lernen, dann, wenn wir es wollen, von der Fixierung unseres denkenden Geistes auf Vergangenheit oder Zukunft auf etwas anderes umzuschalten und wieder mehr kostbaren Raum für die Atmung im Hier und Jetzt zu gewinnen. Lineare Gedankenketten, entweder in unserem Geist oder auf dieser Seite, können uns zweifellos inspirieren und uns helfen, Vorgehensweisen zu erlernen, die unser Herz für die meditative Erfahrung öffnen. Wenn wir aber erst einmal begriffen haben, worin die meditative Vorgehensweise besteht und wie wir sie anwenden können, dann müssen wir unsere linearen Gedanken beiseite lassen und den Fokus unserer Aufmerksamkeit bewusst auf den gegenwärtigen Augenblick lenken.

Ist Ihnen in Ihrer eigenen Erfahrung vielleicht schon aufgefallen, dass Ihre besten Momente im Allgemeinen jene sind, in denen Sie sich Ihrer Atmung und Ihres ganzen Körpers im

Hier und Jetzt bewusst sind? Das ist so, weil alle menschlichen Gefühle durch den Atem Ausdruck gewinnen. Wenn Sie zum Beispiel wohlig seufzen, dann atmen Sie tief, voller Leidenschaft und Freude ein und aus. Wenn Sie sich zufrieden und erfüllt fühlen, dann weitet sich Ihr Atem und fühlt sich wundervoll in Brust und Bauch an. In diesem Kapitel werden wir die wirksamsten universalen Meditationstechniken lernen, die uns helfen, die Erfahrung unseres Atems von Moment zu Moment während des ganzen Tages bewusster zu machen, damit wir uns lebendiger und präsenter fühlen können.

Viele Menschen glauben, Meditation sei etwas, das man nur tut, wenn man die freie Zeit hat, sich ihr ausschließlich zu widmen. Es ist jedoch besser, sich die Meditation als einen Bewusstseinszustand vorzustellen, den wir während jedes wachen Moments unseres Leben aufrechterhalten. Wir wollen also nicht davon sprechen, dass wir „irgendwann in der Zukunft" unseres Atems gewahr sein wollen, wenn wir gerade nichts anderes zu tun haben. Lassen Sie uns vielmehr davon sprechen, dass Sie in jedem einzelnen Augenblick ihres Atems gewahr sind – wie zum Beispiel genau jetzt.

In diesem Augenblick sind Sie nur eine mühelose Erweiterung des Gewahrseins entfernt von den unendlichen inneren Weiten der Atemmeditation. Während Sie diese Worte lesen, erlauben Sie Ihrem Gewahrsein einfach, sich weiter auszudehnen, ohne jegliche Anstrengung, so dass es nun auch Ihre momentanen körperlichen Empfindungen umfasst, die Sie eben jetzt in der Nase oder im Mund haben, während die Luft einströmt … und ausströmt … und wieder einströmt …

Während Sie weiterhin atmen und gleichzeitig lesen, wird Ihnen deutlich, dass Sie sich nicht von dem entfernen müssen, was Sie gerade tun, um eine Bewusstseinserweiterung erfahren zu können. Sie müssen auch keine Anstrengung unternehmen, Ihr Bewusstsein zu erweitern, so dass es mehr und mehr vom gegenwärtigen Moment umfassen kann. Sie können einfach mit dem Lesen dieser Worte fortfahren und gleichzeitig der Erfahrung Ihres inneren Atems gewahr sein.

Bewusstsein in seinem natürlichen Zustand liebt es geradezu, sich auszudehnen und zu immer größerem Gewahrsein fortzuschreiten ... bis es das Ganze wahrnimmt. Erlauben Sie es nun dem Fluss dieser Worte, die Aufmerksamkeit Ihres Geistes sanft auszudehnen, bis sie auch Ihre Atemerfahrung umfasst ... die Empfindung der Luft, die durch Ihre Nase oder Ihren Mund einströmt ... die Empfindung der Bewegung in Ihrer Brust und Ihrem Bauch, während Sie atmen ...

Wenn Sie diese Worte lesen und gleichzeitig Ihren Atem erfahren, dann meditieren Sie bereits. Ihr Bewusstsein hat sich erweitert und wird sich auch künftig erweitern, während Sie Ihres Atems gewahr bleiben und tiefer und tiefer in dieses Buch einsteigen. Sie können tatsächlich für den Rest Ihres Lebens, ganz gleich, was Sie gerade tun, diese wesentliche Fähigkeit entwickeln, ständig Ihres Atems gewahr zu bleiben – und die Atemmeditation auf diese Weise mit dem Rest Ihres Lebens zu einem nahtlosen Ganzen verbinden.

INNEHALTEN UND ERFAHREN

Vielleicht mögen Sie ja, nachdem Sie diesen Abschnitt gelesen haben, für einige wohltuende Momente innehalten, um das Buch beiseite zu legen ... die Worte für ein Weilchen loszulassen ... sich zu dehnen und Ihres gesamten Körpers gewahr zu werden ... und sanft zu einem Zeugen Ihrer Atmung zu werden ... sich auf die momentanen Empfindungen in Ihrer Nase (oder Ihrem Mund) einzustimmen, die von der Luft hervorgerufen werden, die einströmt ... und wieder ausströmt ... und Ihr Gewahrsein auszudehnen, so dass es Bewegungen in Ihrer Brust und Ihrem Bauch umfasst, während Sie atmen ... sich die Erlaubnis zu geben, es sich gut gehen zu lassen ... für eine neue Erfahrung offen zu sein ...

Patañjalis Lehrer

Niemand weiß genau, wann Patañjali geboren wurde, und es ist auch nicht viel über sein persönliches Leben bekannt. Vielleicht lebte er kurze Zeit vor Jesus, vielleicht kurz nach ihm. Er wurde gewiss wenigstens einige hundert Jahre nach Buddha geboren, denn seine Schriften und Yoga-Lehren, wie sie vor allem in seinen berühmten „Yoga-Sûtras" umrissen sind, lösten einige hundert Jahre nach Buddhas Revolutionierung des Hinduismus, die etwa fünfhundert Jahre vor Christus ganz Indien ergriffen hatte, eine Renaissance traditioneller hinduistischer Yoga-Praktiken aus.

Patañjali löste nicht nur eine machtvolle Wiederbelebung der alten yogischen Tradition der Hindu-Kultur aus, sondern er verlieh dieser Tradition auch einen neuen meditativen Schwung. In den folgenden Generationen traten Dutzende von einflussreichen spirituellen Lehrern auf, die sich von Patañjalis zündenden Ideen inspirieren ließen. Bis heute führen die meisten yogischen Lehrer Indiens ihre meditativen Wurzeln auf Patañjali oder einen Meister in der Nachfolge Patañjalis zurück.

Allerdings sollten wir nicht vergessen, dass Patañjali zum Zeitpunkt der Niederschrift der „Yoga-Sûtras" bereits eine gut zweitausend Jahre alte und sehr umfangreiche spirituelle Tradition kodifizierte und ausarbeitete. Indien und die angrenzenden Regionen waren höchstwahrscheinlich der Geburtsort der meditativen Traditionen dieser Welt.

Stellen Sie sich eine spirituell (und nicht materiell) orientierte Kultur vor, in der es die brillantesten Geister jeder neuen Generation über Hunderte von Generationen hinweg als ihre vornehmste Aufgabe ansahen, das Funktionieren des menschlichen Bewusstseins sowie von Körper, Geist und Seele von innen her zu beobachten und zu untersuchen. Wenn wir die alte meditative Tradition der Hindus anzapfen, gewinnen wir

Zugang zu den gesammelten Entdeckungen und der überlieferten Weisheit von Hunderttausenden von brillanten und hingebungsvollen Menschen, die ihr Leben der Innenschau gewidmet hatten, die das Bewusstsein selbst dabei als Instrument benutzten und die das, was sie entdeckten, mit ihresgleichen und mit der Nachwelt teilten.

Wenn wir uns bei unserer Erkundung der Atemmeditation in diese yogische Tradition einklinken, dann haben wir Zugang zu der wohl vollständigsten Wissenschaft vom Atem, die es je gegeben hat. Wir können zudem teilhaben an der fortlaufenden Erforschung dessen, was geschieht, wenn die Macht und das Licht des menschlichen Bewusstseins regelmäßig auf die rhythmischste Aktivität des menschlichen Körpers gerichtet werden.

Das Ein und Aus des Atmens

Die Unterweisungen Patañjalis reichen von den offensichtlichsten (und doch lebenswichtigsten) bis zu den verborgensten Aspekten der Atmung. Gegen Ende der „Yoga-Sûtras" behandelt er in der Tat einige der revolutionärsten mystischen Lehren, die die meditativen Traditionen dieser Welt kennen.

Um jedoch beim Anfang zu beginnen: Patañjali schlägt zunächst vor, dass wir den Atem beobachten und dabei besonders darauf achten, was wir erfahren, wenn:

1. wir einatmen,
2. wir ausatmen,
3. wir zeitweilig den Atem anhalten.

In seinen „Yoga-Sûtras" sagt er dazu: „Indem wir jede dieser drei Phasen beobachten, wie sie natürlich in Zeit und Raum auftreten, können wir lernen, unsere Atmung harmonischer zu machen."

Zur Prânâyâma-Atmung, wie sie in der traditionellen yogischen Schulung Indiens gelehrt wird, gehört, dass Sie Ihre Aufmerksamkeit voll und ganz auf jeweils eine dieser drei Phasen der Atemerfahrung richten. Indem Sie sehr sorgfältig beobachten, worin die Besonderheiten der Einatmung, der Ausatmung und des Luftanhaltens bestehen, entdecken Sie ein riesiges Spektrum von subtilen Erfahrungsnuancen in jeder einzelnen dieser Phasen.

In der Prânâyâma-Schulung entwickeln Sie auch die Fähigkeit, jede dieser drei Atemphasen während der Meditation zu kontrollieren. Indem Sie willentlich das Verhältnis zwischen Geschwindigkeit Ihrer Einatmung (Ihrer Aufnahme von Sauerstoff) und Ihrer Ausatmung (Ihrer Abgabe von Kohlendioxid) variieren, können Sie Ihren energetischen Zustand sehr schnell verändern.

In Übereinstimmung mit den alten yogischen Lehren über die Atemkontrolle benannte Patañjali die Einatmung mit dem Sanskrit-Terminus *Pûraka,* das Luftanhalten mit dem Begriff *Kumbhaka* und das Ausatmen mit dem Begriff *Rechaka.* Lassen Sie uns diese essenziellen Qualitäten des Atemgewahrseins etwas näher betrachten:

Die Einatmung: Pûraka

Während Sie weiterlesen, achten Sie die nächsten paar Atemzüge besonders auf Ihre Einatmung ... bemerken Sie, wie die Luft durch Ihre Nase und Luftröhre einströmt, beachten Sie, wie Ihr Bauch sich entspannt und ausdehnt, wie Ihre Brust sich ausdehnt und die Schulterblätter und der Brustkasten sich nach außen bewegen.

Die Einatmung ist vor allem ein Prozess der Ausdehnung. Der Zwerchfellmuskel unter den Lungen zieht sich nach unten zusammen und die Muskeln des Brustkastens entspannen sich; das erzeugt ein relatives Vakuum in den Lungenflügeln und lässt damit die Luft von außen in die Lunge einströmen.

Die Einatmung repräsentiert damit die grundlegend expansive Natur des Universums.

INNEHALTEN UND ERFAHREN

Atmen Sie für die nächsten paar Atemzüge kräftig und tief durch die Nase ein ... spüren Sie, wie Ihre Nasenflügel sich weiten, damit Sie mehr Luft aufnehmen können, und wie Ihre Brust sich rasch dehnt ... sitzen oder stehen Sie dabei vielleicht aufrechter ... registrieren Sie, wie Ihre Stimmung sich verändert, wenn Sie tief und kräftig atmen ...

Das Luftanhalten: Kumbhaka

Kumbhaka, das Luftanhalten, welches auf die Einatmung beziehungsweise die Ausatmung folgt, besteht aus einem absichtlichen Anhalten des Flusses der Luft am oberen oder unteren Ende des Atemzyklus und dem Zurückhalten der in jenem Moment vorhandenen Luft in den Lungen für einen bestimmten Zeitraum, der im Allgemeinen durch eine einfache Zählmethode gemessen wird.

Bei erfolgter Einatmung erlaubt ein kurzes Atemanhalten, dass Ihre Lungen mehr Sauerstoff absorbieren können. Durch diesen zusätzlichen Sauerstoff wird Ihr gesamtes System energetisch stärker aufgeladen und wacher. Wenn Sie am Ende der Ausatmung die Luft anhalten, dann führt Sie das zu einer immer tieferen Erfahrung der Leere. In der zenbuddhistischen Tradition ist das Luftanhalten nach der Ausatmung von besonderer Bedeutung für die Fähigkeit, „alles" loszulassen und regelmäßig den Zustand der Leere zu erreichen. In unserer Kultur neigen wir dazu, uns auf das Vollsein und nicht auf das Leersein zu konzentrieren. Sie werden finden, dass eine regelmäßige Meditation mit dem Luftanhalten nach der Ausatmung etwas ausgesprochen Befreiendes hat.

INNEHALTEN UND ERFAHREN

Nachdem Sie diesen Abschnitt gelesen haben, legen Sie das Buch beiseite und experimentieren Sie einige Atemzüge lang mit der Kumbhaka-Erfahrung. Halten Sie den Atem nach erfolgter Einatmung für zwei oder vielleicht vier Zähleinheiten an und dann wiederum für zwei (oder vier) Zähleinheiten nach erfolgter Ausatmung ... Lassen Sie Ihre Einatmungen und Ausatmungen mit der Geschwindigkeit geschehen, die sich natürlich einstellt ... Beobachten Sie diesen Atemprozess für vielleicht acht oder zwölf Zyklen ...

Die Ausatmung: Rechaka

Das dritte Stadium der Atemmeditation, die Ausatmung, gleicht der Einatmung darin, dass sie gern sanft und gleichmäßig ist. Die Ausatmung ist in der Meditation sehr wichtig, weil sie nicht nur eine Entleerung der Lungen darstellt, sondern auch ein Leeren des Geistes.

Während Sie sich der Luft, aber auch Ihrer üblichen Gedanken und Ichempfindung entleeren, werden Sie oft erfahren, dass Ihr Ego die Kontrolle über Ihren Geist aufgibt, was eine einzigartige Erfahrung des Erwachens und der Wiedergeburt bei der nächsten Einatmung möglich macht. Sie können eine Sammlung auf die Ausatmung auch dazu nutzen, Ihre emotionalen Spannungen auszuatmen, während Sie sich Ihrer negativen Gefühle entleeren und beim nächsten Einatmen eine Erfrischung erfahren.

INNEHALTEN UND ERFAHREN

Nachdem Sie diesen Abschnitt gelesen haben, legen Sie das Buch für einige Augenblicke beiseite und experimentieren Sie einige Atemzüge lang mit der Sammlung auf lange entspannte Ausatmungen ... Halten Sie die Luft auch nach erfolgter Ausatmung an ... beobachten Sie, wie es sich anfühlt, sich auf die Leere zuzubewegen ... und dann seien Sie leer von Luft ... leer von Gedanken ... leer von sich selbst ... bevor die nächste Einatmung kommt ...

Atemmuster

Ich bin nicht sonderlich dafür, sich allzu sehr auf Übungen mit kontrolliertem Atem zu versteifen, weil unser Hauptziel darin besteht, die Atmung zu befreien, und nicht, sie übermäßig zu kontrollieren. Aber ich schätze die Atemkontrolle sehr, wenn man sie in Maßen anwendet. Kontrolliert man den Atem zu Beginn einer Meditationssitzung auf diese Weise, dann kann man die Atmung leicht aus emotionalen Einengungen lösen und sich selbst befreien.

Die grundlegende yogische Technik zur Definition eines bestimmten Atemmusters besteht darin, bei der Einatmung bis zu einer bestimmten Zahl zu zählen, beim Luftanhalten erneut zu zählen und dann auch wieder bei der Ausatmung. Man könnte zum Beispiel einatmen bis zwei, die Luft anhalten bis zwei und dann ausatmen bis vier.

Es gibt in der yogischen Tradition vier grundlegende Atemmuster. Diese können Sie in sämtlichen Formen der Meditation benutzen, um über eine angespannte Atmung hinauszugelangen und zu einem tieferen Atemzyklus zu finden.

Die Atmung ausgleichen

Ein grundlegendes Ziel der Atemkontrolle besteht darin, die Einatmung und die Ausatmung auszugleichen. Dieser scheinbar simple Akt wird schnell tief greifende Konsequenzen für Ihre gesamte Befindlichkeit haben. Die gebräuchlichste Technik zur Ausbalancierung der Atmung besteht darin, beim Einatmen bis vier zu zählen, dann bis vier auszuatmen und dieses Muster für mindestens zwölf Atemzyklen beizubehalten. Auf diese Weise werden Einatmung und Ausatmung völlig ausgeglichen.

Statt zu zählen, können Sie auch sagen: „Pûraka … Rechaka … Pûraka … Rechaka …“, wenn Ihnen das lieber ist. Es liegt an Ihnen, die für Sie beste Zählgeschwindigkeit herauszufinden. Es bleibt stets Ihnen überlassen, das Tempo Ihrer eigenen Atmung zu bestimmen.

Versuchen Sie es für acht Atemzyklen mit dieser einfachen Prânâyâma-Atemübung:

Atmen Sie für vier Zähleinheiten ein … atmen Sie für vier Zähleinheiten aus … und wiederholen Sie dies.

Das Luftanhalten ausgleichen

In der hinduistischen Yoga-Tradition wird großer Wert darauf gelegt, nicht nur das Ein- und Ausströmen des Atems zu beobachten, sondern die Atmung willentlich zu kontrollieren, um damit bestimmte geistige und körperliche Zustände hervorzurufen. Um dies zu erreichen, verändert man einfach die Zahl der Einheiten während der Atemmeditation.

Eine Variation der Ausbalancierung des Atems ist zum Beispiel, bei vollzogener Ein- bzw. Ausatmung jeweils kurze Perioden des Luftanhaltens (Kumbhaka) einzuschieben. Diese „Ruhepunkte“ werden Ihre Atemmeditation stark verändern; sie erzeugen in Ihrer Atmung Momente totaler Bewegungslosigkeit.

Probieren Sie aus, wie sich dies anfühlt, aber achten Sie darauf, das Tempo so anzupassen, dass es sich angenehm für Sie anfühlt.

Atmen Sie für vier Zeiteinheiten ein ... halten Sie die Luft für zwei Einheiten an ... atmen Sie für vier Zeiteinheiten aus ... halten Sie die Luft für zwei Einheiten an.

Wachsamkeitsatmung

Wenn Sie sich mit Sauerstoff aufladen und Ihre Wachheit steigern wollen, dann ist das folgende Muster kontrollierter Atmung sehr wirksam: Sie atmen tief und langsam ein … halten die Luft relativ lange an … atmen dann schnell aus … halten die Luft nur kurz an – und wiederholen diesen Zyklus immer wieder, indem Sie Ihre ganze Aufmerksamkeit auf Ihre Erfahrung richten. Versuchen Sie es für den Anfang mit sechs bis zehn Atemzyklen und machen Sie sich mit dieser Wachsamkeitsatmung vertraut.

Nehmen Sie sich etwas Zeit, um dieses Muster zu erkunden, und finden Sie heraus, wie es sich von innen her anfühlt.
Atmen Sie für sechs Zeiteinheiten ein … halten Sie die Luft für vier Einheiten an … atmen Sie für zwei Zeiteinheiten aus … halten Sie die Luft für zwei Einheiten an.

Atemberuhigung

Wenn Sie sich andererseits schnell beruhigen wollen, dann atmen Sie schnell ein, halten Sie die Luft nur für kurze Zeit an, atmen Sie tief und langsam aus und halten Sie die Luft für längere Zeit an. Probieren Sie aus, welche Wirkung dieser Atemrhythmus auf Sie hat, indem Sie diesen Zyklus sechsmal oder zehnmal durchlaufen.

Atmen Sie für zwei Zeiteinheiten ein ... halten Sie die Luft für zwei Einheiten an ... atmen Sie für sechs Zeiteinheiten aus ... halten Sie die Luft für vier Einheiten an.

Gehen auf dem Pfad

Noch bis vor nicht allzu langer Zeit legten fast alle Menschen täglich beträchtliche Distanzen zu Fuß zurück und dies war wahrscheinlich die beste Zeit für die Meditation. Um wieder ein Gespür dafür zu bekommen, wer wir sind, ist es wichtig, jeden Tag, wann immer das möglich ist, im Freien bewusst zu gehen – und diesen einfachen Akt des Gehens zu der wundervollen Erfahrung der Gehmeditation zu machen.

Der Buddha hat eindringlich über den Wert der Gehmeditation gesprochen: „Dies sind die fünf Belohnungen, die jemand erhält, der die Gehmeditation praktiziert ... Er kann mühelos zu Fuß reisen; er verkraftet Anstrengungen besser; er wird frei von Krankheiten; was auch immer er gegessen und getrunken, gekaut und gekostet hat, es wird gut verdaut; die Sammlung, die er während der Gehmeditation entwickelt, hält lange Zeit an."*

Um zu demonstrieren, dass wir überall und während jeder Tätigkeit meditieren können, wies der Buddha darauf hin, dass es nur vier Arten der Meditation gebe: Meditation im Sitzen, Meditation im Liegen, Meditation im Stehen und Meditation im Gehen. Die Umwandlung eines täglichen Gehens (oder Laufens) in eine meditative Praxis hat also eine lange spirituelle Tradition.

Eine Gehmeditation ist ganz offensichtlich eine Atemmeditation, weil der Atem bei körperlicher Anstrengung ziemlich zentral wird. Es gibt eine Reihe von Traditionen der Gehmeditation, manche davon sind komplex, andere äußerst einfach. Ich persönlich bevorzuge eine sehr einfache Gehmeditation. Deshalb möchte ich Sie die Gehmeditation lehren, die ich selbst am häufigsten in ihren verschiedenen Variationen

---

* Zitiert nach Larry Rosenberg, *Mit jedem Atemzug: Buddhas Weg zu Achtsamkeit und Einsicht,* Freiamt: Arbor, 2002, S. 61.

durchführe. Sie stammt aus der yogischen Tradition Patañjalis und ist sehr einfach und gleichzeitig sehr tief greifend.

Pûraka-Rechaka-Gehmeditation

Werden Sie sich, während Sie gehen, Ihres natürlichen Atemrhythmus bewusst. Fühlen Sie, wie die Luft durch Ihren Mund oder Ihre Nase in Brust und Bauch einströmt, während Sie sich bemühen, möglichst viel Luft in die Lungen aufzunehmen.

Sobald Sie sich tief auf Ihre Atmung konzentriert und auf ein bestimmtes Tempo eingestellt haben, atmen Sie durch den Mund und beginnen beim Ausatmen „Rechaka“ und beim Einatmen „Pûraka“ zu flüstern.

Nun dehnen Sie Ihr Gewahrsein derart aus, dass es auch die Empfindungen in Ihren Füßen beim Gehen umfasst. Wenn Sie Ihr Gewahrsein noch weiter ausdehnen, so dass es ein oder zwei weitere Dinge gleichzeitig umfasst, dann beruhigen Sie wirksam den Fluss der Gedanken durch Ihren Geist und erlangen einen Bewusstseinszustand von größerer Klarheit. Sie sind sich Ihres ganzen Körpers und gleichzeitig Ihrer spirituellen Präsenz gewahr, ohne jegliche Gedanken. Ich rate Ihnen, diese Pûraka-Rechaka-Gehmeditation jeden Tag als einen wichtigen Aspekt Ihrer Meditation der Atembeobachtung zu praktizieren.

Gehmeditation mit Schrittzählung

Wenn Sie draußen gehen, dann achten Sie darauf, wie viele Schritte Sie ganz natürlich während jeder Einatmung und jeder Ausatmung machen. Wahrscheinlich werden Sie feststellen, dass Sie bei jeder Einatmung zwei, drei oder vier Schritte machen, und bei jeder Ausatmung genauso viele. Nun beginnen Sie die Schritte jeweils beim Einatmen und beim Ausatmen zu zählen, so dass sich ein einfaches Lied von „Eins, zwei, drei … eins, zwei, drei“ ergibt oder vielleicht „Eins, zwei … eins, zwei“. Indem Sie sich selbst diese Zahlen leise vorsagen, werden Sie auf sanfte Weise all die anderen Gedanken, die Ihnen durch den Kopf gehen, beruhigen.

INNEHALTEN UND ERFAHREN

Ich möchte Sie bitten, aufzustehen – wo auch immer Sie sich gerade befinden –, und obige einfache Meditation auszuprobieren, während Sie den Korridor entlanglaufen oder im Zimmer umhergehen. Beginnen Sie damit, dass Sie im Gehen Ihre Schritte zählen ... und beobachten Sie, wie diese rhythmische Tätigkeit und der geflüsterte stimmliche Ausdruck Sie fast augenblicklich in einen friedlicheren, wacheren und freudvolleren Geisteszustand versetzen.

Ihren Sitz einnehmen

Sie wissen ganz von selbst, welche körperliche Position Sie zum Gehen einnehmen müssen. Aber wie ist das, wenn Sie sich hinsetzen und meditieren wollen? Gibt es eine „richtige“ Weise, in der Meditation zu sitzen, oder können Sie sich hinlümmeln, wie immer es Ihnen gefällt, und erwarten, optimale Ergebnisse zu erzielen?

Die yogischen Meister haben einiges zu dem zu sagen, was sie „sich einen Sitz aneignen“ genannt haben. Patañjali macht eine völlig schlichte Aussage zur Sitzposition während der Meditation: „Die Körperhaltung ist fest und weich.“ Das heißt mit anderen Worten, dass man vom Muskeltonus her fest sein muss, so dass man den Körper, der Schwerkraft entgegenwirkend, aufrecht halten kann; gleichzeitig aber muss man auch entspannt sein, was man dadurch erreicht, dass man im Gleichgewicht ist, so dass es nur minimaler Anstrengung bedarf, aufrecht zu bleiben.

Eine Ihrer Herausforderungen für die kommenden Wochen und Monate wird sein, mit verschiedenen Weisen des Sitzens zu experimentieren, so dass Sie eine gewisse Zeit lang bequem stillsitzen können, und zwar mit genügend Muskeltonus, um sich aufrecht zu halten, dabei aber gleichzeitig in einer völlig entspannten Haltung, in der Sie nur ein Minimum an Kraft aufwenden müssen, um aufrecht zu bleiben.

In seinem „Ânâpânasati-Sutra", dem „Sûtra vom bewussten Atmen", gibt der Buddha folgende Empfehlung:

> Hat sich der Meditierende in den Wald begeben, in den Schatten eines Baumes oder in eine leere Behausung, so lässt er sich mit überkreuzten Beinen nieder, den Körper aufrecht, und bringt Achtsamkeit zum Vorschein. Immerfort achtsam, atmet der Meditierende ein; achtsam atmet der Meditierende aus.*

Wie sollte man also sitzen? In Übereinstimmung mit der alten Tradition yogischer Disziplin empfahl der Buddha, „mit überkreuzten Beinen und aufrechtem Körper" zu sitzen. In einem der besten Bücher über die Atemmeditation, Larry Rosenbergs „Mit jedem Atemzug", geht der Autor näher auf diese Empfehlung ein, um sie für ein westliches Publikum verständlicher zu machen. Dabei sagt er zu Alternativen zu der Haltung mit überkreuzten Beinen, dem „Lotossitz": „Hier im Westen nehmen einige Meditierende eine kniende Position ein, wobei sie ein Kissen oder ein Bänkchen unter dem Gesäß benutzen, und sie erreichen damit den gleichen Effekt. Man kann auch auf einem Stuhl sitzen. Wichtig ist, dass die Position angenehm und stabil ist. Einfach nur ruhig und würdevoll in einer stabilen aufrechten Haltung zu sitzen, ist wichtig an sich."**

---

* Siehe Larry Rosenberg, S. 276.
** Ebenda, S. 37 f.

Jenseits von richtig und falsch

Wenn Sie gerade erst mit der Meditationspraxis beginnen und noch keine Experimente angestellt haben, die für Sie optimale Sitzposition zu finden, dann empfehle ich Ihnen, sich nicht zu zwingen, einem von außen auferlegten Standard klassischer Meditation zu entsprechen. Disziplinieren Sie sich gerade so weit, dass Sie fünf Minuten am Stück mit überkreuzten Beinen oder auf einem Stuhl mit gerader Rückenlehne sitzen können. Sie sollten an den meditativen Prozess nicht mit zu vielen vorgefassten Ansichten bzw. traditionellen Vorstellungen von dem, was „sein sollte“ und was „die richtige Vorgehensweise“ ist, herantreten. Sitzen Sie einfach und beobachten Sie, was Sie ganz natürlich tun.

Schließlich ist es nicht das Ziel der Meditation, dass Sie still sitzen oder eine bestimmte Position einhalten können. Ziel der Meditation ist es, Ihr Bewusstsein zu erweitern, so dass Sie sich des gegenwärtigen Augenblicks völlig gewahr werden, und Ihre Aufmerksamkeit auf Ihr eigenes tieferes Sein zu lenken. Sie können in einer Warteschlange bei McDonald's herumhängen und dennoch meditieren – solange Sie nur Ihr Bestes tun, nämlich auf die Atmung und Ihre gesamte körperliche Präsenz gesammelt zu bleiben. Wann immer Sie mit Ihrer Aufmerksamkeit im Hier und Jetzt bleiben und Ihre innere und äußere Realität wahrnehmen, ohne sie zu beurteilen, meditieren Sie.

Indem Sie sich von der Vorstellung lösen, dass Meditation einer bestimmten Körperhaltung bedarf, gewinnen Sie die Freiheit zu meditieren, während Sie zur Arbeit fahren, während Sie auf Ihrem Schreibtischstuhl sitzen oder während Sie es sich in Ihrem Garten oder am Strand bequem machen. Ich setze mich nach einem langen Tag gerne für etwa eine Stunde entspannt zum Lesen in meinen bequemen Sessel und ich liebe es, dann fünf oder zehn Minuten in dieser total entspannten Haltung zu meditieren. Nichts hindert Sie daran, in jeder Position, in der Sie sich gerade befinden – selbst wenn sie im Wagen einer U-Bahn stehen –, sich mit jedem neuen Atemzug die fünf Aufmerk-Sprüche vorzusagen und augenblicklich in den meditativen Zustand einzutreten.

Sicherlich werden Sie erfahren, dass die aufrechte Sitzposition Ihnen im Allgemeinen am schnellsten dazu verhilft, Ihre Meditation zu vertiefen. Die meisten Menschen machen zuerst spontan alle möglichen Bewegungen, wenn sie sich die Freiheit nehmen, jede ihnen angenehme Position einzunehmen, und sie es ihrem Körper erlauben, sich zu bewegen, wie er will. Irgendwann jedoch wird Ihr Körper bemerken, dass man für die aufrechte Sitzhaltung am wenigsten Energie benötigt und am wenigsten auf Balance achten muss. Schließlich werden Sie genau so sitzen, wie der Buddha es empfohlen hat, nicht weil Sie den Anweisungen von irgendjemandem über die richtige Weise des Sitzens gefolgt sind, sondern weil Sie selbst darauf gekommen sind, sich Ihren Sitz anzueignen.

Dies ist das Wesentliche eines wahrhaft meditativen Prozesses – möglichst wenig „du sollst" und „du darfst nicht" von außen und möglichst viel Raum für eigene Experimente, Erkundungen und Entdeckungen. So können Sie selbstständig den essenziellen Prozess der Meditation erforschen, wie er Ihrer einzigartigen Persönlichkeit und Ihrer Lebenssituation angemessen ist. Sie werden „aufrecht und bequem, entspannt und ausbalanciert" sitzen, weil es sich einfach gut anfühlt, so zu sitzen, und weil Ihr Körper ganz von selbst zu dieser Entdeckung fortschreitet, wenn Sie seinen Impulsen folgen.

Achtsamkeit zum Vorschein bringen

Wenn Sie schließlich eine Sitzposition eingenommen haben, die wenigstens einigermaßen bequem und aufrecht ist – was machen Sie dann? Patañjali und seine gesamte yogische Tradition empfehlen, dass Sie „Achtsamkeit zum Vorschein bringen“. Achtsamkeit ist ein gewichtiges Wort, das in religiösen und Selbsthilfe-Kreisen heutzutage „in“ ist, aber lassen Sie sich davon nicht einschüchtern. Der Begriff bedeutet einfach „dessen, was im gegenwärtigen Moment geschieht, gewahr sein“. Wenn Sie denken, seien Sie Ihres Denkens gewahr. Wenn Sie atmen, seien Sie Ihres Atems gewahr. Wenn Sie gehen, seien Sie Ihres Gehens gewahr. Das heißt achtsam sein.

Achtsamkeit bedeutet, dass Sie dessen gewahr sind, was Sie in Ihrer Umgebung erfahren, und dass Sie gleichzeitig Ihrer selbst als dem Erfahrenden gewahr sind. Wenn Sie also sitzen, dann seien Sie Ihres Sitzens gewahr und aller anderen Dinge, die in genau diesem Augenblick geschehen. Besonders zu Beginn Ihrer Meditationssitzung können Sie der Empfehlung Buddhas folgen: „Immerfort achtsam, atmet der Meditierende ein; achtsam atmet der Meditierende aus.“

INNEHALTEN UND ERKUNDEN

Nehmen Sie sich etwas Zeit, um für sich selbst zu erkunden, wie verschiedene Körperhaltungen die Erfahrung Ihrer Atembeobachtungen verändern. Legen Sie das Buch, nachdem Sie diesen Abschnitt gelesen haben, für eine Weile beiseite und lassen Sie Ihren Körper erfahren, welche Veränderungen auftreten, während er verschiedene Positionen für Ihre Atemmeditation ausprobiert. Seien Sie so frei, alles zu tun, was Sie tun möchten – auf dem Boden sitzen, auf einen anderen Stuhl überwechseln –, so dass Sie beginnen, sich Ihren eigenen Sitz für die Meditation anzueignen.

Die drei Pfeiler

Bis jetzt haben wir den Begriff „Meditation" in seiner allgemeinen Bedeutung benutzt, nämlich als Bezeichnung für den mentalen Prozess, in dem man seinen Geist bewusst auf eine Sammlung der Aufmerksamkeit in Richtungen lenkt, die spirituellen Frieden, Klarheit und Erwachen ermöglichen. Nun möchte ich einige weitere Einsichten aus den „Yoga-Sûtras" und der hinduistischen Tradition mit Ihnen teilen. Hier werden die drei wesentlichen Dimensionen der meditativen Praxis, nämlich *Konzentration, Kontemplation* und *Versenkung*, genannt. Nach diesem fortgeschritteneren Verständnis ist mit „Meditation" besonders das dritte und letzte Stadium dieses dreistufigen Prozesses gemeint.

Konzentration

Patañjali sagt zu Beginn seiner „Yoga-Sûtras" (in freier Übersetzung): „Yoga ist die Fähigkeit, mentale Aktivität auszurichten und zu sammeln ... Konzentration ist die Sammlung des Geistes auf ein bestimmtes Objekt. Mit dem Erreichen eines gesammelten Geistes steht das innere Sein in seiner ganzen Wirklichkeit da. Andernfalls identifiziert man sich mit den Regungen des Geistes ... Kontrolle über die Regungen des Geistes erreicht man durch ausdauernde Übung, das heißt das Bemühen, einen Zustand geistigen Friedens zu erreichen und aufrechtzuerhalten."

In dem Drei-Phasen-Modell der Meditation, das Patañjali uns vorstellt, benutzt man anfangs seine Willenskraft (Disziplin), um die ganze Aufmerksamkeit des Geistes im gegenwärtigen Augenblick auf die Atmung zu lenken. In diesem Zustand der Konzentration sammelt man sich über einen bestimmten Zeitraum auf einen ausgewählten sensorischen Eindruck und kehrt mit der Aufmerksamkeit immer wieder zur Atemerfahrung zurück, wenn sie abzuschweifen droht. Als weitere Hilfe zur Konzentration in die gewünschte Richtung kann man sich selbst vorsagen: „Ich atme frei."

INNEHALTEN UND ERFAHREN

> Um Ihre Kraft zur Konzentration erfahren zu können, schließen Sie die Augen; lenken Sie Ihre Aufmerksamkeit auf die körperlichen Empfindungen, die mit Ihrer Atmung einhergehen. Fühlen Sie die Luft einströmen ... fühlen Sie die Luft ausströmen ... wenn Ihre Aufmerksamkeit abschweift, führen Sie sie sanft, aber bestimmt zu Ihrem Atem zurück ...

Kontemplation

Wenn Sie sich auf die unmittelbaren Empfindungen Ihrer Atemerfahrung konzentrieren, dann werden Sie bemerken, wie Ihre gewohnheitsmäßigen Gedanken dazu tendieren, sich zu beruhigen. Ihr Geist wird auf das ausgewählte Thema (in diesem Fall Ihre Atmung) gesammelt und oft beginnen Sie dann ganz intuitiv, sowohl intellektuell als auch emotional und symbolisch über die grundlegende Natur Ihrer Atmung zu reflektieren. Das ist der Moment, wo Konzentration in Kontemplation übergeht, der zweite Schritt der spirituellen Sammlung.

In der christlichen kontemplativen Tradition wird zum Beispiel oft empfohlen, in tiefer Kontemplation über eine Aussage aus der Bibel zu reflektieren, was zu einer tieferen Einsicht in den Sinn der Worte führen kann. In der hinduistischen Praxis kann eine Kerzenflamme der Fokus der Kontemplation sein oder die Natur des Wassers oder die eigene Atmung. Als Jesus seine Jünger und Anhänger aufforderte: „Betrachtet die Lilien auf dem Felde, wie sie wachsen", da hielt er sie an, über die tiefere spirituelle Natur der Lilien zu kontemplieren und so in die Tiefen der Bedeutung vorzudringen. Der Aufmerk-Satz für jede unserer Meditationen kann an und für sich schon zum Auslöser einer Kontemplation werden. „Ich atme frei“ wird zu einem tieferen Nachdenken darüber führen, was es heißt, frei zu sein, und was ein freier Atem im Gegensatz zu einem kontrollierten Atem ist.

INNEHALTEN UND NACHDENKEN

Lassen Sie uns erneut innehalten und direkt den mentalen Prozess der Kontemplation erfahren. Stimmen Sie sich auf Ihre Atmung ein ... sagen Sie zu sich selbst: „Ich atme frei“ ... und reflektieren Sie darüber, was es wirklich bedeutet, frei zu atmen ... beobachten Sie, wenn Sie nach Ihrer nächsten Ausatmung die Luft anhalten, wie an einem bestimmten Punkt eine subtile innere Kraft eine neue Einatmung auslöst. Erfahren Sie diesen Atemreflex, der Sie am Leben erhält ... finden Sie heraus, wie tief Sie in die Quelle dieses Reflexes hineinschauen können, während Sie die Kraft untersuchen, die Sie zwingt, zu atmen. Was ist das für eine Kraft und woher kommt sie?

Versenkung

Nachdem Sie sich konzentriert und Ihre Atmung kontempliert haben, wird Ihr Geist ganz von selbst ans Ende seines Fragens gelangen, zumindest für einen Moment, und wird still werden. Dieser Wechsel in totale innere Stille und das Aufhören des Forschens leitet den Eintritt in die dritte Dimension der spirituellen Sammlung ein, die Versenkung.

Diese Erfahrung setzt ein, wenn wir alle Gedanken und Emotionen, die mit dem Objekt unserer Sammlung zu tun haben, zur Ruhe bringen und ganz und gar über das begriffliche Bewusstsein hinausgehen ... in einen Zustand des Gewahrseins, wo wir einfach im gegenwärtigen Augenblick lebendig und eins mit dem Objekt unserer Sammlung sind. Wir betrachten, ohne zu beurteilen, und erfahren, was es heißt, über unseren denkenden Geist hinaus bewusst zu sein.

In diesem Zustand erfahren wir anstrengungslos das Verschmelzen unseres persönlichen Gewahrseins mit dem größeren Gewahrsein und wir treten in eine echte Kommunion mit dem Göttlichen jenseits aller Konzepte ein.

Wo liegt die Grenze zwischen Kontemplation und Meditation? So wie wir den Begriff hier benutzen, ist Kontemplation eine mentale und intuitive Erforschung der Natur des Objekts, das wir als Fokus unserer Sammlung gewählt haben. Wir benutzen zu dieser Erkundung kognitive Fähigkeiten wie die Assoziation und begriffliches Denken, das Gedächtnis, die Imagination und die intuitive Reflexion. Meditation ist die Erfahrung des Geistes, wenn die kognitive Funktion still wird, wenn Assoziationen mit der Vergangenheit und der Zukunft wegfallen und wir in einem erweiterten Gewahrsein des gegenwärtigen Augenblicks voll bewusst werden.

Es ist wichtig, dass Sie im Verlauf der kommenden Tage, Monate und Jahre dem Prozess der Kontemplation genügend Zeit widmen, weil sie es dem denkenden Geist ermöglicht, eine Rolle im Prozess des Erwachens zu spielen. Für mein Verständnis ist das spirituelle Erwachen letztlich nicht ein Prozess der Kontrolle, sondern der Befreiung des Geistes. Im Prozess der Befreiung bleiben Sie stets wacher Beobachter dessen, was der Geist in jedem Moment tut. Sie sehen sich alles an, was im Geist geschieht, und während Sie beobachten, wie die Aufmerksamkeit des Geistes hierhin und dorthin wandert, wie er dieses oder jenes Thema oder Objekt oder Gefühl kontempliert, entsteht ein Aufblitzen der Erkenntnis, das Sie darüber hinausführt.

> Der spirituelle Lehrer Osho sagt es folgendermaßen: Ein Mensch muss nur eine Sache lernen – ein einziger Schritt, und die Reise ist vorüber. Dieser einzige Schritt

besteht darin, alles wachsam zu tun. Beginnt euren Geist zu beobachten, euren Körper, euer Verhalten. Verliert nicht den Kontakt zum Beobachter – dann spielt es keine Rolle, ob ihr ein Christ oder ein Hindu oder ein Buddhist seid. Ein Mensch, der vermag, alles voll bewusst zu tun, wird zu einem leuchtenden Phänomen.

INNEHALTEN UND ERFAHREN

Beobachten Sie einfach, wie der gegenwärtige Augenblick sich entfaltet ... erfahren Sie alles, was Ihnen bewusst wird ... Geräusche ... Blicke ... Gerüche ... Gedanken ... Gefühle ... Berührung ... Bewegung ... strengen Sie sich nicht an ... bewerten oder urteilen Sie nicht und denken Sie nicht nach ... beobachten Sie einfach ... der Zeuge ...

Den Atem befreien

Wir haben nun einige der großartigen Geschenke gesehen, die Patañjalis yogische Tradition uns für das Gehen auf dem universellen Pfad der Meditation hinterlassen hat. Wie Patañjali und die yogische Tradition uns nahe legen, sollen wir unsere Meditation stets damit beginnen, dass wir mit unserer Aufmerksamkeit ein Objekt fokussieren; die Aufmerksamkeit wird dabei in eine Richtung gelenkt, die spirituell wertvoll ist, insbesondere auf die Erfahrung des Atems.

In dieser Tradition geht es auch sehr stark um Disziplin, Bemühung und Kontrolle als Vorbedingungen für die befreienderen Meditationserfahrungen. Auf dem spirituellen Pfad ist ein gewisses Maß an Disziplin notwendig, ganz gleich welche Tradition oder welchen Ansatz wir erforschen möchten.

Der zentrale Aufmerk-Satz für dieses Kapitel und diese Meditation ist jedoch nicht „Ich atme auf kontrollierte Weise" oder „Ich diszipliniere meine Atmung", sondern vielmehr „Ich atme frei".

In der yogischen Meditation besteht ein Hauptziel des Meditierenden darin, die totale Kontrolle über seine körperlichen, mentalen und emotionalen Abläufe, Neigungen, Gewohnheiten und Reflexe zu erlangen. Die yogische Tradition zeigt viele gute Gründe auf, Disziplin und Bemühung in das Zentrum unserer spirituellen Praxis zu stellen; ich habe das am eigenen Leibe erfahren, als ich mich unter Anleitung von Yoganandas Schüler Kriyananda mehrere Jahre lang dieser Schulung unterzogen habe.

Gleichzeitig erforschte ich die Meditation mit Alan Watts und anderen Zen-Lehrern und lernte dabei den Wert eines ganz anderen Umgangs mit der Atmung kennen, welcher der Kontrolle diametral entgegengesetzt ist – nämlich die völlige Freisetzung des Atems.

So begriff ich an einem bestimmten Punkt plötzlich den Wert der Einsichten, die der Buddha in die indische spirituelle Tradition eingebracht hat – insbesondere seine Betonung der Tatsache, dass die einfache Beobachtung der Atemerfahrung ohne jegliche Kontrolle das machtvollste Hilfsmittel ist, um zur Versenkung fortzuschreiten.

In unserem Meditationsansatz der Sieben Meister machen wir uns zu Beginn der Meditation die yogischen Einsichten in die Disziplinierung des Geistes zu Nutze, gehen dann jedoch schnell über diese Disziplin hinaus und setzen unseren Atem frei. In diesem Sinne baue ich in die erste geführte Atemmeditation gerade genug anfängliche Selbstdisziplin ein, dass Sie sich willentlich der Kraft der Aufmerksamkeit Ihres Geistes bedienen und sie in eine erstrebenswerte spirituelle Richtung lenken können – in diesem Fall auf die Atemerfahrung. Ich stelle Ihnen auch kurz kontrolliertes Atmen vor, so dass wir den Vorteil der Pûraka-Kumbhaka-Rechaka-Techniken (Atemkontrollen) erfahren können.

Dann jedoch möchte ich Sie dazu ermutigen, alle Kontrolle loszulassen – abgesehen von der kontinuierlichen Ausrichtung Ihrer Aufmerksamkeit auf die Atmung –, so dass Sie beobachten können, wie Ihre Atemzüge kommen und gehen, ohne sie zu kontrollieren.

Erwachen oder Erleuchtung

Meditation wird oft auch als eine zielorientierte Bemühung verstanden, die darauf gerichtet ist, irgendwann einmal in ferner Zukunft einen letzten Zustand völlig transzendenten Bewusstseins zu erreichen, der Erleuchtung genannt wird.

Ich möchte klarstellen, dass dieses Buch und die hier vorgestellten Meditationen nicht so angelegt sind, Sie in Richtung dieses Ziels – der vollkommenen Erleuchtung in ferner Zukunft – zu drängen. Der Ansatz dieser Meditationen besteht nicht darin, den spirituellen Pfad als eine lineare Abfolge meditativer Errungenschaften zu betrachten, die zu einem Ziel in der Zukunft führen. Wir konzentrieren uns hier darauf, den fortlaufenden Prozess des spirituellen Erwachens im gegenwärtigen Augenblick zu erfahren, und träumen nicht davon, irgendwann einen idealen Zustand der Erleuchtung zu erlangen.

In Wirklichkeit geschieht spirituelles Erwachen niemals irgendwann in der Zukunft. Es geschieht nur genau hier, genau jetzt. Selbst während Sie weiter diese Worte lesen und gleichzeitig Ihres Atems gewahr sind, erfahren Sie spirituelles Erwachen. Der Prozess des Gehens auf dem spirituellen Pfad ist an und für sich das Erwachen.

Jedes Kapitel und jede meditative Erweiterung in diesem Buch sind darauf ausgerichtet, Sie zu dem Sprung in die Erkenntnis zu ermutigen, dass genau hier, genau jetzt, ohne jegliche weitere Schulung oder Disziplin oder weiteres Lernen, Sie bereits hier sind. Seien Sie einfach aufmerksam, schauen Sie hin und Sie werden sehen.

Im Zen heißt es: „Du brauchst nirgends hinzugehen, es gibt nichts zu tun." Alles, was Sie tun müssen, ist zu der Wirklichkeit zu erwachen, dass Sie von Natur aus ein erleuchtetes Wesen sind. Und um zu erwachen, ist alles, was Sie tun müssen, aufmerksam bei der fortlaufenden, wundervollen Entfaltung des ewigen gegenwärtigen Augenblicks zu bleiben.

Wie Ram Dass ständig rezitierte, haben wir nichts zu tun, als „jetzt hier zu sein". Alan Watts erforschte dieselbe Erkenntnis in seinem Buch mit dem unmissverständlichen Titel „Dies ist Es". Das himmlische Königreich ist in der Tat zum Greifen nahe.

Wir wollen also keine Zeit damit verschwenden, dass wir über eine künftige Erleuchtung nachdenken oder uns auf sie vorbereiten. Geben wir uns einfach die Erlaubnis aufzuwachen ... genau jetzt.

ATEMBEOBACHTUNG: Geführte Meditation 1

Ich möchte Sie nun durch unseren ersten formellen Prozess der Bewusstseinserweiterung führen – die Meditation der Atembeobachtung, die Sie in diesem Kapitel sukzessive gelernt haben. In ihrer vollständigen Form und mit der Anfangsgeschwindigkeit, die wir für die Audioanleitung der Meditationssitzung im Internet beziehungsweise auf der CD gewählt haben, führt Sie diese Meditation durch sieben bis acht Minuten innere Erfahrung. Sobald Sie diesen Prozess auswendig gelernt haben, können Sie sich entweder mehr Zeit dafür nehmen oder Sie können ihn in einer Kurzform schneller durchlaufen.

Entscheidend ist, dass Sie durch die Disziplin der regelmäßigen Einstimmung auf Ihre Atmung die spirituelle Gewohnheit entwickeln, sich immer häufiger Ihres Atems gewahr zu werden – wo auch immer Sie gerade sind und was immer Sie gerade tun. Ziel ist es zu lernen, während des größten Teils des Tages unserer Atmung gewahr zu bleiben, so dass eine tiefe, meditative Qualität des Bewusstseins unsere alltäglichen Routinen und unser Leben durchziehen kann.

Wer sich lieber mündlich von mir durch den Prozess führen lassen will, statt zu lesen und die Schritte auswendig zu lernen (beides ist prima!), der kann im Internet unter www.7masters.com die Audioanleitung abrufen.

Zu Beginn dieser Meditation der Atembeobachtung nehmen Sie erst einmal eine bequeme Haltung ein, vorzugsweise in einer aufrecht sitzenden Position; Sie können aber auch auf dem Rücken liegen oder aufrecht stehen. Entspannen Sie sich und seien Sie locker … und ohne irgendetwas zu tun, nehmen Sie einfach wahr, wie Sie sich in Ihrem Körper fühlen … lassen Sie Ihren Geist frei herumwandern … und bemerken Sie, ob Ihre Atmung sich angespannt oder entspannt anfühlt … unregelmäßig oder gleichmäßig … beurteilen Sie Ihre Atmung nicht, beobachten Sie sie nur …

Geben Sie sich selbst auf jeden Fall die Freiheit, alle körperlichen Bewegungen zu machen, die spontan geschehen wollen … erlauben Sie sich Ihren Kopf zu bewegen … Arme und Hände … den Rumpf … hierhin und dorthin … vielleicht atmen Sie einige Male durch den Mund … strecken Sie sich, wenn sich das gut anfühlt … heben Sie die Hände über den Kopf … gähnen Sie vielleicht mit einem guten, tiefen Seufzen …

Und jetzt entspannen Sie sich einfach … beginnen Sie, eine bequeme ausbalancierte Haltung einzunehmen, während

Sie sich anstrengungslos Ihren Sitz für die Meditation aneignen ... atmen Sie frei ... spüren Sie, was Ihre Wirbelsäule tun möchte ... finden Sie eine ausbalancierte Position, die sich für Ihre Meditation gut anfühlt ...

Gehen Sie mit Ihrer Aufmerksamkeit wieder zu Ihrer Atmung ... richten Sie Ihre Aufmerksamkeit auf Ihre Nasenspitze und die Nasenschleimhäute ... spüren Sie beim Atmen die Empfindungen in Ihrer Nase oder Ihrem Mund, die von der einströmenden Luft hervorgerufen werden ... und von der ausströmenden Luft ...

Und nun dehnen Sie, während Sie atmen, Ihr Gewahrsein gleichzeitig weiter aus, so dass es auch die Bewegungen einschließt, die Sie in Ihrer Brust und im Bauch spüren ...

Nun wollen wir für einige Minuten Patañjalis ausgeglichene Atmung üben ... einatmen für vier Zähleinheiten ... Luft anhalten für zwei Einheiten ... ausatmen für vier Zähleinheiten ... Luft anhalten für zwei Einheiten ... einatmen bis vier ... anhalten bis zwei ... ausatmen bis vier ... anhalten bis zwei ... einatmen bis vier ... anhalten bis zwei ... ausatmen bis vier ... anhalten bis zwei ... und machen Sie nun für sich mit dieser Prânâyâma-Atmung weiter ...

Gut, jetzt können Sie Ihrem Atem einfach freien Lauf lassen ... lassen Sie die Einatmungen und Ausatmungen einfach von selbst kommen ... erlauben Sie es Ihrem Atem, anzuhalten, wann er will, und weiterzumachen, wann er will ... beobachten Sie Ihre Atmung einfach, ohne sich im Geringsten in ihren natürlichen mühelosen Fluss und ihre natürliche Bewegung einzumischen ... halten Sie Ihre Aufmerksamkeit *nur* bei der einströmenden Luft ... der ausströmenden Luft ... Ihrer Nase oder Ihrem Mund ... und gleichzeitig den

Bewegungen in Ihrer Brust und Ihrem Bauch, während Sie weiteratmen.

Sagen Sie zu sich selbst: „Ich atme frei." Und während der kommenden Minuten können Sie nun, wenn Sie möchten, darüber reflektieren, was es heißt, zu atmen ... kontemplieren Sie Ihre Atemerfahrung aus allen möglichen Perspektiven ... erforschen Sie, was es bedeutet, dass Sie regelmäßig diese Bewegungen machen ... ein Atmender zu sein ...

Und nun können Sie, wenn Sie dazu bereit sind, in die erleuchtende Stille der Versenkung übergehen, während Sie sich auf Ihren Atem sammeln, der einströmt, ausströmt ... frei.

Sofortzugang zur Audioanleitung
finden Sie im Internet unter:
www.7masters.com

2. DIE BEFRIEDUNG DES GEISTES – LAOZI

Es gibt nichts Tieferes in der Meditation als die Meisterung des Prozesses der Beruhigung unserer Gedanken und des Eintretens in einen Zustand innerer Stille. Könnten wir nur unseren permanent plappernden Geist ruhig stellen, wann immer wir wollen, dann bräuchten wir keine formelle Meditationspraxis.

Natürlich ist mit dem Denken an sich nichts falsch – solange wir nicht ständig von Gedanken bombardiert werden, die uns keine Phasen mentaler Stille zur Erfrischung unseres Geistes lassen. Meditation bietet uns eine gesunde Balance zwischen der Geschäftigkeit unablässigen Denkens und dem inneren Frieden eines stillen Geistes.

In diesem Kapitel möchte ich Sie dazu ermuntern, so oft wie nur möglich die Gedanken zu beobachten, die in Ihrem Geist auftauchen. Sind das Gedanken, mit denen Sie sich wohl fühlen, die Sie ermutigen, an der Welt teilzuhaben, die Sie zu positivem Handeln führen? Oder kreisen Ihre gewohnheitsmäßigen Gedankenflüsse mehr um Sorgen, beurteilende Kritik, Ablehnung und Konflikte?

Die nackte psychologische Wahrheit ist, dass die meisten von uns sich jeden Tag viel zu lange in negativen Gedanken verlieren, die unmittelbar Emotionen wie Zorn, Angst, Depression, Verwirrung und dergleichen mehr auslösen. Und die Kombination dieser Gedanken und Emotionen richtet meist erheblichen Schaden in unserem Leben an. Sie erzeugt stressbedingte gesundheitliche Probleme, Konflikte in der Partnerschaft, Probleme am Arbeitsplatz und innere Desorientierung und Qualen in unserer Seele.

Sie werden finden, dass Sie fast jedes Mal, wenn Sie innehalten und meditieren wollen, sei es für zwei Minuten, zwanzig Minuten oder zwei Stunden, eine laute und aufdringliche Schar von Gedanken in Ihre Meditation mitbringen, die Ihren Geist weiterhin beherrschen wollen. Gedanken freudiger, positiver, liebevoller Art lassen sich normalerweise sehr leicht abstellen, so dass sie in tiefe Meditation eintreten können. Sorgenvolle und gequälte Gedanken weigern sich jedoch im Allgemeinen, das Feld zu räumen oder Ihnen etwas Seelenfrieden zu gönnen. Die innere Stimme Ihres Egos wird darauf beharren, dass Sie keine Zeit haben, mit dem Grübeln und Planen aufzuhören, dass es für Sie lebenswichtig ist, weiter zu denken, um ein Problem zu lösen, wichtige Pläne zu schmieden, in Ihrer inneren begrifflichen Welt eingetaucht zu bleiben – anstatt mit dem Denken aufzuhören und sich auf den gegenwärtigen Moment zu fokussieren.

Vor einigen tausend Jahren wurde das urteilende, analytische Denken von den Weisen der daoistischen Kultur in China bereits zutreffend als der Bösewicht identifiziert, der nicht nur für unsere menschlichen Verletzungen im Leben verantwortlich ist, sondern auch für das, was den typisch menschlichen Fluch des Lebens ausmacht. Sie begriffen sehr wohl, dass wir Menschen durch das Verweilen bei Gedanken, die sich aus Erinnerungen, Imagination, Glaubenssätzen und Annahmen zusammensetzen, erstaunliche Fähigkeiten erlangt haben, logisch zu denken, über vergangene Erfahrungen nachzudenken und die Welt zu unserem Vorteil zu manipulieren. Zumal das Denken eine Vergangenheit-Zukunft-Funktion des Geistes ist, neigen wir dazu, den Kontakt zu der lebenswichtigen Erfahrung der spontanen Teilhabe am gegenwärtigen Moment zu verlieren.

Die Meditation zielt darauf ab, dieses Dilemma des „In-Gedanken-verloren-Seins“ zu lösen, indem wir zeitweilig von dem ständigen Trommelfeuer der Gedanken und von unserer inneren virtuellen Realität Abstand nehmen und auf ein tieferes Bewusstsein umschalten. Indem wir lernen, die Gedanken, die durch unseren Geist fließen, gelassen zu beobachten, ohne diesen Gedanken verhaftet zu sein, befreien wir uns von der permanenten Identifizierung mit der begrenzten Vorstellung unseres Egos vom Sinn des Lebens und öffnen uns für tiefere spirituelle Weisheit, Einsicht und Zuwendung. Bringen wir den vorherrschenden denkenden Geist zur Ruhe, so erwecken wir unser latentes spirituelles Bewusstsein. Wenn wir uns von unseren Sorgen und qualvollen Gedanken befreien, können wir uns besser des Lebens erfreuen.

Wenn wir unsere Gedanken in der Meditation beruhigen, so heißt es in der daoistischen Tradition, lassen wir von dem Versuch ab, die Welt nach Maßgabe unserer inneren Fantasien zu manipulieren. Wir erlangen einen inneren Frieden, indem wir schlichtweg das beobachten und direkt auf das reagieren, was im stets neuen gegenwärtigen Moment geschieht.

Der widerspenstige Weise

Laozi (auch Laotse oder Laotzu geschrieben) wurde vor etwa zweitausendfünfhundert Jahren in Südchina im Staate Chu, der heute als die Provinz Hunan bekannt ist, geboren – etwa einhundert Jahre bevor Buddha jenseits der großen Berge in Indien geboren wurde. Laozi lebte ein sehr zurückgezogenes Leben und wurde der Nachwelt lediglich durch eine bemerkenswerte Tat bekannt – die Niederschrift eines dünnen Bändchens spiritueller Reflexionen mit dem Titel „Daodejing“ (auch „Tao te king“), das seither in mehr Sprachen übersetzt wurde als jedes andere Buch mit Ausnahme der Bibel.

Der Autor dieses bemerkenswerten Buches war zu seinen Lebzeiten, die nach einigen Quellen über einhundert Jahre dauerten, alles andere als bekannt. Wir wissen sehr wenig über sein tägliches Leben, außer dass er als junger Mann nach Loyang kam, wo er dann für mindestens fünfzig Jahre als Kustos der kaiserlichen Archive der Zhou-Dynastie diente. Er arbeitete in der kaiserlichen Bibliothek, blieb meist für sich und man hielt ihn für einen Einsiedler und Mystiker von tiefer Weisheit. Während seiner langen Amtszeit bei den kaiserlichen Archiven schrieb er (soweit wir wissen) absolut nichts und er ließ auch nicht zu, dass sich Schüler um ihn sammelten.

Wir wissen aus den Schriften von Zhuangzi, dem größten daoistischen Meister nach Laozi, dass der ehrwürdige Philosoph Kongzi (Konfuzius), der eine Generation nach Laozi geboren wurde, Laozi einst aufsuchte, um ihn zu befragen. Während dieses Gesprächs sagte Laozi zu Kongzi, der später als Philosoph und Moralist berühmt werden sollte: „Entkleidet Ihr Euch Eures hochfahrenden Gebarens und Eurer vielen Wünsche, Eures selbstzufriedenen Verhaltens und Eurer unmäßigen Ambitionen. Sie werden Euch nichts Gutes einbringen. Das ist alles, was ich Euch zu sagen habe."

Nach allem, was wir heute wissen, lebte Laozi ein schlichtes kontemplatives Leben, in dem er Schritt für Schritt lernte, das zu praktizieren, was er als den „Weg" oder den „Pfad" bezeichnete – oder auf Chinesisch das „Dao". Es scheint so, als sei er sein Leben lang seinen eigenen Weg gegangen, ohne viele Worte darüber zu machen. In seinem hervorragenden Buch „La Tzu: The Guiding Light" sagt Henry Wei über ihn:

> Man könnte Lao Tzu [Laozi] als einen unsterblichen Inspirator betrachten. Seine Lehren sind so etwas wie ein helles Leuchtfeuer, das den menschlichen Geist zur höchsten Erfüllung leitet … Er lebte ein langes, ruhi-

ges und arbeitsames Leben und verschwand dann von der menschlichen Szene, jedoch nicht, ohne ein Paket erhabener Weisheiten von großartiger Poesie zu hinterlassen … Er war nicht wirklich ein Einsiedler oder Klausner, sondern liebte einfach das kontemplative Leben. Er zog es einfach vor, in der Stille der Bibliothek verborgen zu bleiben und sich dort der inneren Kultur und der Suche nach der Wahrheit zu widmen. So lebte er in friedlicher Spontaneität und natürlicher Gelassenheit.

Die Dynastie, der Laozi diente, das Haus der Zhou, fiel damals gerade der Dekadenz und dem Niedergang anheim. Schließlich hatte der alte Mann genug von der Hauptstadt und beschloss, das Weite zu suchen. Er begann einfach nach Westen zu wandern, Richtung eines fernen Passes in den Bergen. Als er das Tor an der Grenze des Reiches der Zhou erreichte, wurde er von dem Torwächter, einem Mann namens Yin Hsi, aufgehalten, der ihn aufforderte: „Bevor Ihr Euch gänzlich aus der Welt zurückzieht, wollt Ihr da nicht einige Worte zu unserer Erleuchtung hinterlassen?"

Laozi war offensichtlich einverstanden, und bevor er das Tor durchschritt, um in ein anderes Königreich und ein anderes Leben zu entschwinden, hinterließ er Yin Hsi eine schmale Sammlung von einundachtzig kurzen Gedichten und Reflexionen, die insgesamt nur etwa fünftausend Worte umfasste.

Der Daoismus wurde von Laozis kraftvollen Lehren ziemlich erschüttert. Er war ein wahrhaft revolutionärer Denker, der den Status quo unmittelbar in Frage stellte und der schlichte menschliche Tugenden pries, um die sich jedermann bemühen konnte. Der Maßstab für menschliche Größe war für ihn weder Reichtum noch Ruhm, sondern persönliche Integrität und innere Harmonie. Aus den Lehren des „Daodejing" wird deutlich, dass die Regierenden seiner Ansicht nach für das Wohl des Volkes sorgen sollten. Außerdem war er ganz und gar gegen Krieg, Gewalt, Amtsmissbrauch, übermäßige Steuern und jegliche unangebrachte Einmischung in das Leben der Gemeinschaft. Er postulierte eine ideale Führerschaft, die nicht sichtbar und erleuchtet war, die aus eigener Erfahrung den spirituellen Weg der Regierung kannte. Aufrechte Staatsmänner und führende Persönlichkeiten verschiedenster Positionen haben seine Einsichten und seine geistige Ausrichtung von jeher geschätzt.

Die größere Wirklichkeit

Das „Daodejing" lenkt unsere Aufmerksamkeit immer wieder auf unsere natürliche Befähigung zur Transzendenz. Ein einzigartiges Geschenk der daoistischen Tradition besteht darin, dass sie die Erfahrung der Transzendenz nicht als etwas abgetrenntes „Anderes" ansieht, sondern dass sie Innen und Außen, das Alltägliche und das Mystische, das Pragmatische und das Transzendente vollkommen integriert. Das Dao ist ein Weg, dem wir alle folgen können, ohne befürchten zu müssen, über irgendeine esoterische Klippe abzustürzen, zumal das Dao unmittelbar auf die alltägliche Wirklichkeit verweist und uns sagt, dass wir genau hier, unmittelbar vor unseren Augen und in der alltäglichen Routine Transzendenz finden – und dem Dao begegnen können.

Vermittels seiner bemerkenswerten Forschungen und seiner intuitiven Einsichten in das „Daodejing" konnte Henry Wei sechs primäre Aspekte der Meditation herausarbeiten, welche einst von Laozi und seinen Nachfolgern dargelegt wurden und die zu mystischer Verwirklichung führen. Die einzelnen Schritte weisen einen spirituellen Pfad, dem wir unser ganzes Leben lang folgen können.

Ihnen wird sicherlich auffallen, wie sehr das Meditationsprogramm in diesem Buch den Einsichten und Richtlinien Laozis und der daoistischen Tradition gleicht. In der Tat ist der mystische Pfad seiner Natur nach ein universeller Pfad, der nicht auf intellektuellen Erwägungen und Unterscheidungen beruht, sondern auf der uns allen gemeinsamen inneren Erfahrung, zu der wir gelangen, wenn wir unsere Aufmerksamkeit in eine bestimmte Richtung lenken und unser Herz und unsere Seele der größeren Wahrheit öffnen.

Erster Schritt: Konzentration auf das Zentrum

Laozis erster Schritt in Richtung mystischer Meditation besteht darin, die Aufmerksamkeit unseres Geistes in einer Art mentaler Konzentration auf das Zentrum unseres eigenen Seins zu richten. Bodhidharma, der Begründer des Chan- oder Zen-Buddhismus in China, gibt uns die folgenden knappen Anweisungen für die Meditation: „Direktes Hinweisen auf den Geist des Menschen“ und „Einsicht in das eigene wahre Wesen“. In diesem Sinne stellt auch Laozi die erste meditative Frage: „Kannst du dich konzentrieren, ohne abzuschweifen?“

Zweiter Schritt: Sanftheit des Atems

Der zweite Aspekt des daoistischen Meditationsansatzes ist das Gewahrsein der Atemerfahrung. Die alten Chinesen legten großen Wert auf das Zählen der Atemzüge während der anfänglichen Phasen der Meditation.

Laozi gibt uns jedoch keinerlei Anleitungen für die Atemkontrolle. Ihm ging es mehr um den natürlichen Prozess der Atmung: „Kannst du, indem du deinen Atem so einstimmst, dass du Sanftheit erreichst, werden wie ein neugeborener Säugling?“ Mit anderen Worten: Können Sie Ihre Atmung derart befreien, dass sie jenseits emotionaler Verkrampfungen und einengender Atemgewohnheiten ist? Können Sie Ihren Atem völlig natürlich kommen und gehen lassen?

Dritter Schritt: Läuterung des Geistes

Wiederum stellt uns Laozi eine seiner machtvollen Fragen: „Kannst du deinen mystischen Spiegel, indem du ihn reinigst und läuterst, von allen Verunreinigungen befreien?“

Was da geläutert werden muss, das sind die Gedanken, die wir ständig durch unseren Geist wandern lassen und die unsere Erfahrung mit Ängsten und Aggressionen verunreinigen sowie mit manipulatorischen Vorstellungen, welche unsere innere Stille stören. Wenn der Geist still wird und aufhört zu urteilen und zu manipulieren, dann haben wir Laozis dritten Aspekt der Meditation gemeistert.

Vierter Schritt: Lieben ohne Einmischung

Der vierte Aspekt der daoistischen Meditation wird gewöhnlich mit dem chinesischen Terminus *wu wei* bezeichnet [wörtlich: „Nichttun“ oder „Nichthandeln“], der auf die „gelassene und anstrengungslose Verrichtung der alltäglichen Aufgaben“ verweist oder auf „keine willentliche Einmischung in den natürlichen und freien spontanen Lauf des Dao“.

Erneut stellt Laozi eine Frage, um sein Verständnis der alltäglichen Praxis zu verdeutlichen: „Kannst du, indem du das Volk liebst und den Staat regierst, ohne Einmischung bleiben?“

Durch alle Lehren des „Daodejing“ zieht sich Laozis Vorstellung von einem spontanen, friedlichen Lebens: Wir sollen dem Leben nicht unseren Willen aufzwingen durch Manipulation und aggressive Handlungen. Unserem inneren Leben können wir auf eine liebevolle Weise begegnen, indem wir uns so akzeptieren, wie wir sind, ohne etwas anderes aus uns machen zu wollen; somit können wir unseren Geist mittels Gelassenheit und nicht mittels Gewalt oder Manipulation beherrschen.

Fünfter Schritt: Hingabe an das Weibliche

Der fünfte Aspekt der mystischen Meditation lehrt uns, unsere sanfteren, intuitiveren und weniger dominierenden weiblichen Eigenschaften hervortreten zu lassen, so dass wir uns eher hingeben als dominieren, dass wir eher empfangen als austeilen, eher lieben als kämpfen.

Wiederum stellt Laozi die für das vorliegende Thema wesentliche Frage: „Kannst du, wenn die Himmlische Pforte sich öffnet und schließt, die Rolle des Weiblichen spielen?"

Diese Frage bezieht sich auf die dualistische Vorstellung von *Yin* und *Yang* in der chinesischen Kultur: Das Eine wird durch die schöpferischen Kräfte des Dao in zwei gegensätzliche Energien und Eigenschaften aufgespaltet, die dann die „Zehntausend Dinge" hervorbringen. Laozi rät uns, dann, wenn die Himmlische Pforte sich öffnet und wir in einen mystischen Bewusstseinszustand eintreten, uns dieser Erfahrung hinzugeben und nicht zu versuchen, sie zu manipulieren.

Sechster Schritt: Ausgeglichenheit fördern

Die sechste Qualität der mystischen Vereinigung ist nach Laozi das Kultivieren vollkommenen Gleichmuts. „Kannst du, wenn das Licht in alle Richtungen erstrahlt, es in vollkommenem Gleichmut betrachten?" Hier spricht er davon, dass wir ausgeglichen und unverhaftet bleiben sollten, wenn wir in einen tiefen spirituellen Seinszustand eintreten und unser „Licht in alle Richtungen erstrahlt". Dieser Zustand ähnelt der Verklärung Jesu: „Und nach sechs Tagen nahm Jesus mit sich Petrus und Jakobus und Johannes, dessen Bruder, und führte sie allein auf einen hohen Berg. Und er wurde verklärt vor ihnen, und sein Angesicht leuchtete wie die Sonne, und seine Kleider wurden weiß wie das Licht" (Matthäus 17, 1-2).

Wenn wir eine hohe Stufe der Verwirklichung erreichen (oder tatsächlich irgendetwas im Leben erreichen), besteht unsere Herausforderung darin, nicht aufgebläht vor Stolz zu werden, sondern ruhig, bescheiden und in „vollkommenem Gleichmut" zu verweilen, wenn dieser tiefe Bewusstseinszustand anhalten soll.

Während Sie diese Worte lesen, die weiter über die Seite dahinfließen, erlauben Sie sich zu bemerken, ohne jegliches Urteil, ob Sie Ihrer Atemerfahrung noch gewahr sind oder ob sie in Hintergrund getreten ist … gehen Sie wiederum durch den mühelosen Prozess, Ihrer Atemerfahrung gewahr zu werden … der Luft, die durch Ihre Nase ein- und ausströmt … der Bewegungen in Ihrer Brust und Ihrem Bauch, während Sie atmen … erfahren Sie sich selbst ganz in diesem gegenwärtigen Augenblick …

Der natürliche Weg

Die daoistische Weise zu leben besteht darin, die Natur (uns selbst) genau so zu beobachten, wie sie ist, und zu lernen, ohne Manipulation an der spontanen Entfaltung des gegenwärtigen Augenblicks teilzuhaben. Wir wollen nun erkunden, wie wir den Wu-wei-Ansatz auf unsere sich entwickelnde Meditationspraxis anwenden können, und zwar so, dass wir die alte Weisheit mit bestimmten avantgardistischen Techniken der Psychologie verschmelzen können, die uns erlauben, den Geist mühelos zu beruhigen, ohne ihn zu kontrollieren.

In der buddhistischen *Vipassanâ*-Meditation ist die Meditationsanleitung sehr einfach: Beobachten Sie ganz einfach Ihre Atmung und tun Sie Ihr Bestes, die Aufmerksamkeit Ihres Geistes für vielleicht eine halbe Stunde oder eine Stunde auf Ihre Atemerfahrung zu lenken. Das ist ein reiner Wu-wei-Ansatz der Meditation und für manche Menschen ist das offensichtlich auch die angemessene Unterweisung. Die Aufmerksamkeit des Geistes wird auf die Atmung gerichtet, und während Sie dann Ihr Bestes tun, auf den Atem gesammelt zu bleiben, steht es Ihnen vollkommen frei zu erkunden, was geschieht, ohne dass Sie versuchen, das, was geschieht, zu verändern.

Das ist allerdings leichter gesagt als getan. Natürlich werden sich Gedanken immer wieder in Ihre Konzentration auf den Atem hineindrängen und Ihre Aufmerksamkeit vom gegenwärtigen Augenblick in die Vergangenheit oder Zukunft ablenken. Wenn dies geschieht, dann sollten Sie einfach diese Gedanken beobachten, wie sie durch den Geist fließen, ohne an ihnen festzuhalten, sie dann loslassen und zur Sammlung auf den Atem zurückkehren. Aber wir alle neigen dazu, wieder und immer wieder in Gedanken abzuschweifen. Und so bringen wir die Aufmerksamkeit sanft zum Atem zurück. Wieder und immer wieder.

Ich liebe diese Meditation und kann sie nur wärmstens empfehlen. Sie haben sicher schon bemerkt, dass der erste Schritt in unserem Meditationsprogramm dieser Vorgehensweise sehr ähnelt. Allerdings habe ich viele Menschen getroffen, die lange mit der Vipassanâ-Meditation gerungen und es schließlich aufgegeben haben, weil ihr plappernder Geist ihnen einfach keine Ruhepause gönnen wollte.

In der Meditationspraxis scheint es besonders zu Beginn manchmal so, als sei es schlichtweg unmöglich, den Geist zu beruhigen. Neueste psychologische Forschungsergebnisse sprechen jedoch dagegen. Der Mensch ist durchaus in der Lage, den Fluss der Gedanken durch seinen Geist zu beruhigen. Außerdem gibt es gewisse mentale Tricks, mit deren Hilfe wir ohne Mühe und fast augenblicklich den Fluss der Gedanken durch den Geist beruhigen können – während der formellen Meditation oder zu jedem anderen Zeitpunkt, zu dem wir inneren Frieden haben wollen.

Kognitives Umschalten

Vor etlichen Jahren hatte ich das Glück, zur richtigen Zeit am richtigen Ort zu sein und an wegweisenden Meditationsforschungen teilnehmen zu können, die Humphrey Osmond am

New Jersey Neuropsychiatric Research Institute durchführte. Während meiner Zeit dort machten wir eine scheinbar simple Entdeckung, die mir seither nicht mehr aus dem Sinn gegangen ist. Kürzlich hat diese Entdeckung bei neuen Forschungen auf demselben Gebiet zu einer bemerkenswerten Methode geführt, den Fluss der Gedanken durch den Geist – ohne die Anwendung von irgendwelchem psychologischen Karate – fast augenblicklich zu beruhigen.

Die für unsere Zwecke hier wichtigste Einsicht aus dieser Forschung ist folgende: Wenn eine Person aktiv denkt (was durch ein EEG festgestellt wird) und sich dann auf ein Wahrnehmungsgeschehen wie zum Beispiel einen Klang, eine Berührung oder ein Bild konzentriert, dann bleiben die Gehirnwellen im Grunde gleich, während weiter Gedanken durch den Geist fließen. Wir können die Aufmerksamkeit unseres Geistes ausdehnen, so dass sie einen Sinneseindruck einschließt, und doch noch weiter aktiv denken, ohne die Konzentration auf unsere Gedanken zu verlieren.

Die Forschung hat jedoch entdeckt, dass alle Gedanken fast augenblicklich aufhören, durch den Geist zu fließen, wenn sich der menschliche Geist auf zwei Sinneseindrücke gleichzeitig konzentriert (zum Beispiel einen Klang und ein Bild oder den Atem und den Herzschlag). Die Denkmaschine lässt sich willentlich kurzschließen, indem man sich einfach auf zwei verschiedene Sinneseindrücke gleichzeitig konzentriert.

Mehr über zusätzliche Forschung auf diesem Gebiet können Sie durch Updates lernen. Sie haben sich bereits darin geschult, diese psychologische Einsicht in die Tat umzusetzen. Sobald Sie sich nämlich sowohl auf das Gefühl der durch die Nase ein- und ausströmenden Luft und gleichzeitig auf die Bewegungen in Ihrer Brust und Ihrem Bauch beim Atmen konzentrieren, haben Sie auf diesen erweiterten Zustand umgeschaltet, in dem chronisches Denken dazu neigt, zum Stillstand zu kommen.

Die wissenschaftliche Prämisse, die hier ins Spiel kommt, ist die, dass Sie, wenn Sie denken, fortlaufend auf einen Punkt fokussiert sind, also das ausführen, was man in der kognitiven Psychologie den Akt einer „Punktfixierung" nennt. Denken ist ein Vorgang, bei dem Sie Ihre Aufmerksamkeit in linearer Weise auf jeweils ein Wort oder einen Satz konzentrieren und dann den Fokus der Aufmerksamkeit zum nächsten Wort oder Satz verschieben. Das ist genau das, was Sie tun, wenn Sie diese Worte lesen. Denken ist weitgehend eine Funktion der linearen, schrittweisen Punktfixierung. Den größten Teil des Tages sind wir von diesem Prozess in Anspruch genommen – wir fokussieren unsere Aufmerksamkeit auf einen bestimmten Punkt im Raum oder auf eine bestimmte Abfolge von Wörtern, die durch unseren Geist gehen, eins nach dem anderen. Dies nennt man lineares deduktives Denken – Punkt für Punkt.

Wenn Sie jedoch den Fokus Ihrer Aufmerksamkeit so verschieben, dass er zwei Dinge gleichzeitig einschließt, dann verändert sich Ihr ganzes Fokussierungssystem von der Punktfixierung zur Raumfixierung. Experimentieren Sie, indem Sie die beiden unten markierten Punkte im Raum ansehen. Sehen Sie jeweils nur einen Punkt an und springen Sie zwischen den beiden hin und her. Dann beobachten Sie, was geschieht, wenn Sie so blicken, dass Sie beide Punkte gleichzeitig aufnehmen können.

⊙ ⊙

Wenn Sie abwechselnd jeweils nur einen Punkt betrachten und dann umschalten und beide Punkte gleichzeitig ansehen, geschieht etwas total Grundlegendes, ja sogar Transzendentes im Geist. Wenn Ihr Geist umschaltet, um das Ganze im Blick zu haben statt nur jeweils einen Punkt, dann gehen Sie von einer weltlichen zu einer mystischen Bewusstseinsebene über.

Reflektieren Sie folgendes universelle Beispiel. Wenn Sie aus dem Fenster blicken oder draußen spazieren gehen und sich plötzlich einem herrlichen Sonnenuntergang gegenübersehen und von der Erfahrung überwältigt werden – was geschieht in dem Moment? Sind Sie damit beschäftigt, jeweils einen Punkt des Sonnenuntergangs anzusehen und dann Ihre Aufmerksamkeit von diesem einen Punkt auf einen anderen Punkt des Sonnenuntergangs umzulenken und sich zu konzentrieren? Nein, natürlich nicht. Sie werden von der Schönheit des Sonnenuntergangs überwältigt, wenn Sie plötzlich von der Punktfixierung ablassen und den Sonnenuntergang so erblicken, dass Sie das Ganze auf einmal wahrnehmen. Dieses Umschalten des mentalen Fokus – und nicht nur der visuelle Eindruck des Sonnenuntergangs – ist es, was Sie in einen transzendenten Zustand versetzt.

Sie werden sehen, dass es immer wieder dasselbe ist, wenn Sie etwas Schönem begegnen und für Augenblicke von mystischer Ehrfurcht überwältigt werden, sei es nun eine Blume oder ein Lied. Wenn Sie vor Leidenschaft dahinschmelzen, dann blicken Sie das Gesicht Ihres Geliebten nicht Punkt für Punkt an. Sie schalten vielmehr darauf um, „das Ganze mit einem Mal" im Blick zu haben, während Sie in seinen Armen liegen. Und auf diese Weise aktivieren Sie eine innere Erfahrung, die sich völlig von der Punktfixierung unterscheidet.

Aber bitte nehmen Sie mir das nicht einfach so ab. Wie Krishnamurti immer wieder sagte: Sehen Sie selbst hin und finden Sie heraus, ob es wahr ist.

Der mystische Blick

Hier ist ein weiteres Experiment zur Übung Ihrer Fähigkeit, Ihr Bewusstsein willentlich und beinahe augenblicklich in mystische Bereiche auszudehnen. Lassen Sie uns den Unterschied entdecken zwischen dem Starren auf einen Punkt, dem Umschalten auf den weichen Blick auf zwei Punkte und dann den weichen Blick auf drei Punkte gleichzeitig:

1. Blicken Sie zuerst mit Punktfixierung von einem Punkt zum nächsten und konzentrieren Sie Ihre Aufmerksamkeit dabei jeweils stark auf einen Punkt. Zeichnen Sie das Dreieck drei- oder viermal mit dem Blick ab und erfahren Sie dabei, was in Ihrem Geist geschieht.

2. Werden Sie nun Ihres Atems gewahr und verschieben Sie Ihre Aufmerksamkeit mit jedem Atemzug von einem Punkt zu einem anderen, so dass Sie sich meditativ auf die einzelnen Punkte konzentrieren. Sie werden bemerken, dass Sie sich bereits in Richtung erweiterter Erfahrung bewegen, wenn Sie die Atmung in Ihr Gewahrsein einschließen.

3. Während Sie tief auf Ihre Atmung eingestimmt bleiben, verändern Sie Ihren Fokus so, dass er nun die beiden oberen Punkte gleichzeitig umfasst, und atmen Sie in diese Erfahrung … beachten Sie, wie Sie

plötzlich den Raum zwischen Ihnen und dem Papier wahrnehmen, während Sie das Gewahrsein erweitern, so dass es zwei Dinge gleichzeitig umfasst.

4. Verändern Sie Ihren Fokus nun so, dass er alle drei Punkte gleichzeitig einschließt … und seien Sie offen für eine subtile mystische Erfahrung, in der Sie alles lineare Denken und Wahrnehmen transzendiert haben und des Einen gewahr sind.

Mit großer Wahrscheinlichkeit haben Sie selbst herausgefunden, dass Sie, um alles gleichzeitig wahrnehmen zu können, mit den Augen etwas einwärts schauen müssen und dass Ihr Fokus nicht direkt auf der Buchseite liegt, sondern einige Zentimeter davor. Das ist es, was ich mit dem „weichen Blick auf etwas" meine: Sie lassen von der engen Konzentration auf einen Punkt ab und gehen stattdessen mit Ihrer Aufmerksamkeit auf einen Bereich, der etwas vor dem liegt, was Sie anschauen. Sie schalten auf eine neue Dimension um, die Raum und Volumen einschließt. Alles wird etwas weicher, wenn Sie plötzlich den flachen zweidimensionalen Raum (Punktfixierung) verlassen und in den dreidimensionalen Raum (Raumfixierung) eintreten.

Wenn Sie dieses grundlegende Umschalten vollziehen, werden Sie spüren, dass Sie damit eine bestimmte Art von Kontrolle aufgeben. Punktfixierung ist sehr maskulin – es geht darum, etwas festzunageln, den Finger auf eine Sache zu legen. Bei der Raumfixierung, also wenn Sie alles auf einmal sehen, geben Sie diese Kontrolle auf, überlassen sich dem Ganzen und werden femininer – so wie Laozi es empfiehlt.

Raum zum Atmen

In Zusammenhang mit spirituellem Erwachen spricht man häufig auch von einer Bewusstseinserweiterung. Oft laufen wir herum und leben unser Leben eingeschlossen in bloß zwei Dimensionen. Es ist wesentlich zu verstehen, dass wir immer dann, wenn wir denken – und das ist die meiste Zeit –, in einer zweidimensionalen, linearen Welt existieren, die keinerlei Tiefe oder Raum hat.

Das Denken ist seiner Natur nach eindeutig zweidimensional. Selbst wenn Sie sich auf Ihren Atem konzentrieren, an der Stelle, wo er zuerst die Spitze Ihrer Nase berührt, haben Sie eine vorwiegend zweidimensionale Erfahrung ohne Tiefe oder Volumen oder Raum.

Wenn Sie Ihr Gewahrsein dann jedoch ausweiten, so dass es sowohl den Nasenatem als auch den Brustatem umfasst, dann geschieht etwas Bemerkenswertes in Ihrem Geist. Plötzlich erfahren Sie sich als jemand, der Volumen hat. Diese Erweiterung ist in jeder Hinsicht so wertvoll wie alle anderen Erweiterungen des Bewusstseins, denn aus dem Flachen ins Volumen zu gehen ist eine enorme Explosion des Bewusstseins in den wahren dreidimensionalen Raum hinein. Und es ist eine radikale Erweiterung, die Sie jederzeit erfahren können, wenn Sie es wollen, indem Sie die einfache Atemmeditation ausführen, die Sie bereits gelernt haben.

Wenn Sie jeden Tag Bewusstseinserweiterung erfahren und Ihr mystisches Potenzial anzapfen wollen, um in Kontakt mit Ihrem tieferen Selbst zu kommen, dann erinnern Sie sich einfach daran, Ihre Meditation mit Techniken zu beginnen, die Ihr Gewahrsein über die zweidimensionalen Bereiche der Gedankenfixierung hinaus erweitern in die dreidimensionale Raumfixierung hinein. Jedes Mal, wenn Sie das tun, werden Sie das Gefühl haben, ganz lebendig zu werden.

Da Übung den Meister macht und Erfahrung jenes ist, was uns spirituell wachsen lässt, lassen Sie uns nochmals diesen Prozess durchlaufen. Nachdem Sie diesen Abschnitt gelesen und das Buch beiseite gelegt haben, entspannen Sie sich und richten Ihre Aufmerksamkeit auf die Luft, die durch Ihre Nase und Ihren Mund ein- und ausströmt. Konzentrieren Sie sich gänzlich auf den Punkt, wo die Luft in Ihre Nase eintritt … registrieren Sie, ob irgendwelche Gedanken durch Ihren Geist fließen … erweitern Sie Ihr Gewahrsein dann, so dass es sowohl die Luft, die durch Ihre Nase strömt, als auch die Bewegungen in Ihrer Brust und Ihrem Bauch beim Atmen umfasst … spüren Sie die plötzliche Empfindung von Ausdehnung sowie das Volumen Ihres Körpers … und inmitten dieser Erfahrung erweitern Sie Ihr Gewahrsein, so dass es auch Ihren Herzschlag umfasst …

Variationen der Quiet-Mind-Technik

Einigen von Ihnen mag es leicht fallen, den Prozess des kognitiven Umschaltens zu meistern. Für alle, denen dies eher schwer fällt, möchte ich noch weitere Varianten zum Experimentieren vorstellen. Denken Sie daran: Je mehr Zeit und Aufmerksamkeit Sie dem grundlegenden Prozess des Umschaltens von der Fixierung auf einen Punkt zum gleichzeitigen Sehen von allem schenken, desto tiefgründiger werden all die kommenden Meditationen und umso stiller wird Ihr Geist während der ganzen Zeit sein.

Erste Variante: Zwei Berührungsempfindungen

Da es am Anfang vielleicht zu schwierig ist, sich auf den Atem selbst zu sammeln, versuchen Sie es einmal mit Folgendem.

Reiben Sie mit dem linken Zeigefinger sanft in Kreisen auf Ihrem linken Bein und stimmen Sie sich auf die Empfindung ein, die hierdurch in Ihrem Geist entsteht. Tippen Sie gleichzeitig mit dem rechten Zeigefinger leicht auf Ihr rechtes Bein. Sie werden erfahren, dass sich die Aufmerksamkeit Ihres Geistes völlig von den gewohnheitsmäßigen Gedankenflüssen abwendet, wenn Sie sich auf zwei Berührungsempfindungen gleichzeitig sammeln. Praktizieren Sie diese Übung regelmäßig, so dass Sie sich mit der Erfahrung des kognitiven Umschaltens vertraut machen. Erlauben Sie es sich, nach Belieben mit allen Berührungsempfindungen zu spielen. Wie ich entdeckt habe, kann ich, wo immer ich mich befinde, fast augenblicklich meine Erfahrung erweitern, indem ich eine eindeutige Empfindung (das Gefühl der Berührung des Bodens mit meinem linken Fuß) wahrnehme und mich dann öffne, um gleichzeitig eine weitere Sinnesempfindung wahrzunehmen (das Tippen meiner Finger auf der Tastatur). Ziel ist es, regelmäßig den Fluss der Gedanken durch den Geist ruhig zu stellen, so dass wir in eine stille Erfahrung des gegenwärtigen Augenblicks eintreten können.

> Nun, versuchen Sie es! Bewegen Sie Ihren linken Zeigefinger in kleinen Kreisen auf Ihrem linken Bein … und tippen Sie gleichzeitig mit Ihrem rechten Zeigefinger leicht auf Ihr rechtes Bein … sammeln Sie sich ganz und gar auf die Erfahrung hier und jetzt … erfreuen Sie sich des Geistesfriedens, der durch das Umschalten vom auf Vergangenheit und Zukunft gerichteten kognitiven Modus auf die ewige Gegenwart der geistigen Stille entsteht.

Zweite Variante: Atem und Klang

Wo immer Sie sind und was immer Sie gerade tun, Sie können augenblicklich in den meditativen Modus der inneren Stille und des Atemgewahrseins umschalten: Werden Sie sich zunächst der Luft gewahr, die durch Ihre Nase oder Ihren Mund ein- und ausströmt; weiten Sie Ihr Gewahrsein dann aus, so dass es gleichzeitig alle Geräusche einschließt, die an Ihr Ohr dringen. Wenn Sie lauschen, ohne gleichzeitig Ihres Atems gewahr zu sein, wird Ihr Geist dazu neigen, in Assoziationen und Gedanken zu den Geräuschen, die Sie hören, abzuschweifen. Erfahren Sie jedoch den Atem und die Klänge gleichzeitig, lässt Ihr Geist von der Punktfixierung ab und weitet sich. Und indem der Geist ruhig wird, treten Sie in die reine Erfahrung des gegenwärtigen Moments ein – die in der Tat Meditation ist.

> Halten Sie inne und erfahren Sie die Empfindungen Ihrer Atmung … und weiten Sie gleichzeitig Ihr Gewahrsein aus, so dass es alle Geräusche umfasst, die ganz natürlich an Ihr Ohr dringen …

Dritte Variante: Atem und Anblick

Die nächste Variante findet sich in allen buddhistischen Schulen der Meditation. Seien Sie der Erfahrung Ihres Atems gewahr, wo immer Sie diesen in Ihrem Körper wahrnehmen, und weiten Sie gleichzeitig Ihr Gewahrsein aus, so dass es irgendein Objekt in Ihrem visuellen Umfeld mit einschließt. Betrachten Sie das Objekt und seien Sie seiner Existenz vor Ihnen gewahr; bleiben Sie gleichzeitig tief verwurzelt in Ihren eigenen inneren Atemempfindungen und der Atemerfahrung. Auch hier werden die Gedanken auf ganz natürliche Weise aus Ihrem Geist verschwinden – solange Ihre Aufmerksamkeit weder vom Atem noch von der visuellen Erfahrung abschweift.

> Schauen Sie sich um und finden Sie etwas, das Sie gern ansehen … während Sie Ihre visuelle Aufmerksamkeit auf dieses Objekt fixiert halten, weiten Sie Ihr Gewahrsein aus, so dass es die Empfindung der Luft mit ein-

schließt, die durch Ihre Nase oder Ihren Mund ein- und ausströmt … registrieren Sie, wie Sie in einen erweiterten, entspannten Geisteszustand mit zur Ruhe gekommenem Denken übergehen …

Vierte Variante: Mit beiden Füßen im Leben

Sobald Sie einmal gelernt haben, auf das „Ganzheits"- Gewahrsein umzuschalten, können Sie den Prozess noch etwas subtiler gestalten, indem Sie die Gewohnheit entwickeln, ein durchgängiges Gewahrsein von paarweise vorhandenen Körperteilen aufrechtzuerhalten, also etwa Ihren beiden Füßen, beiden Knien, beiden Ellbogen oder Ihren Füßen auf dem Boden und Ihrem Gesäß auf dem Sitz. Indem Sie dieses erweiterte Gewahrsein als eine neue positive Gewohnheit aufrechterhalten, können Sie im Ganzheitsbewusstsein verweilen, auch wenn Sie nicht meditieren, und so Ihren Körper beruhigen, Ihre Emotionen besänftigen und Ihr Denken auf einen intuitiven Einsichtsmodus umschalten.

Fünfte Variante: Lassen Sie Bach und Musik die Arbeit tun

Die meisten der alltäglichen Dinge, die wir gern tun, haben einen eingebauten „Fokus von der Punktfixierung auf die Raumfixierung verschieben"-Mechanismus. Liebemachen ist sicher das lustvollste Beispiel für „zwei oder mehr Empfindungen gleichzeitig". Musik ist ein weiteres schönes Beispiel. Einer der Gründe, warum wir Musik so sehr lieben, ist, dass sie unsere Aufmerksamkeit auf das Ganze fixiert. Eine musikalische Komposition kann uns nicht nur ein Instrument, sondern zwei oder drei oder auch mehrere Melodie- und Harmonielinien anbieten, derer unser Geist gleichzeitig gewahr sein kann. Wir können punktfixiert bleiben und uns jeweils nur auf ein Instrument oder eine Stimme oder eine Melodielinie fokussieren. Aber Musikhören wird zu einer transzendenten Erfahrung, wenn wir gleichzeitig auf die Basslinie und die Leadgitarre hören oder auf zwei oder mehr in Harmonie singende Stimmen oder auf das Schlagzeug und die Flöte zusammen als eine einheitliche Klangerfahrung. Bachs kontrapunktische Melodielinien fordern uns heraus, unser Bewusstsein in mystische Bereiche auszuweiten, so dass wir beide gleichzeitig als ein Ganzes hören können.

Die jenseitige Stille

Alan Watts sagte in seinen Vorträgen über den spirituellen Pfad oft: „Meditation bedeutet, dass wir den Gedanken erlauben zu verschwinden."

Das bedeutet nicht, dass all Ihre Gedanken für immer verschwinden, wenn Sie meditieren. Den Geist zu beruhigen ist nicht etwas, das wir einmal tun und dann endgültig erreicht haben. Jeden Tag verwenden Sie sicherlich viel Zeit auf das Denken. Sie können aber auch täglich – und wenn es nur wenige Minuten sind – in einen Zustand der Stille eintreten, indem sie das Denken überschreiten.

Mit anderen Worten: Sie können eine gesunde Balance zwischen Denken und Stille erreichen.

Noch ein wichtiger Punkt. Innere Stille grenzt die Klänge des Lebens um Sie herum nicht aus und sie bringt auch nicht die inneren Klänge Ihres Herzschlages oder des Ein- und Ausströmens der Luft in Ihrem Körper zur Ruhe. Innere Stille ist ein Bewusstseinszustand, in dem Ihre Sinne in den Vordergrund treten, während Ihre Kognition zurücktritt. Indem Sie mit äußerster Aufmerksamkeit auf alle Klänge um Sie herum achten, verschmilzt durch Ihr akustisches Gewahrsein Ihr persönliches Bewusstsein mit dem größeren Bewusstsein.

Jedes Mal, wenn Sie auf einen meditativen Zustand umschalten, wird das ständige verbale Geplapper Ihres denkenden Geistes durch die Stille Ihres lauschenden Geistes abgelöst. Sie erreichen einen Punkt, an dem die natürliche Erfahrung Ihres eigenen Körpervolumens und des Raums um Sie herum, die durch Ihre Sinne geweckt wird, Sie regelmäßig in die mystische Wirklichkeit des ewigen gegenwärtigen Augenblicks lotst.

Viele von uns glauben, wir würden während der Meditation keine Gedanken mehr haben, wenn wir unseren Geist erst einmal beruhigt haben. Aber das stimmt nicht. Einer der Hauptgründe für das Meditieren ist, dass es uns erlaubt, unsere tiefere Weisheit anzuzapfen. Wenn Ihr denkender Geist lange genug still wird, dann können Sie hören, was Ihr Herz Ihnen zu sagen hat.

Sehr oft wird mitten in dieser gesegneten Stille eine neue Qualität des Denkens auftauchen – bestimmte Einsichten oder tiefe mentale Reflexionen Ihres intuitiven, kontemplativen Geistes. Wenn Sie auf Ihr Herz gesammelt bleiben, beginnen Sie zu hören, wie Ihr Herz spricht, und Sie hören auf einmal eine innere Stimme, die nicht Ihrem gewöhnlichen Denken entspringt, sondern einer tieferen mystischen Quelle. Es war gewiss diese innere Weisheit, von der Laozi sprach, als er sagte:

Ohne aus der Tür zu gehen,
kennt man die Welt.
Ohne aus dem Fenster zu schauen,
sieht man das Dao des Himmels.
Je weiter einer hinausgeht,
desto geringer wird sein Wissen.

Darum braucht der Berufene nicht zu gehen
und weiß doch alles.
Er braucht nicht zu sehen
und ist doch klar.
Er braucht nichts zu machen
und vollendet doch. *

---

* Leicht modifizierte Fassung der Übersetzung von Richard Wilhelm in Laotse, *Tao te king – Das Buch des Alten vom Sinn und Leben*, Düsseldorf/Köln: Eugen Diederichs, 1972.

Jedes Mal, wenn wir in Meditation eintreten, sei es für zwei Minuten oder für eine halbe Stunde oder länger, richten wir unsere Aufmerksamkeit nach innen auf diese tiefe Quelle des Wissens. Ziel ist es, das permanente Denken, das unsere innere Klarheit stört, zum Schweigen zu bringen, unser Gewahrsein auszuweiten, so dass wir eine vollständige Erfahrung des riesigen Umfangs und der vielfältigen Dimensionen des Lebens haben, und uns dann zu öffnen, um Einsichten und Führung, Heilung und Kommunion zu empfangen.

Wir wollen dieses Kapitel damit beenden, dass wir nun den ganzen Prozesses durchlaufen und somit in Erfahrung bringen. Ich beginne diese Meditation damit, dass ich Sie durch die Meditation führe, die Sie im ersten Kapitel gelernt haben (Atembeobachtung), und dann relativ schnell zu unserer neuen Meditation (Befriedung des Geistes) fortschreite. Sie werden bemerken, dass die erste und die zweite Meditation in fließenden Bewegungen, die Ihren Geist ganz natürlich beruhigen, ineinander übergehen. Während Sie sich auf Ihre Atmung sammeln, werden Sie mühelos in die Stille geführt … dann in die Kontemplation … und an einem bestimmten Punkt in Ihrer Kontemplation in die Versenkung … und darüber hinaus …

BEFRIEDUNG DES GEISTES: Geführte Meditation 2

Lassen Sie zu, dass Sie sich entspannen, und machen Sie es sich bequem, vorzugsweise in einer aufrecht sitzenden Haltung oder auf dem Rücken liegend … und ohne irgendetwas zu tun; beginnen Sie einfach wahrzunehmen, wie Sie sich in Ihrem Körper fühlen … ob Ihre Atmung sich angespannt oder entspannt anfühlt … unregelmäßig oder regelmäßig … Erlauben Sie sich, sich so viel zu bewegen, wie Sie wollen … strecken Sie sich einige Male, wenn sich das gut anfühlt … nehmen Sie nun langsam eine bequeme und ausbalancierte Haltung für die Meditation ein …

Während Sie entspannt dasitzen, ohne zu urteilen, beobachten Sie einfach die Ströme von Gedanken, die durch Ihren Geist ziehen … die für eine kleine Weile Ihre Aufmerksamkeit beanspruchen … und dann wieder verschwinden … abgelöst werden von anderen Gedanken … die wiederum verschwinden … und abgelöst werden von weiteren Gedanken … beobachten Sie einfach, wie die Gedanken kommen … und wieder gehen …

Beginnen wir nun sanft damit, den Fluss Ihrer Gedanken zu beruhigen … lenken Sie Ihre Aufmerksamkeit immer vollständiger auf die Erfahrung des Atems hier im gegenwärtigen Augenblick … spüren Sie die Empfindung der einströmenden Luft … und der ausströmenden Luft … durch Ihre Nase oder Ihren Mund, während Sie atmen.

Sagen Sie zu sich selbst: „Ich atme frei" … lassen Sie die Einatmungen und die Ausatmungen ganz von selbst kommen … gestatten Sie es Ihrer Atmung, anzuhalten und von selbst wieder einzusetzen, wann sie es möchte … seien Sie der Luft gewahr, die durch Ihre Nase ein- und ausströmt … erweitern Sie Ihr Gewahrsein, so dass es *auch* die Bewegungen in Ihrer Brust und Ihrem Bauch umfasst … *und* seien Sie auch noch Ihres Herzens gewahr, das mitten in Ihrer Atmung schlägt …

Achten Sie darauf, welche Gefühle Sie im Herzen haben … atmen Sie in diese Gefühle hinein … nehmen Sie sie an … lassen Sie zu, dass Sie sich entspannen … erlauben Sie Ihrem Herzen, seine Spannungen, Beklemmungen und Schmerzen loszulassen … geben Sie sich selbst die Erlaubnis, sich einfach wohl zu fühlen, genau jetzt …

Seien Sie Ihrer Hände gewahr … Ihrer Füße … Ihres Bauches … entspannen Sie den Kiefer, Ihre Zunge, die Gesichtsmuskulatur … seien Sie Ihres ganzen Körpers gewahr, hier, in diesem gegenwärtigen Augenblick …

Und weiten Sie nun gleichzeitig Ihr Gewahrsein aus, so dass es alle Geräusche umfasst, die an Ihr Ohr dringen … lassen Sie sie einfach kommen … und gehen … und neue Geräusche kommen … und gehen … während Sie atmen … und genießen Sie den Frieden dieses gegenwärtigen Moments … Atmung … Herz … ganzer Körper … Geräusche … gegenwärtiger Augenblick … füllt Sie aus … Ihr Körper entspannt und ausbalanciert … Atemzüge kommen … und gehen … Sagen Sie zu sich selbst: „Mein Geist ist still …"

Während Sie in diesem tiefen Frieden sind, denken Sie über Laozis Worte nach: „Rückkehr zur Wurzel führt zur Stille …" Und *wenn* Sie so weit sind, treten Sie in Versenkung ein …

Sofortzugang zur Audioanleitung
finden Sie im Internet unter:
www.7masters.com

3. DIE WAHRHEIT ANNEHMEN – BUDDHA

Wir haben nun zwei Kapitel der Erkundung der ersten beiden Meditationen unseres Sieben-Meister-Meditationsprogramms gewidmet. Die Zeit, die wir damit verbracht haben, zu lernen, wie wir unsere Aufmerksamkeit willentlich und regelmäßig auf den gegenwärtigen Augenblick lenken können, war gut investiert. Über eines waren sich die meisten Meditationsmeister schon immer einig: „Das Reich Gottes ist inwendig in euch" – hier und jetzt. Mit dem Ziel, uns in diesen gegenwärtigen Augenblick zu führen, lehrte der Buddha seine heute weltweit praktizierte Vipassanâ-Meditation, in der man sich durchgehend auf das Atemgewahrsein und die Beruhigung der durch den Geist fließenden Gedanken sammelt. In „Still the Mind" sagt Alan Watts dazu in ganz schlichten Worten:

> Wenn Sie eine stabile Haltung gefunden haben, lassen Sie Ihr Gewahrsein in den Atem einsinken … Sie versuchen nicht, ein bestimmte Art von Atem zu kultivieren. Achten Sie einfach nur sanft auf Ihren Atem. Lassen Sie die Atemzüge kommen und gehen, wie sie wollen. Das ist alles, was Sie tun müssen, Ihr Körper wird still werden, und Ihr Geist wird an einem bestimmten Punkt ebenfalls auf ganz natürliche Weise still werden. Das ist im Wesentlichen der Prozess der Meditation.

Das Leben wäre in der Tat wundervoll, wenn alles, was wir tun müssten, um inneren Frieden und Geistesklarheit zu erlangen, darin bestünde, einer derart kurzen Meditationsanweisung zu folgen. Wenn unser denkender Geist sich doch nur so leicht ergeben und regelmäßig still sein und uns in Frieden lassen würde, dann könnten wir es dabei belassen und brauchten nicht weiterzulesen.

Doch auch wenn der Buddha und viele spirituelle Lehrmeister vor und nach ihm gelehrt haben, dass Atemgewahrsein der wesentliche spirituelle Fokus ist, war den meisten von ihnen ebenfalls klar, dass für die meisten Menschen solche äußerst simplen Anweisungen nicht ausreichend sind. Weil unser Ego im Allgemeinen ausgesprochen dominant ist, benötigen die meisten von uns einige zusätzliche meditative Praktiken, wenn ihre spirituelle Praxis erfolgreich sein soll.

Das Dilemma lösen

In der dritten Meditation geht es darum, direkt jenen geschäftigen Gedanken zu begegnen, die Sie daran hindern, in tiefe Meditation einzutreten. Allerdings ist dies eine Fähigkeit, die zu meistern einiger Übung bedarf; also seien Sie nicht frustriert, wenn Ihnen das bei den ersten Versuchen mit der nun folgenden Erweiterung nicht gelingt. Schließlich beurteilen wir uns selbst bei dieser Technik nicht nach einem oberflächlichen Erfolg oder Misserfolg. Ja, es geht in der dritten Erweiterung gerade darum, von allen urteilenden Gedanken, die uns daran hindern, den gegenwärtigen Moment anzunehmen, wie er ist, abzulassen.

Bedenken Sie für einen Moment: Wenn Sie sich selbst und jedermann und alle Dinge um Sie herum in diesem Moment als vollkommen in Ordnung annehmen könnten … wenn Sie von der Vorstellung ablassen könnten, dass es Dinge in der Welt und Teile von Ihnen selbst gibt, die Sie einfach nicht akzeptieren können … wenn Sie aufhören könnten, sich der Wirklichkeit zu widersetzen und sich stattdessen dem gegenwärtigen Augenblick als Gottes vollkommener Schöpfung überlassen könnten … dann könnten Sie sich augenblicklich entspannen, das Leben gutheißen, Ihr Herz öffnen und Gottes Schöpfung anlächeln, statt ständig über sie zu urteilen.

Einmal abgesehen von physischer Gefahr und körperlichen Schmerzen, ist das Einzige, was Sie in diesem Moment daran hindert, sich klar, zufrieden, gelassen und voller Freude zu fühlen und Liebe auszustrahlen, die oft hartnäckige Weigerung Ihres Geistes, die Wirklichkeit genau so zu akzeptieren, wie sie in diesem Moment ist.

Wenn Sie so sind wie die allermeisten Menschen, dann werden Sie feststellen, dass Sie besessen sind von negativen Überzeugungen, Einstellungen, Aversionen, Begierden und Zwängen, die Sie in Emotionen von Angst, Unzufriedenheit, Zorn, Verzweiflung oder Kummer gefangen halten. Dies in seinem eigenen Leben klar sehen zu können ist eine der wahrhaft großen Einsichten, zu denen der spirituelle Pfad uns verhilft.

Glücklicherweise können wir uns an diesem Punkt der Erörterung an Buddha orientieren. Denn schon mehr als zweitausend Jahre bevor die modernen Psychologen begonnen haben, die menschliche Psyche zu analysieren, hatte der Buddha seine eigene Tiefe durch Innenschau untersucht und den Hauptgrund für das menschliche Unbehagen und Leid erkannt und einen Weg der Überschreitung des Leidens gefunden.

„Wir sind, was wir denken", sagte er im „Dhammapada". „Alles, was wir sind, entsteht mit unseren Gedanken … Wie kann ein getrübter Geist den Weg begreifen? Ein ungetrübter Geist, der nicht mehr darauf aus ist zu bedenken, was richtig und was falsch ist, ein solcher Geist jenseits von Urteilen betrachtet in Frieden und versteht."

Höre auf dein Herz

Nach Buddhas Ansicht lernen wir zwei Dinge, wenn wir den Prozess der Meditation meistern: Zuerst einmal sehen wir unmittelbar die Wirklichkeit, die in jedem gegenwärtigen Augenblick auftaucht. Außerdem erkennen wir die Überzeugungen und Einstellungen, die wir mit uns herumtragen und die mit dieser Wirklichkeit im Widerstreit stehen. Indem wir die Überzeugungen und die daraus resultierenden Urteile, die unseren Geist heimsuchen, bewusst identifizieren, können wir uns Schritt für Schritt von ihnen lösen, um in Einklang mit der Wirklichkeit zu kommen. Auf diese Weise erlangen wir immer mehr Frieden, Klarheit und Glückseligkeit.

Der Buddha sagte: „Indem du das Unwirkliche für wirklich hältst, übersiehst du das Herz und füllst dich selbst mit Begierde … Erkenne das Unwirkliche als unwirklich und das Wahre als wahr. Höre auf dein Herz. Folge deiner Natur."

Wie die meisten großen spirituellen Meister fordert uns Buddha immer wieder auf, hinzuschauen und klar zu sehen, damit wir zur wahren Wirklichkeit erwachen können. Und genau dies ist der Akt der Meditation. Statt über die Wirklichkeit nachzudenken oder uns sagen zu lassen, was wirklich ist, sehen wir selbst direkt hin, um die Wirklichkeit zu erfahren, und finden damit selbst heraus, was wahr ist.

Direkt sehen, was wahr ist … aufs eigene Herz hören … der eigenen Natur folgen … wie macht man das?

In der ersten und zweiten Erweiterung unserer Sieben-Meister-Meditation haben wir bereits damit begonnen, zu lernen, wie wir den Fokus unserer Aufmerksamkeit von dem zweidimensionalen Bereich des Denkens auf die dreidimensionale Präsenz unseres Herzens verschieben können. Wir sind also bereits auf dem Weg, „beherzter" zu werden.

Aber der Buddha erkannte, dass die meisten Menschen nicht aus dem Stegreif „auf ihr Herz hören" können; sie müssen sich erst einmal mit den Kräften und den Konditionierungen auseinander setzen, die versuchen, sie daran zu hindern, auf ihr Herz zu hören und die Wahrheit zu erkennen.

Darum gehen die formellen Lehren Buddhas über die Atemmeditation hinaus und präsentieren uns ein vollständiges System und einen Prozess, wie wir mit den negativen Urteilen und Ängsten, die einem klaren Sehen und erwachten Leben im Wege stehen, umgehen können.

Wenn wir mit dieser Methode der Befreiung richtig umgehen, dann ermöglicht sie es uns, direkt ins Zentrum der Quelle unseres Leidens zu sehen, von den Illusionen, an denen wir so hängen, Abschied zu nehmen und Gottes Schöpfung so anzunehmen, wie wir sie in jedem neuen Moment vorfinden.

Den Buddha in uns erwecken

Wer war dieser Mann, den wir den Buddha nennen, und wie können seine Lehren über die Meditation uns über unser eigenes Leiden hinausführen? Etwa einhundert Jahre nachdem Laozi in China über den Bergpass gen Westen gegangen war und seine Spuren so gründlich verwischt hatte, dass niemand je wieder etwas von ihm hörte, wurde Siddhârtha Gautama als Sohn reicher Eltern im Vorgebirge des Himalaja geboren. (Es gibt eine Tradition in China und anderswo, die behauptet, der Buddha sei eine Reinkarnation Laozis. Da die Lehren Laozis und Buddhas sehr gut miteinander vereinbar sind, konnte sich der Buddhismus in der Tat sehr schnell nach China ausbreiten; dort verschmolz er mit der daoistischen Tradition, was dann zur Entstehung des Chan, in Japan später Zen genannt, führte.)

In seiner Kindheit lebte Siddhârtha ein behütetes Leben in Luxus; mit neunzehn Jahren heiratete er, den Wünschen seiner Eltern folgend, und wurde im Alter von neunundzwanzig Vater.

Bald danach jedoch veränderte sich sein Leben total. Er verließ den Palast seines Vaters, wurde ein spirituell Suchender und wanderte in völliger Armut umher auf der unablässigen Suche nach Befreiung von weltlichem Anhaften und Leiden.

Da er in einem traditionellen Brahmanen-Haushalt aufgewachsen war, war Siddhârtha natürlich mit der yogischen Tradition der Hindus und deren Lehren, Gottheiten und meditativer Praxis vertraut. Als er sein Heim verließ, um seinen eigenen spirituellen Weg zu finden, versuchte er zuerst, diese meditativen Traditionen bis ins Extrem auszuschöpfen, um Erleuchtung zu erlangen. Nachdem er sechs Jahre lang in einem fernen Wald gelebt und dort seinen Geist und Körper diszipliniert hatte, um das spirituelle Erwachen herbeizuführen, dieses Ziel aber nicht erreicht hatte, gab er die traditionellen Methoden zur Erlangung von Erleuchtung auf und rang einfach nur noch darum, unmittelbar zu erkennen, wer er in der Tiefe seines spirituellen Zentrums seiner Natur nach wirklich war. Er gab jegliche Zielorientierung seiner spirituellen Suche auf und ließ von allen Strebungen seines Egos und spirituellen Wünschen ab, so dass er schließlich ohne Urteilen und ohne Anhaften die Wahrheit dessen zu erkennen vermochte, was ihm begegnete und was er erfuhr.

Während er im Alter von fünfunddreißig Jahren an einem kalten Dezembermorgen unter dem berühmten Bodhi-Baum saß, erkannte er endlich in einem Aufblitzen des Erwachens die grundlegenden spirituellen Wahrheiten der menschlichen Existenz – und wurde so zum Buddha, was „der Erwachte“ bedeutet. Er kehrte in den Palast seines Vaters zurück (seine Mutter war kurz nach seiner Geburt gestorben) und wurde selbst in seiner Heimatstadt als erleuchteter Lehrmeister anerkannt. Die folgenden fünfundvierzig Jahre verbrachte er damit, von Ort zu Ort zu wandern, um einen Pfad des spirituellen Erwachens zu lehren.

Heute, nach mehr als zweitausend Jahren, ist dieser Pfad immer noch einer der wichtigsten spirituellen Wege und wird auf der ganzen Welt gelehrt. Und die zentrale Erkenntnis dieses Pfades ist in den äußerst einfachen und doch die Wahrheit vollständig zum Ausdruck bringenden Worten Buddhas: „Wie wunderbar, wie wunderbar! Alle Dinge sind vollkommen, genau so, wie sie sind!"

Das heißt mit anderen Worten: Genau jetzt, ohne dass wir irgendetwas verändern, irgendetwas tun müssten, leben wir in einem vollkommenen Universum. Es gibt nichts, was wir ändern müssten, um vollkommen und erleuchtet zu sein. Alles, was wir tun müssen, ist, in der Meditation zu realisieren, dass die Vollkommenheit des Erwachens und der Erfüllung jenseits aller Urteile und Ängste, Ziele und Erwartungen bereits in uns existiert, genau jetzt, in diesem ewigen Augenblick.

Um es noch einmal mit den Worten Buddhas zu sagen: „Mit ausgerichtetem Geist bezwingt der Meister seine Gedanken. Er beendet ihr Umherwandern. In der Höhle des Herzens sitzend, findet er Freiheit."

Die mystische Erkenntnis Buddhas – und zahlloser anderer Erwachter über die Jahrhunderte – war, dass Gottes Schöpfung in der Tat in jeder Hinsicht vollkommen ist.* Der gegenwärtige Augenblick ist vollkommen – ganz gleich, wie wir ihn auch von unserem speziellen Standpunkt aus beurteilen, mit all unseren Vorurteilen und Erwartungen.

Doch ach, wie sehr widersetzt sich unser denkender Geist doch der Anerkennung dieser wahrlich zutreffenden spirituellen Erkenntnis! Er ist derart angefüllt mit Überzeugungen davon, wie die Dinge „sein sollten", im Gegensatz dazu, wie die

---

* „Gottes Schöpfung" ist vom Autor hier sicher in übertragener Bedeutung für „der Kosmos", „das Universum" oder „alles, was ist" gemeint, denn der Buddhismus ist nicht-theistisch und kennt kein Konzept eines „Schöpfergottes" (Anm. d. Übers.).

Dinge „sind“, dass wir uns weigern, die Realität so zu akzeptieren, wie sie ist. Wir bestehen darauf, dass unsere inneren Träume und Erwartungen in Erfüllung gehen, damit wir Dinge akzeptieren können. Und so verwirren und verzerren wir die einfache Wirklichkeit des gegenwärtigen Moments, wir weisen sie zurück und leugnen sie, weil diese Wirklichkeit nicht der Vorstellung unseres Egos davon entspricht, wie die Dinge sein sollten. Und so entsteht Leiden – aus unserer Unwissenheit um die Wahrheit des Lebens und unserer Weigerung, diese Wahrheit zu akzeptieren. Unser eigener Geist trennt uns von unserer tieferen Natur, von unserer Buddhaschaft.

Wie können wir uns von Unwissenheit und Vorurteilen befreien und uns von den Befürchtungen und Leugnungen unserer Einstellungen und Urteile lösen, so dass wir die Wahrheit der Vollkommenheit des Lebens klar sehen und in unsere eigene Buddha-Natur eintreten können?

Die Tatsachen des Lebens

Der Buddha war nicht nur spirituell vollkommen erwacht, er war wahrscheinlich auch der größte Psychologe aller Zeiten. In der Tat ist es wohl seine größte Errungenschaft, dass er das Funktionieren des menschlichen Geistes (seines eigenen) genau beobachtete und bis ins Tiefste erkannte, wie er in seinem üblichen konditionierten und weitgehend unbewussten Modus arbeitet – und wie man ihn schulen und in Richtung auf ein psychologisches und spirituelles Erwachen lenken kann, welches dem Geist seine wahre Natur offenbart.

In seinen Vier Edlen Wahrheiten lehrte der Buddha Folgendes über die grundlegenden Tatsachen des Lebens:

Erste Edle Wahrheit: Ein noch nicht erwachtes menschliches Wesen leidet regelmäßig unter all den Härten des Lebens, unter Schmerzen, Kummer,

Bedürfnissen, Begierden, Enttäuschungen und Fehlschlägen. In unserem nicht erwachten Zustand können wir die Leiden des Lebens nicht vermeiden – sie sind Teil des kognitiven Dilemmas des Menschen. Insbesondere aufgrund unserer urteilenden Gedanken und Emotionen neigen wir dazu, in einer selbst geschaffenen Folterkammer zu leben.

Zweite Edle Wahrheit: Die Hauptursache unseres Leidens ist nicht unsere Erfahrung des gegenwärtigen Augenblicks, sondern vielmehr unsere Reaktion darauf, das, was wir darüber denken sowie die gesamte mentale Aktivität, die wir um unsere gegenwärtige Situation herum erzeugen. Mit anderen Worten: Der physische Schmerz im jeweiligen Augenblick ist geringfügig im Vergleich zu dem emotionalen und psychischen Leiden, das wir uns selbst gewohnheitsmäßig durch unsere permanenten Gedanken, Überzeugungen, Erwartungen, Wünsche und Verleugnungen zufügen. Wir denken Gedanken, die uns mit unserer Situation unglücklich sein lassen und die uns dazu bringen, nach einer Wirklichkeit zu verlangen, die anders ist als die Realität, in der wir uns gerade befinden – und dieses Verlangen erzeugt unser Unglück. Wir wollen das, was wir im Leben nicht mögen, verändern und möchten, dass alles, was wir mögen und woran wir festhalten, für immer weiterbesteht – auch wenn die Wirklichkeit anderen Gesetzen folgt. Deswegen ist nach den buddhistischen Lehren all unser Leiden ein Ausdruck und eine Widerspiegelung der Entfernung zwischen der Wirklichkeit und unseren Wünschen und Überzeugungen.

Dritte Edle Wahrheit: Es gibt einen erweiterten Bewusstseinszustand, in dem wir zu unserer größeren

Natur jenseits unseres Ego-Geistes und des durch unsere Gedanken und Wünsche erzeugten Leidens erwachen. Wir müssen nicht in den Begrenzungen unserer konditionierten Überzeugungen, kulturellen Annahmen und animalischen Instinkte verweilen. Wir tragen unsere eigene Buddha-Natur in uns – in der wir im gegenwärtigen Augenblick in totaler Akzeptanz der Wirklichkeit lebendig und deshalb frei von den gewohnheitsmäßigen Qualen unseres denkenden und urteilenden Geistes sind.

Vierte Edle Wahrheit: Es gibt einen logischen, speziellen meditativen Pfad, den zu gehen wir lernen können und der uns von unserer permanenten Angst und unserem permanenten Verlangen befreit. Wir können genau jetzt, wie der Buddha es tat, selbstständig handeln, um einen erwachten spirituellen Zustand möglich zu machen, der Nirvâna oder Satori oder Buddhaschaft genannt wird. In diesem Prozess entscheiden wir uns, von unserer Ego-Identität und unserer Angst vor der Hingabe zu lösen und uns selbst zu erlauben, in einen neuen Bewusstseinszustand wiedergeboren zu werden – in dem wir unsere vollkommene Natur realisieren, die Wirklichkeit direkt und wahrheitsgemäß erkennen und nicht länger Gefangene unserer eigenen mentalen Überzeugungen und Wünsche sind.

Sich furchtlos der Wirklichkeit stellen

Der Buddha lehrte, dass „derjenige, der sich selbst bezwungen hat, ein weit größerer Held ist als einer, der tausend Male tausend Männer besiegt hat“. Aber Moment mal – wenn wir doch bereits vollkommen sind, was gibt es da zu bezwingen? Heißt es nicht, dass wir einfach nur still sitzen und keine Anstrengung unternehmen sollen, indem wir erkennen, wer wir wirklich sind? Was soll dieses aggressive Gerede davon, dass wir uns selbst bezwingen sollten?

Wenn Sie bereits gesessen und Ihre Aufmerksamkeit auf Ihren Atem gelenkt sowie nach innen geschaut haben, um Ihre tiefere Identität zu sehen, dann kennen Sie bereits die Antwort auf diese Frage. Wer oder was ist es schließlich, das Ihre Aufmerksamkeit unablässig von dem simplen Akt der Innenschau auf das, was Sie wirklich sind, abzieht? Da ist ganz offensichtlich ein Kampf im Gange – irgendeine mentale Kraft widersetzt sich dem einfachen Akt, das Licht des Bewusstseins auf Ihre letzte innere Quelle scheinen zu lassen.

Der Buddha erkannte diese Ego-Präsenz, die sich von der Wahrheit bedroht fühlt und sie deshalb fürchtet. Er beobachtete, wie wir alle es erfahren haben, dass ein Teil von uns sich davor fürchtet, der Wirklichkeit von Angesicht zu Angesicht zu begegnen. Die schlichte Tatsache ist, dass unser Ego, unsere Vorstellung davon, was wir sind, seit unserer frühen Kindheit aus unseren Überzeugungen und Wünschen, Annahmen der Eltern und kulturellen Konditionierungen, die nicht unbedingt eine getreue Widerspiegelung der Wirklichkeit sind, aufgebaut worden ist.

Wenn wir unsere eigene Natur tief kontemplieren, wie wir es in dieser dritten Meditation tun, dann beginnen wir unausweichlich zu erkennen, dass das „Ich", mit dem wir uns identifizieren, nicht mehr ist als ein Konstrukt unseres eigenen unglaublich klugen Geistes. Um die Wirklichkeit klar sehen zu können, müssen wir lernen, von all den uns lieb gewordenen Vorstellungen davon, wer wir sind und worum es im Leben geht, abzulassen.

In der spirituellen Literatur der großen Meditationslehren habe ich immer wieder eine Lektion gefunden, die mein Großvater mich bereits gelehrt hat: Wir können nicht eine Sache fest in der Hand behalten und gleichzeitig nach etwas

Neuem greifen. Wir müssen das, an dem wir festhalten, loslassen und es beiseite legen, um in der Lage zu sein, etwas zu empfangen, das wir uns viel mehr wünschen oder das wir viel notwendiger brauchen.

Voraussetzung für alles spirituelle und psychologische Wachstum ist, dass wir von einer begrenzten Überzeugung loslassen, um uns für eine umfassendere Überzeugung öffnen und sie empfangen zu können – oder besser noch für eine direkte Erfahrung der Wirklichkeit, die alle Überzeugungen überflüssig macht.

Dies ist die Herausforderung des spirituellen Wachstums: das Ego bis zu dem Punkt zu erleuchten, wo es durch zunehmende meditative Erfahrung erkennt, dass es sich nicht nur lohnt, von Urteilen über die Wirklichkeit abzulassen und die Wirklichkeit selbst anzunehmen, sondern dass dies für ein wahrhaft erfülltes Leben eine Grundvoraussetzung ist.

Das Hauptproblem dieser Befreiung, das der Buddha erkannte, ist die Tatsache, dass das Ego sich vor seinem eigenen Ableben fürchtet – und dass es deshalb mit allen Mitteln darum kämpfen wird, seinen begrenzten und oft unrealistischen Standpunkt zu behaupten. Darum muss man angemessen mit dem Ego umgehen und es in der Meditation belehren, bis es einsieht, dass es sich mit der Aufrechterhaltung des illusorischen Mythos seiner eigenen Existenz der eigenen Erweiterung und Offenbarung widersetzt.

Die Herausforderung, die der Buddha unserer Ego-Präsenz stellt, besteht darin, zu lernen, wie wir die Ängste in uns besiegen können, die das Licht scheuen, die sich einem Wandel widersetzen, die sich der Vernichtung unserer Illusionen im Akt des Eintretens ins Licht nicht stellen wollen.

Lama Surya Das sagt in seinem Buch „Der achtfache Pfad“:

> Wenn Sie den inneren Pfad des Erwachens gehen, sollten Sie wissen, dass es zweifelsohne eine heroische Reise ist.

> Sie müssen bereit sein, Opfer zu bringen, und Sie müssen tatsächlich bereit sein, sich zu verändern. So wie eine Raupe den ihr gewohnten Kokon abstreifen muss, um zu einem Schmetterling zu werden und zu fliegen, müssen Sie bereit sein, sich zu wandeln und die harte Rüstung des selbstbezogenen Egoismus abzustreifen. So faszinierend die innere Reise auch sein mag, sie kann auch schwierig sein, weil sie Sie mit der Realität konfrontiert. Sie konfrontiert Sie mit dem, was Sie wirklich sind.

Selbst wenn wir entschlossen sind, den spirituellen Pfad zu gehen, so lehrt der Buddha, neigen unsere tief sitzenden psychologischen Konstrukte und Gewohnheiten dazu, uns von unserer wahren spirituellen Natur zu entfernen, und erzeugen so permanente Gefühle der Verblendung, Angst und des Leidens. Die Menschen drücken sich nur aus einem einzigen Grund davor, zu ihrer wahren Natur zu erwachen – ihre Ego-Identität fürchtet sich, die Kontrolle aufzugeben und sich einer Wirklichkeit zu überlassen, die unendlich viel größer ist als die Wirklichkeitsvorstellungen des Egos.

Die folgenden Meditationen sind darauf ausgerichtet, Ihrem Ego genau dort zu begegnen, wo es sich gegenwärtig in dem Transformationsprozess befindet. Sie stellen Ihnen eine sichere Vorgehensweise zur Verfügung, durch die Ängste standhaft beseitigt werden können und die Wirklichkeit mit jeder Meditationssitzung in immer größerer Tiefe erforscht werden kann. Mit einem sanften Schritt nach dem anderen können Ihre Überzeugungen und lieb gewonnenen Annahmen, Ihre Befürchtungen und sogar Ihre widerspenstige Verweigerung angesichts des Wandels pausieren und die Berührung der Wahrheit erfahren, die Kraft der Wirklichkeit und die liebevolle Macht Ihres eigenen spirituellen Kerns … und so beginnen Sie, bereitwillig das Alte loszulassen, um das Neue annehmen zu können.

Wer sind Sie wirklich, wenn Sie nach innen schauen? Ist Ihre Identität nichts weiter als ein Produkt Ihrer Vorstellungen und Ihrer vergangenen Erfahrungen oder weist sie ein Bewusstsein und eine Präsenz auf, die jenseits Ihres Ego-Konstrukts existiert?

Wenn Sie bedenken, wer Sie als Persönlichkeit sind, als Ego-Identität, können Sie jenseits davon irgendetwas finden – jenseits der Bilder und Erinnerungen und Mythen und Überzeugungen, wer Sie sind, die Sie selbst im Laufe der Jahre erzeugt haben und die aufgrund des Bildes, das andere von Ihnen haben, erzeugt wurden?

INNEHALTEN UND NACHDENKEN

Nachdem Sie diesen Abschnitt gelesen haben, mögen Sie vielleicht das Buch beiseite legen und sich auf Ihre Atmung einstimmen ... Ihr Herz ... Ihren gesamten Körper hier im gegenwärtigen Augenblick ... und Ihrem Geist gestatten, ruhig zu werden ... und in diesem kontemplativen Zustand zu sich selbst sagen: „Ich bin ... (Ihr Name)" und sich dann fragen: Wer ist diese Person wirklich? Schau hin und sieh die Wahrheit ...

Lieben oder Urteilen

Es gibt zwei Hauptsäulen buddhistischer Auffassung vom spirituellen Pfad. Die eine ist die Herausforderung, unser persönliches Gewahrsein für die Wirklichkeit des Lebens zu öffnen und unser Gespür für Weisheit und Perspektive hinsichtlich unserer Identität und den Sinn des Lebens zu entwickeln. Dies ist vorwiegend eine Funktion des Geistes.

Die andere große Säule ist die Herausforderung, unsere Fähigkeit, Mitgefühl für die gesamte Schöpfung Gottes und Akzeptanz dieser Schöpfung zu entwickeln. Dies ist vorwiegend eine Funktion des Herzens.

Mitgefühl ist eine Eigenschaft, die wir erst dann entdecken, wenn wir aufhören, die Welt zu beurteilen, und anfangen, sie zu lieben. Diese dritte Meditation über das Annehmen der Welt, wie sie ist, führt uns ganz natürlich zu einer Erkundung unserer Fähigkeit, Liebe in unserem Herzen zu empfinden und letztlich bedingungslos zu lieben, wie es Buddha und Jesus und die meisten anderen spirituellen Meister von uns gefordert haben.

Schlichte Tatsache ist: Wir können etwas oder jemanden nicht beurteilen und gleichzeitig Liebe für es oder ihn empfinden. Warum? Weil der Prozess des Urteilens an sich in einem Teil unseres Gehirns verwurzelt ist, der auf Furcht basiert, nämlich in der Amygdala, dem so genannten Mandelkern. Dieser Alarm-Gehirnteil, der direkt mit unseren Sinnen und unseren kognitiven Funktionen verbunden ist, sagt uns, dass wir zuerst einmal feststellen müssen, ob es in unserer unmittelbaren Umgebung etwas Bedrohliches gibt. Alle Tiere haben diesen auf Furcht basierenden Beurteilungsmechanismus und er ist fraglos wesentlich für das physische Überleben.

Unser menschliches Dilemma besteht darin, dass wir nicht nur den gegenwärtigen Augenblick beobachten können, um zu sehen, ob irgendeine Gefahr lauert, sondern dass wir auch fähig sind, uns an tragische Dinge zu erinnern, die uns in der Vergangenheit zugestoßen sind, und uns vorzustellen vermögen, dass diese Dinge in der Zukunft wieder geschehen können. Und damit sind wir dann bei bedrückenden Gedanken.

Letztlich kommt der größte Teil menschlichen Leidens daher, dass wir dazu neigen, uns mögliche Szenarien in der Zukunft vorzustellen und dass wir uns dann aufgrund negativer Szenarien Sorgen machen oder begierig darauf sind, ein positives Szenario Wirklichkeit werden zu lassen. In beiden Fällen besteht die Tendenz, dass unsere Vorstellungen über die Zukunft Leiden im gegenwärtigen Augenblick erzeugen.

Wenn Sie das Leiden kontemplieren, das Ihnen tagein, tagaus widerfährt, dann werden Sie bald feststellen, dass viel von diesem Leiden emotionaler und mentaler Natur ist und nicht körperliches Leiden. Und selbst bei körperlichem Leid neigen wir dazu, den tastsächlichen Schmerz zu verstärken, indem wir uns dazu noch alle möglichen Sorgen machen, die uns dann weit mehr leiden lassen, als es eigentlich unserer körperlichen Situation entspricht.

Der Buddha sah all dies sehr deutlich. Die Vier Edlen Wahrheiten haben bereits klargestellt, was die Psychologen heute erst als die Wurzel menschlichen Leidens zu verstehen beginnen – unsere mentale Fixierung auf Überzeugungen, Sorgen und Vorstellungen, die auf Furcht basieren. Bei sorgfältiger Untersuchung stellen wir fest, dass unser Wunsch, dem Leiden zu entfliehen, direkt auch für die meisten unserer Sehnsüchte und Wünsche verantwortlich ist. Nur wenn wir leiden, entsteht ein Reflex, etwas zu unternehmen, damit wir uns besser fühlen.

Wenn wir die zugrunde liegende Furcht beseitigen, dann eliminieren wir das Verlangen. Und wenn wir das Verlangen abstellen, unsere Situation verändern zu wollen, dann wird unser Geist ruhig, unsere Wahrnehmung wird klarer, unser Herz öffnet sich … und unser transzendenter Geist kann sich erheben.

Unsere Herausforderung besteht darin, regelmäßig in der Meditation innezuhalten, uns auf unseren Atem einzustimmen … auf unser Herz … unsere Präsenz genau hier und jetzt … und uns im gegenwärtigen Augenblick zu beobachten, ohne zu beurteilen, was wir entdecken, und die Emotionen, die wir fühlen, zu bemerken sowie die Gedanken, Einstellungen und Überzeugungen, die diese Gefühle verursachen. Dann vermögen wir klar zu erkennen, dass diese Einstellungen und Überzeugungen unser Leiden verursachen. Wenn wir das klar erkennen, dann beginnen wir diese Einstellungen loszulassen.

Dies ist der Heilungsprozess, und wie der Buddha wiederholt betont, ist alles, was es dazu braucht, ein direktes Hinschauen und ehrliches Sehen und Akzeptieren, was da ist. Dieses Sehen selbst erzeugt Transformation. Es befähigt uns, die Wirklichkeit genau so anzunehmen, wie sie ist, weil es total unsinnig wäre, gegen die Wirklichkeit anzukämpfen.

In diesem Annehmen können wir, wie sich herausstellt, unser Herz für die Welt um uns herum öffnen und es dem Mitgefühl gestatten zu strömen …

Die größte Angst

Wenn Sie in Ihrer Meditation zu dieser dritten Erweiterung kommen, dann sollten Sie regelmäßig innehalten und zutiefst die Natur der Furcht kontemplieren. Werden Sie zu einem ernsthaften Erforscher der Furcht. Sehen Sie ihr direkt ins Auge. Lesen Sie alles darüber, was Sie finden können.

Genau hier und jetzt in diesem meditativen Kontext fordere ich Sie heraus und möchte Sie dazu ermutigen, ohne Urteile direkt nach innen zu schauen und all Ihre Sorgen und angstvollen mentalen Gewohnheiten zu betrachten. Werden Sie Zeuge, wie diese den Schlamm in Ihren spirituellen Gewässern aufwühlen und Ihnen permanent Ängste bescheren. Wenn Sie mit großer Unmittelbarkeit sehen, wie Ihre ängstlichen Gedanken in Ihrem Inneren Leiden erzeugen und Sie von Ihrem eigenen Herzen entfernen, dann erkennen Sie in diesem Akt, dass Sie sich selbst mit illusionären Sorgen quälen. Und wie bereits der Buddha und auch Krishnamurti behaupteten, erwachen Sie dann zu der Tatsache, dass Sie selbst keineswegs diese Ängste sind.

Ich möchte Sie herausfordern eine einzige Angst, die sich durch Ihren Geist zieht, zu finden, die nicht in der Angst vor Ihrem eigenen Tod wurzelt. Unsere sämtlichen Angst- und

Furchtmechanismen basieren auf dem unablässigen Bemühen, uns so lange wie möglich am Leben zu erhalten. Jede kleine Gefahr, der wir begegnen, drückt unseren Angstknopf, der uns die unausweichliche Präsenz unseres eigenen bevorstehenden Todes spüren lässt.

Darum ist es eine der zentralen Lehren aller spirituellen Traditionen, dass wir, wenn wir die Angst überwinden wollen, uns unserer eigenen Sterblichkeit stellen, den Sinn des Lebens tiefer erforschen und letztlich unseren spirituellen Wesenskern entdecken müssen, der nicht mit diesem speziellen Körper und diesem speziellen Gehirn und diesem speziellen Ego-Traum identisch ist.

Alle mystische Erfahrung basiert auf der direkten Wahrnehmung und dem unmittelbaren Wissen, dass unser individuelles Bewusstsein nicht vom größeren Bewusstsein getrennt ist. Laozi spricht zu Anfang seines „Daodejing" von der Einen, Unendlichen, Einheitlichen Wirklichkeit, von der wir ein integraler Teil sind. Buddha sagte dasselbe – unsere wahre Identität ist immer die des unendlichen, ewigen Buddhas. Auch Jesus sagte, wir sollten eins sein mit Gott und so ewiges Leben haben. Bei Mohammed ist es nicht anders.

Es gibt keine Vergangenheit und keine Zukunft außerhalb der Konstrukte unseres denkenden Geistes. In der Meditation können wir dem von der Angst vor dem Tod und allem anderen erzeugten Leiden entweichen, indem wir unsere Aufmerksamkeit unablässig auf den gegenwärtigen Augenblick richten und uns völlig auf die Wahrnehmung verlassen, dass dieser gegenwärtige Moment vollkommen ist. Selbst wenn uns Bomben auf den Kopf fallen, ist der gegenwärtige Moment vollkommen. Warum? Weil wir, was immer auch geschieht, ewig in Gottes vollkommener Schöpfung bleiben, wenn wir uns nicht in die Angst begeben.

INNEHALTEN UND ERFAHREN

Halten Sie nun für einige Momente inne und beobachten Sie einfach nur Ihren Atem ... stellen Sie fest, ob Sie in Ihrem Körper Angst oder Sorgen oder Befürchtungen spüren ... schauen Sie nach, welche Gedanken oder Fantasien Ihre Gefühle hervorbringen ... sehen Sie, was geschieht, wenn Sie beginnen, diese Gedanken zu beruhigen ...

Nicht urteilen

Wann immer wir eine Meinung über irgendetwas äußern, dann urteilen wir auf der Grundlage unserer Überzeugungen und Vorurteile. Wann immer ein Gedanke etwas so oder so kategorisiert, haben wir ein Urteil auf der Basis des persönlichen Bewertungssystems unseres Egos gefällt. Wann immer wir uns auf der Grundlage dessen, was wir für richtig oder falsch halten, entschließen, auf eine bestimmte Weise zu handeln, haben wir die Situation beurteilt. Jedes Mal, wenn wir mit dem Gefühl von Zorn, Besorgnis, Abscheu oder Vermeidung reagieren, haben wir aufgrund einer Beurteilung der Situation reagiert. Selbst wenn wir zu dem Schluss kommen, dass heute ein schöner Tag ist, dass wir Kartoffelsalat wirklich mögen oder dass eine Reise nach Burma genau das Richtige für unseren Urlaub wäre, haben wir die urteilende Funktion des Geistes erfahren.

- Wie stark ist Ihr Tag mit urteilenden Gedanken ausgefüllt?

- In welchem Ausmaß entfernen Ihre Gedanken Sie von Ihrer eigenen Buddha-Natur?

- In welchen Ausmaß basieren Ihre Gedanken auf Angst und führen deshalb zu Leiden?

- Wie sähe Ihr Leben aus, wenn Sie aufhörten, über alles und jeden zu urteilen, und es einfach akzeptierten, wie es ist.

Ich schlage vor, dass Sie während der kommenden Tage und Wochen die Disziplin entwickeln, den Fluss Ihrer Gedanken so häufig wie möglich zu beobachten, um herauszufinden, wie oft Sie sich im Modus des Urteilens befinden. Die bloße Tatsache, dass Sie die mentalen Gewohnheiten sehen, die Sie leiden lassen, wird eine Bewegung in Gang setzen, die Sie über diese mentalen Gewohnheiten hinausführt. Das Sehen ist an sich schon die Antwort. Das ist eine grundlegende Dynamik der Kraft der Meditation.

Direkter Eindruck

Wahrscheinlich wenigstens die Hälfte der Bevölkerung dieser Welt hat schon von dem machtvollen psychologischen und spirituellen Prinzip gehört, das Jesus folgendermaßen formulierte: „Richtet nicht, damit nicht über euch gerichtet werde; denn mit dem Urteil, mit dem ihr über die Welt richtet, werdet ihr selbst gerichtet."

Die ersten beiden Worte dieses Spruchs können unser System wie ein massiver Schlag treffen. Einer der bemerkenswertesten spirituellen Lehrmeister dieser Welt sagt uns, dass es keineswegs eine gute Idee ist, sich überhaupt in den urteilenden Modus zu begeben – und doch wissen wir, dass wir herumlaufen und fast ständig Urteile fällen, sowohl negative als auch positive. Buddha betonte dasselbe immer und immer wieder in seinen Lehren. In den Beurteilungsspielen des eigenen Egos festzusitzen, das ist spirituell nicht produktiv und es erzeugt Leiden.

Es ist wichtig daran zu denken, dass wir uns auch dann im Urteilsmodus befinden, wenn wir ein positives Urteil fällen. Wenn wir zum Beispiel eine Rose ansehen und vermittels eines mentalen Prozesses die Rose als schön einstufen und zu uns selbst sagen: „Oh! Was für eine wunderschöne Rose!“, dann fällen wir ein Urteil über die Rose. Und wenn wir uns auf den Prozess einlassen, zu beurteilen und dann unsere positiv bewertenden Gedanken zu denken, dann distanzieren wir uns vorübergehend von dem direkten Eindruck der Rose.

Wir können die Realität nicht erfahren und sie gleichzeitig beurteilen. Psychologisch betrachtet, ist das Urteilen eine vergleichende Aktivität des Geistes, bei der wir gegenwärtige Sinneswahrnehmungen mit vergangenen Sinneswahrnehmungen vergleichen. Dieser mentale Prozess entfernt uns vom gegenwärtigen Augenblick ... während wir urteilen, sind wir „in Gedanken verloren“. Deshalb wird jeder spirituelle Lehrer, der auf die totale Präsenz im Augenblick Wert legt, mit Jesus und Buddha übereinstimmen und uns empfehlen, so wenig wie möglich im urteilenden Modus zu funktionieren, damit wir uns gänzlich auf die Welt einlassen können, statt in Gedanken verloren zu sein.

INNEHALTEN UND ERFAHREN

Nachdem Sie diesen Abschnitt gelesen haben, legen Sie das Buch beiseite ... setzen Sie sich bequem ... und stimmen Sie sich auf Ihre Atemerfahrung ein. Zuerst beobachten Sie nur Ihren Atem ... dann schauen Sie sich um und betrachten Ihre Umwelt ... beobachten Sie, ob Ihr Geist still ist oder ob Gedanken zu fließen beginnen ... beobachten Sie, ob das kreative Gedanken oder urteilende Gedanken sind ... nehmen Sie die Welt genau so an, wie sie ist, oder sind Sie irgendwie nicht so ganz zufrieden mit der Welt um Sie herum? ...

Die Welt annehmen

In dieser dritten meditativen Erweiterung beziehen wir uns sehr stark auf die kontemplative Funktion des Geistes. Wir versuchen nämlich direkt in den Kern unserer Überzeugungen und Gewohnheiten zu schauen und zu sehen, wie sie unsere Gefühle und unsere spirituelle Erfahrung beeinflussen.

Unser Thema für dieses Kapitel ist: „Ich nehme die Welt genau so an, wie sie ist." Was bedeutet es vom Standpunkt tiefer Kontemplation gesehen wirklich, die Welt genau so anzunehmen, wie sie ist? Diese Frage wird Ihr Ausgangspunkt sein, wann immer Sie zu dieser dritten Erweiterung kommen. Das wird Ihnen helfen, einen tieferen Einblick in all die Themen zu bekommen, die wir diskutiert haben.

Nehmen Sie sich zum Beispiel Zeit, die Natur des Annehmens tief zu erforschen. Widmen Sie ganze Meditationssitzungen der Kontemplation der Qualität des Annehmens: Stimmen Sie sich auf Ihre Atmung ein ... auf Ihr Herz ... auf Ihren ganzen Körper hier im gegenwärtigen Augenblick ... lassen Sie Ihren Geist still werden ... und beginnen Sie in diesem stillen Bewusstseinszustand die Natur der Akzeptanz zu kontemplieren ...

Wenn Sie den Aufmerk-Satz „Ich nehme die Welt genau so an, wie sie ist" sagen und sich Ihre Atmung und Ihr Herz dabei angespannt anfühlen, dann achten Sie darauf, welche Gedanken Ihren Geist durchziehen, die Sie dazu veranlassen zu sagen: „Nein, verdammt noch mal, ich nehme die Welt da draußen nicht an, weil ..." Sehen Sie sich diese Gedanken, diese Urteile, die Ihren Geist und Ihre Seele verunreinigen, genau an. Und gehen Sie noch einen Schritt weiter und betrachten Sie auch die Angst, die dem Urteilen zugrunde liegt.

Oft empfinden wir, dass irgendein Bild aus den Abendnachrichten, aus einem Gespräch, aus etwas, das wir an diesem Tag gesehen oder gelesen haben, noch im System steckt und dort sorgenvolle oder zornige Gedanken und Vorstellungen hervorruft, die etwas unter der Oberfläche unseres bewussten Geistes liegen. Meditation ist ein wunderbares Hilfsmittel, unterbewussten Gedanken, die Spannungen, Ängste und aggressive Gefühle hervorrufen, auf die Schliche zu kommen.

Sobald Sie einmal innehalten und dieser Gedanken gewahr werden, können Sie ihren Bluff aufdecken, indem Sie die Urteile und Sorgen einschätzen und sich selbst ehrlich fragen, ob es wirklich sinnvoll ist, an ihnen festzuhalten.

Fragen Sie sich, was das Kerndilemma ist, von dem Sie sich bedroht fühlen: Bin ich wirklich bedroht? Wenn mein Wohlbefinden tatsächlich in Gefahr ist, dann wäre es doch vielleicht weise, logisch über die Situation nachzudenken und eine Vorgehensweise zu planen, wie sich der Gefahr begegnen lässt. Die Logik des denkenden Geistes wird gewiss darauf kommen, dass es dumm ist, im gegenwärtigen Moment angespannt und aufgebracht zu sein, wenn es in diesem Augenblick gar keine Gefahr gibt.

Sobald ich erkenne, dass momentan in meiner Umgebung keinerlei Gefahr besteht, kann ich mich in aller Regel entspannen und die Welt in der Tat so akzeptieren, wie sie ist – wenigstens für die nächsten zehn oder zwanzig Minuten der Meditation. Manchmal füllt diese dritte Meditation meine ganze Meditationszeit aus, wenn sich das gut und natürlich anfühlt. Manchmal jedoch, wenn ich finde, dass ich die Welt in diesem Moment nicht so annehmen kann, wie sie ist, dann gehe ich zur vierten Meditation über – denn die Auflösung meines Gefühls, die Welt nicht annehmen zu können, findet sich oft in der vierten oder fünften Meditation.

Also achten Sie darauf, dass Sie nicht in einer der ersten Erweiterungen stecken bleiben. Selbst wenn Ihre Atmung angespannt bleibt, selbst wenn Ihr Geist nicht gleich still wird, selbst wenn Sie die Welt gerade nicht so annehmen können, wie sie ist, machen Sie doch weiter damit, die Erweiterungen zu durchlaufen. Irgendwann verschwinden die Spannungen fast immer und der gegenwärtige Moment öffnet sich in all seiner meditativen Vollkommenheit. Dieses Meditationsprogramm ist so angelegt, die große Freiheit zu haben, die Erweiterungen in dem Tempo zu vollziehen, das Ihnen im Moment natürlich erscheint.

Manchmal werden Sie alle sieben Meditationen ganz natürlich sehr zügig durchlaufen, indem Sie die Aufmerk-Sätze aussprechen, deren Wirkung auf Ihr Bewusstsein erfahren und dann zum nächsten Meditationssatz übergehen und zum nächsten, so dass Sie in wenigen Minuten alle sieben Bereiche abdecken und dann zu tiefer, unstrukturierter Versenkung fortschreiten.

Zu anderen Zeiten sind Sie vielleicht gerade bei der dritten Meditation angelangt und merken, dass Sie eine Weile dabei bleiben wollen, Ihre gegenwärtigen Ängste und Urteile zu kontemplieren, und so forschen Sie fünf oder zehn Minuten lang in die Richtung, die der Aufmerk-Satz Ihnen nahe legt.

Das Annehmen kontemplieren

Wenn Sie das Bedürfnis haben, tiefer in die Kontemplation des Themas „Ich nehme die Welt genau so an, wie sie ist" einzudringen, dann haben Sie vielleicht Lust, sich folgende Fragen zu stellen:

- Viele Menschen fürchten, dass sie dann, wenn sie alles so akzeptieren, wie es ist, für immer im momentanen Zustand stecken bleiben. Ist diese Furcht berechtigt?

- Leiten wir eine positive Veränderung ein, indem wir die gegenwärtige Situation negativ beurteilen und Manipulation benutzen, um die Dinge zu ändern – oder indem wir die Realität der gegenwärtigen Situation annehmen und bereit sind, in einem Geist bedingungsloser Liebe und bedingungslosen Mitgefühls daran teilzuhaben?

- Wenn wir die Wirklichkeit leugnen, wird damit jemals irgendetwas erreicht?

- Ist es möglich, gleichzeitig Urteile zu fällen und zu lieben?

- Bin ich mein eigener schärfster Kritiker? Ist meine Selbstbeurteilung gerechtfertigt oder basiert sie auf fragwürdigen Annahmen und Überzeugungen.

- Wer bin ich, wenn ich mich selbst bedingungslos annehme?

INNEHALTEN UND NACHDENKEN

Halten Sie, wenn Sie mögen, inne … nehmen Sie sich Zeit, sich auf Ihren Atem einzustimmen … auf Ihre gesamte körperliche Präsenz im Hier und Jetzt … und gehen Sie diese Liste von Fragen noch einmal durch. Erlauben Sie sich dabei, in tiefe Kontemplation einzutreten …

Hingabe

Wenn wir die Welt nicht genau so akzeptieren, wie sie ist, dann gehen wir davon aus, dass man der Welt nicht trauen kann und dass sich das Universum nicht so entfaltet, wie es sollte. Ihr

Ego-Geist trägt ein ganzes Arsenal von Vorstellungen davon, wie die Welt sein sollte, mit sich herum. Auch wenn Ihre Überzeugungen positiv und zutiefst spirituell sind, müssen Sie sich doch der Tatsache stellen, dass Ihre Überzeugungen davon, wie die Welt sein sollte, Leiden in Ihrem Inneren erzeugen, wenn diese nicht mit der Welt, wie sie tatsächlich ist, übereinstimmen. So erzeugen Sie Konflikte, indem Sie an Überzeugungen festhalten, die einfach nicht mit der Realität in Einklang stehen.

In ihrem Buch „Loving What Is" trifft Byron Katie diesen psychologischen Nagel genau auf den Kopf:

> Wenn Sie sich wünschen, die Realität wäre anders, als sie ist, dann könnten Sie genauso gut versuchen, einer Katze das Bellen beizubringen. Sie können es wieder und wieder versuchen, und am Ende wird die Katze zu Ihnen aufsehen und sagen: „Miau!" Zu wollen, dass die Realität anders ist, als sie ist, ist einfach hoffnungslos ... Wir können erkennen, dass die Realität gut ist, so wie sie ist, denn wenn wir gegen sie angehen, dann erfahren wir Spannung und Frustration. Wir fühlen uns nicht natürlich und ausgeglichen. Wenn wir aufhören, uns der Realität zu widersetzen, wird das Handeln einfach, flüssig, freundlich und furchtlos.

Da haben Sie es – wenn wir aufhören, uns der Wirklichkeit zu widersetzen und die Welt genau so annehmen, wie sie ist, dann werden wir liebevoll und furchtlos. Und wenn die Furcht verschwunden ist, dann verschwindet auch das Verlangen und wir sind in der Lage, unser Herz mühelos zu öffnen, um ganz und gar am gegenwärtigen Moment Anteil zu nehmen.

Ich möchte vorschlagen, dass Sie gründlich erforschen, was es heißt, sich der Wirklichkeit hinzugeben. Und dann geben Sie einfach auf, gegen die Wirklichkeit anzukämpfen.

Verschwenden Sie auch nicht *eine* weitere Sekunde darauf, sich zu wünschen, die Wirklichkeit wäre anders. Genau jetzt, in diesem Augenblick, ist es unverzichtbar, dass Sie die Wirklichkeit annehmen, weil es nichts gibt, das Sie tun könnten, um den gegenwärtigen Augenblick zu verändern. Dies ist das spirituelle Verständnis des Lebens. Der gegenwärtige Augenblick ist vollkommen – einfach weil er nicht anders sein könnte. Das ist es.

Die magische Logik ist, dass wir nur dann, wenn wir uns völlig dem gegenwärtigen Moment hingeben, die Kraft gewinnen, an seiner Entfaltung teilzuhaben und eine positive Wirkung auf kommende Momente zu haben. Indem wir vollkommen im Hier und Jetzt leben ohne jeglichen Widerstand gegen das, was ist, werden wir zu vollen Teilnehmern am gegenwärtigen Augenblick. Und durch diese Hingabe, dieses Annehmen und diese Teilhabe bringen wir die Macht der Liebe und der spirituellen Wahrheit in den gegenwärtigen Moment – und unser gesamtes Handeln wird natürlich, harmonisch und spiegelt die spirituelle Wahrheit wider. Unsere Realität und die Realität der Welt um uns herum kommen in Einklang.

Nur wenn das geschieht, machen wir echten positiven Fortschritt – nicht durch Manipulation unseres urteilenden Geistes, sondern durch die Teilhabe unserer spirituellen Seele. Indem wir uns der Wirklichkeit hingeben, ergeben wir uns ganz klar auch in den Willen Gottes und erlauben es dem transzendenten Geist, durch uns zu wirken, statt dem ängstlichen Ego zu erlauben, unser Handeln zu bestimmen. Auf diese Weise lernen wir, die meditative Qualität des Geistes und der Seele in der Welt wirken zu lassen.

DIE WAHRHEIT ANNEHMEN: Geführte Meditation 3

Machen Sie es sich bequem und sitzen Sie, wie immer es Ihnen angenehm ist … lassen Sie alle Bewegungen geschehen, die Sie ausführen möchten … und dann wenden Sie Ihre Aufmerksamkeit sanft auf den Luftstrom, der durch Ihre Nase oder Ihren Mund ein- und ausströmt … weiten Sie ihr Gewahrsein aus, so dass es auch die Bewegungen in Ihrer Brust und Ihrem Bauch beim Atmen einschließt … Sagen Sie zu sich selbst: „Ich atme frei."

Seien Sie nun gleichzeitig Ihres Herzens gewahr, mitten in Ihrer Atmung … seien Sie Ihres ganzen Körpers gewahr, hier in diesem gegenwärtigen Augenblick … Ihrer Füße … Ihrer Hände … Ihres Gesichts … Ihres gesamten Seins … seien Sie der Geräusche um Sie herum gewahr … und sagen Sie zu sich selbst: „Mein Geist ist ruhig."

Erweitern Sie Ihr Gewahrsein noch mehr, so dass es die Welt um Sie herum umfasst … das Zimmer, in dem Sie sitzen … das Gebäude, in dem Sie sich befinden … die Mitglieder Ihrer Familie … die Mitglieder Ihrer Gemeinde … die Kollegen am Arbeitsplatz … die Menschen, die auf der Autobahn unterwegs sind … jedermann und alles, was die Menschen gerade tun … die Welt genau so, wie sie in diesem Augenblick ist … Gottes vollkommene Schöpfung … und sagen Sie zu sich selbst: „Ich nehme die Welt genau so an, wie sie ist …" Achten Sie auf Ihre Atmung … darauf, wie Sie sich in Ihrem Herzen fühlen … beobachten Sie, welche Gedanken Ihnen hinsichtlich des Akzeptierens oder Beurteilens der Welt durch den Geist gehen … *bemerken* Sie, wenn es da etwas gibt, das jemand getan hat oder hätte tun sollen oder nicht hätte tun sollen, das Sie nun beunruhigt oder wütend macht … seien Sie aller körperlichen Spannung und allen emotionalen Leidens gewahr, das Sie *vielleicht in sich tragen* und das von etwas in der Welt hervorgerufen wird, das Sie nicht mögen ... das Sie ablehnen ... das Sie wütend macht ... oder das Ihnen Angst macht ... ist das irgendetwas oder irgendjemand in der Welt, das oder den Sie genau jetzt, in diesem Augenblick, nicht akzeptieren?

Bemerken Sie, dass Sie genau jetzt, genau hier, in diesem Augenblick, nicht bedroht werden ... Sie sind sicher, Sie sind geborgen, Sie sind genau jetzt völlig in Ordnung ... also probieren Sie aus, *ob* Sie nur für die nächsten paar Atemzüge von all Ihren Urteilen und Sorgen, Bedenken und Befürchtungen, Abneigungen und Verurteilungen ablassen können ... und sich einfach wohlig in die Erfahrung des Loslassens Ihrer Sorgen und Urteile hineinentspannen können, in das Annehmen der Welt, genau so, wie sie eben jetzt ist ...

Beobachten Sie, welche emotionalen Veränderungen sich vielleicht in Ihnen einstellen, insbesondere in Ihrem Herzen, wenn Sie einige Male zu sich selbst sagen: „Ich nehme die Welt genau so an, wie sie ist ..."

Wenn Sie mögen, beginnen Sie sich vorzustellen, dass Sie in einem Raum an einem Tisch mit zwei Stühlen sitzen ... Sie sind entspannt und fühlen sich nicht bedroht oder sind ärgerlich ... Sie sind innerlich in Frieden und in Frieden mit der Welt um Sie herum ... jemand, mit dem Sie Probleme hatten, kommt in den Raum ... sehen Sie hin und bemerken Sie, wer es ist ... diese Person kommt zu dem Tisch und setzt sich Ihnen gegenüber hin ... statt diese Person nun zu beurteilen, statt mit Zorn oder Ablehnung oder Befürchtungen zu reagieren, bleiben Sie einfach bei Ihrer Atmung ... bleiben Sie ruhig und fühlen Sie sich weiterhin wohl in Ihrem Körper ...

sammeln Sie sich auf Ihre Herzregion … Sie können dieser Person freundlich und ohne zu urteilen in die Augen sehen … und ohne jegliche Furcht erfahren Sie, wie sich Ihr Herz für diese Person öffnet … lassen Sie ein Lächeln voller Mitgefühl und Akzeptanz über Ihr Gesicht gleiten, während Sie sagen: „Ich nehme dich an, genau so, wie du bist."

Beobachten Sie, wie es sich anfühlt, vom Urteilen abzulassen und anzunehmen. Bemerken Sie, wie die andere Person reagiert, wenn er oder sie sich nicht mehr von Ihnen beurteilt fühlt … wenn Sie das so berührt, dann können Sie aufstehen, zu der Person hinübergehen und sie umarmen … und bemerken Sie, wie es sich in Ihrem Herzen anfühlt, wenn diese Person den Raum verlässt.

Und nun lassen Sie diese vorgestellte Szene los … stimmen Sie sich ein auf Ihren Atem … Ihr Herz … Ihren ganzen Körper hier im gegenwärtigen Augenblick und sagen Sie zu sich selbst: „Ich nehme die Welt genau so an, wie sie ist …"

Lassen Sie sich von einem wundervollen Gefühl der Akzeptanz durchdringen … der Liebe zur Realität, so wie sie ist … Sie können die Realität des Augenblicks nicht verändern … Sie können bloß Gottes Schöpfung annehmen … und sich daran freuen, eben jetzt lebendig zu sein … sich dem hinzugeben, was ist … atmend … mit ausdehnendem Gewahrsein … ohne Widerstand … hier und jetzt … atmend … mit Freude am Leben … wie Sie sich ausweiten in eine neue Erfahrung hinein …

Sofortzugang zur Audioanleitung
finden Sie im Internet unter:
www.7masters.com

4. DAS ERWECKEN DES HERZENS – JESUS

Dieses entscheidende Kapitel liegt genau in der Mitte unserer sieben Meditationen, weil wir hier in vieler Hinsicht beim Herzen unseres Meditationsprogramms angelangt sind. Nicht nur Jesus, sondern auch Buddha, Laozi und Patañjali vor ihm und Mohammed, Gurdjieff und Krishnamurti nach ihm haben das Herz und seine Fähigkeit, universale bedingungslose Liebe zu empfangen und zu teilen, als das eigentliche Zentrum des spirituellen Lebens betrachtet.

In diesem Kapitel stützen wir uns insbesondere auf die Lehren, die Inspiration und die fortdauernde spirituelle Präsenz des Jesus von Nazareth, der zu Beginn unserer Zeitrechnung lebte. Sehr viele Menschen nennen ihn den Christus und viele andere betrachten ihn als eines der wahrhaft erwachten Wesen, die auf dieser Erde gewandelt sind. Ob Sie sich selbst nun als praktizierenden Christen betrachten oder nicht, ich hoffe, dass die Einsichten, die wir in diesem Kapitel gewinnen, besonders wertvoll für Sie sein werden.

Die vierte und die fünfte Erweiterung unseres Sieben-Meister-Meditationsprogramms wird Ihnen helfen, Ihre Beziehung zu Ihrem eigenen Herzen und zu der Liebe, die in dieses spirituelle Zentrum fließt, wieder zu erwecken. Die meisten von uns haben erhebliche Schwierigkeiten mit den Gefühlen und Einsichten ihres Herzens. Aus bestimmten Gründen, die wir kurz erkunden wollen, fürchten wir uns davor, uns auf die Präsenz unseres Herzens zu fokussieren; wir bleiben lieber auf unser Gehirn fokussiert. Besonders Jesus, Buddha und Laozi fordern uns heraus, uns von dieser mentalen Fixierung zu befreien und uns der Weisheit unseres Herzens hinzugeben.

INNEHALTEN UND NACHDENKEN

Wie wirkt diese allgemeine Vorstellung eines auf das Herz ausgerichteten Lebens auf Sie? Halten Sie einige Momente inne, nachdem Sie diesen Abschnitt gelesen haben, und legen Sie das Buch beiseite ... und fragen Sie sich, auf welchen Bereich Ihres Körpers Sie sich am liebsten fokussieren ... oben auf den Kopf und das Gehirn oder tief in Ihrer Brust auf die Herzregion ... kontemplieren Sie für einen Moment Ihre Beziehung zu Ihrem eigenen Herzen ... beobachten Sie es direkt und sehen Sie, was Sie in diesem Augenblick herausfinden ...

Auf der Suche nach Jesus

Ich kam im Sommer 1968 in San Francisco an, um das von den Presbyterianern geleitete San Francisco Theological Seminary zu besuchen, das der theologischen Fakultät der University of California in Berkeley angeschlossen war. In den folgenden fünf Jahren erhielt ich Diplome in pastoraler Psychologie und vergleichender Religionswissenschaft und versuchte mein Bestes, mich in die protestantische Art des spirituellen Lebens einzufügen, während ich mich gleichzeitig mit Kriyâ-Yoga, Sufitänzen und der wilden, inspirierenden Welt von Alan Watts beschäftigte.

Das San Francisco Theological Seminary war vielleicht das aufregendste theologische Seminar, das man damals in Amerika finden konnte, aber zu meiner großen Enttäuschung wurde ich dort immer frustrierter, je mehr ich nach einer meditativen Dimension in der protestantischen Tradition suchte. Im formellen protestantischen Leben war einfach keine kontemplative Tradition zu finden und die meisten Professoren hatten keinerlei Interesse daran, über den spirituellen Wert einer meditativen Praxis zu diskutieren.

Meine entscheidenden Einsichten in das christliche Verständnis der Meditation kamen aus einer völlig unerwarteten Quelle – von einem geheimnisvollen Mann, der aus dem Nichts aufzutauchen schien und der schnell zu einer zentralen Figur in der Meditationsszene von San Francisco wurde. Dieser Mann war etwa fünfundzwanzig Jahre alt, war offensichtlich ein Asiat und hatte lange schwarze Haare und einen hoch gewachsenen, schlanken Körperbau. Als er auftauchte, trug er ein einfaches dunkelrotes Gewand – dies war in den frühen Siebzigern, in denen man in San Francisco anziehen konnte, was man wollte. Er hatte eine tiefe, ruhige Stimme und sprach fließendes Englisch mit einem Akzent, dessen Herkunft schwer auszumachen war.

Obwohl er offensichtlich keinerlei Geld besaß, lebte er bereits eine Woche nach seiner Ankunft in einem großen Haus in Berkeley, das ihm jemand geliehen hatte, und lehrte fünfzig Menschen ein besonderes Meditationsprogramm, das er, wie er sagte, von seinem eigenen Lehrer in Südostasien erhalten hatte.

Er erzählte uns sehr wenig über seine Vergangenheit, außer dass er im Alter von fünf Jahren zum Waisenkind geworden und von einem Paar christlicher Missionare adoptiert und in ihrer Missionsstation aufgezogen worden war. Als er zwölf war, ließen seine Adoptiveltern die Missionarstätigkeit zurück und siedelten mit ihm in die Berge über, um mit einem buddhistischen Meister zu studieren, dessen Namen er nie erwähnte.

Der einzige Besuch, den dieser junge Mann eines Nachmittags meinem Seminar abstattete, gab mir den Schlüssel zu dem

Thema dieses Kapitels. Nach der Nachmittagsvorlesung stand der Mann plötzlich still im Vorlesungssaal, in Jeans, Turnschuhen und T-Shirt, was inzwischen seine Lieblingsbekleidung war. Der Lehrer winkte ihm, er solle nach vorn kommen.

Dort sprach er dann während der nächsten halben Stunde vor dieser Gruppe christlicher Studenten in ruhigem Tonfall darüber, wie er zuerst von seinen Adoptiveltern, den christlichen Missionaren, von der Liebe gehört hatte, die Jesus in die Welt gebracht hat. Seine Eltern hätten eine besondere Qualität der Akzeptanz und des Mitgefühl ausgestrahlt, wohin auch immer sie gingen. Dann sprach er über eine einfache, aber tiefgründige mystische Erfahrung, die er gehabt hatte, als er als Kind eines Morgens die Bibel durchblätterte. Während er die Bibel mehr oder weniger zufällig an diversen Stellen aufschlug, sprangen ihm bestimmte Passagen ins Auge; sie schienen sogar Licht auszustrahlen, als er sie las.

Er wandte sich um und schrieb die folgenden sechs Fragmente von Bibelzitaten an die Tafel:

- Gott ist Liebe
- Fürchte dich nicht
- Sei still
- Kenne die Wahrheit
- Liebe deinen Nächsten wie dich selbst
- Liebet einander, wie ich euch geliebt habe

Er legte die Kreide ab und sagte sanft: „Ich habe festgestellt, dass nichts in meinem Leben fehlt, wenn ich über diese Worte meditiere und sie lebe. Dies ist der spirituelle Pfad, wie er in eurer Tradition gelehrt wird. Ihr braucht nicht mehr, um den Heiligen Geist in euer Leben zu bringen, und wenn ihr den Heiligen Geist kennt, könnt ihr alles andere beiseite legen. Liebe ist alles, was es gibt. Lasst sie uns leben."

Mit dem für ihn typischen bescheidenen Schulterzucken lächelte er warm, drehte sich um, ging den Gang hinab und verließ den Hörsaal. Einen weiteren Monat lang führte er einige Schüler durch etwa die gleichen Meditationen, die ich Ihnen in diesem Buch vorstelle. Er brachte uns bei, unsere Aufmerksamkeit regelmäßig auf die Herzregion zu richten … einander zu vergeben und die Wirklichkeit so zu akzeptieren, wie sie ist … still auf Gott zu lauschen und durch unser Herz zu anderen zu sprechen … und Liebe in unser Herz und hinaus in die Welt fließen zu lassen.

Ich hatte das Gefühl, in diesem geheimnisvollen jungen Mann endlich meinen wahren spirituellen Lehrmeister gefunden zu haben – jemanden, der ganz und gar das lebte, was er lehrte, und der die Meditationslehren der Welt zu einem Ganzen zusammenführte, das ich wirklich in meinem Herzen erfahren konnte. Eines Nachmittags tauchte er wieder in seinem alten Gewand auf. Er lächelte sanft, schüttelte uns die Hände, verabschiedete sich … und dann ging er hinaus und ward nie wieder gesehen.

INNEHALTEN UND ERFAHREN

Vielleicht mögen Sie innehalten, nachdem Sie diesen Abschnitt gelesen haben, die Augen schließen und sich auf Ihre Atmung einstimmen … Ihr Herz … und dann beginnen Sie Ihr Herz für die Gegenwart jener besonderen Lehrer zu öffnen, die uns erscheinen, wenn wir sie brauchen, entweder in Person oder im Geiste … Fühlt Ihr Herz sich offen dafür an, nach spiritueller Führung zu fragen und sie zu empfangen? Geben Sie Acht, welche Einsichten Ihnen kommen …

Gott ist Liebe

Einstein reduzierte die Natur des Universums auf eine einfache Gleichung, die wir alle auswendig können, selbst wenn wir ihren wissenschaftlichen Sinn nicht verstehen: $E = mc^2$. Die jüdisch-christliche Tradition reduziert die gesamte spirituelle Wirklichkeit der menschlichen Existenz auf eine andere, sogar noch knappere Gleichung: Gott = Liebe. Diese letzte Wahrheit stellt die Grundlage der Lehre Jesu dar, und in die Praxis umgesetzt ist sie eine so radikale Vorstellung, dass unser Denken sie einfach nicht begreifen kann.

Warum ist das so? Weil Liebe kein Konzept ist. Sie ist keine Idee. Sie ist kein Glaubenssatz. Sie ist eine positive Lebenskraft und eine integrierende Macht, die alle Wirklichkeit hervorbringt und sie zusammenhält.

Auf dieselbe Weise haben auch die alten Daoisten und Juden immer wieder betont, dass wir jene höchste Präsenz, jenes höchste Wesen, das unser physisches Universum geschaffen hat, nicht angemessen in Begriffe fassen und damit benennen und kategorisieren können. Wir können uns keine Vorstellung von der zugrunde liegenden Macht machen, die das Leben in diesem Universum erhält, und können sie nicht benennen. Ja, es stimmt schon, dass wir aus spiritueller Perspektive betrachtet diese zugrunde liegende Macht „Liebe“ nennen. Aber dieser Begriff weist nur in die Richtung jener schöpferischen und bewahrenden Kraft – er kann diese Kraft begrifflich nicht vollständig einfangen. Die Naturwissenschaft studiert die manifeste physische Realität des Universums. Liebe ist die unendliche schöpferische Kraft, die ständig die physische Realität manifestiert.

Die Daoisten verstanden sehr wohl diese Gegebenheit: „Der Name, der genannt werden kann, ist nicht der ewige Name. Das Unbenennbare ist der Ursprung von Himmel und Erde … Des Geheimnisses noch tieferes Geheimnis – das ist das Tor, durch das sämtliche wunderbare Essenz hervortritt.“

Und wie können wir durch dieses Tor gehen? Jesus sagte: „Bittet, so wird euch gegeben; suchet, so werdet ihr finden; klopfet an, so wird euch aufgetan." Wann immer und wo immer ein Mensch oder mehrere Menschen innehalten, sich auf ihr Herz einstimmen und sich der Liebe öffnen, kommt sie in ihr Herz geflossen. Das ist die ewige Wahrheit, aus der alle Menschenwesen ihre Spiritualität schöpfen. Gott ist Liebe und wir können Gott jederzeit begegnen und uns mit ihm vereinen, indem wir unser Herz der Liebe öffnen.

So wie Laozi, Patañjali und Buddha jeweils der höchste Ausdruck einer langen und fruchtbaren spirituellen Tradition waren, die ihnen vorausgegangen war, so ging auch Jesus aus einer Tradition hervor, die sich bereits seit Jahrtausenden in ihrer Beziehung zum Göttlichen entwickelt hatte. Im Alten Testament heißt es im zweiten Buch Mose (Exodus): „Gott ist erbarmend und gnädig und voller liebender Güte und Wahrheit." Und in Psalm 36 singt der Psalmist: „ Wie köstlich ist deine liebende Güte, Gott!"

In früheren Zeiten waren die Götter, die die Menschen anbeteten, oft gefürchtet, weil sie alles andere als liebevoll waren. Der große Sprung vorwärts, den das Judentum in der Evolution der Weltreligionen darstellt, war die Erkenntnis, dass der eine Gott, der der Schöpfer und Bewahrer aller Wirklichkeit ist, liebevoll und mitfühlend ist, voller Vergebung und Unterstützung.

Auch der Buddha lehrte, dass Mitgefühl zentral ist für die Meditation. Was dieses Thema betrifft, ist der Unterschied zwischen einerseits Buddhismus und Daoismus und andererseits Christentum und Islam, dass Letztere sich auf einen persönlichen Gott konzentrieren, während der Buddhismus und der Daoismus nicht theistische Traditionen sind. Wenn wir an dieser Stelle von unseren religiösen Glaubenssätzen ablassen, kann jeder von uns durch Meditation herausfinden, wo seine persönliche Vorliebe liegt – bei einer eher persönlichen Beziehung zu Gott oder bei einer unmittelbaren Begegnung mit dem transzendenten Geist ohne jegliche persönliche Gottheit. Ich persönlich empfinde in der Meditation an manchen Tagen sehr stark die Präsenz einer persönlichen Gottheit, aber oft ist die Erfahrung auch die einer reinen Einheit mit dem Dao ohne persönliche Obertöne.

Bitte erlauben Sie sich die Freiheit, sich zu öffnen und Ihre eigene sich entwickelnde Beziehung zum Göttlichen zu finden. Gott ist Liebe, aber unsere Erfahrung dieser Liebe zeigt sich in vielen verschiedenen Formen und Qualitäten. Wenn wir die tatsächliche Erfahrung des Einfließens von Liebe in unser Herz und unsere Reaktion darauf kontemplieren, dann wird den meisten von uns klar, dass wir gewöhnlich diesen Fluss blockieren und uns deshalb von der Gegenwart des Dao in unserem Leben abgeschnitten fühlen. Wir vermögen nicht zu spüren, wie Gottes Hand unser Herz anrührt. Es ist nicht Ziel dieses Meditationsprogramms, die Idee einer solchen Liebe theoretisch zu erforschen oder eine romantische Vision von einem liebevollen Zustand zu erzeugen, sondern pragmatische Schritte zu lernen, die dazu verhelfen, unser Herz tiefer für die Liebe zu öffnen.

Drei der kurzen biblischen Lehren, die ich zuvor angeführt habe, waren für mich persönlich die Leitlinien bei der Erforschung des psychologischen und spirituellen Pfades zur Überwindung emotionaler Verkrampfungen und zum Zulassen des Flusses der Liebe. Meine Meditationen über diese Lehren haben mir gezeigt, dass das Loslassens von Furcht, die Befriedung des Geistes und die Öffnung für die Erfahrung der Wahrheit – ganz gleich, was diese sein mag – direkt zur Erweckung des Herzens führen.

Lassen Sie uns jede dieser drei Lehren nacheinander betrachten, um herauszufinden, wie sie zu einer lebenslangen Meditationspraxis werden können.

Fürchte dich nicht

Wie wir bereits im dritten Kapitel erkundet haben, tötet nichts so sehr die spirituelle Erfahrung wie Furcht oder Angst. Wenn wir gefangen sind in Sorgen, Befürchtungen und Ängsten, dann verlieren wir unsere Fähigkeit, Mitgefühl mit anderen zu empfinden – und in der Tat auch mit uns selbst. Daraus folgt, dass wir die Fähigkeit verlieren, liebevoll mit unserem tieferen spirituellen Wesenskern umzugehen. Mit anderen Worten: Wir verlieren den Kontakt zu Gott, wenn wir Angst haben.

Es gibt zweiundsechzig Stellen in der Bibel, an denen Gott oder Jesus sagt: „Fürchte(t) dich (euch) nicht." Im ersten Buch Mose (Genesis) heißt es: „ Es begab sich, dass zu Abraham das Wort des Herrn kam in einer Offenbarung: Fürchte dich nicht, Abraham!" Und wenig später heißt es: „Gott erschien ihm und sagte … fürchte dich nicht, denn ich bin mit dir." Jesus brachte das Loslassen von Furcht auch mit Heilung in Verbindung: „Jesus kam und berührte sie und er sagte: ‚Stehet auf und fürchtet euch nicht.' " Zu jenen, die sich sorgten über schreckliche Dinge, die in der Zukunft geschehen könnten, sagte Jesus: „Ihr werdet hören von Kriegen. Ihr werdet hören, dass ein Krieg bevorsteht. Doch fallet nicht der Furcht anheim."

Und für unser Verständnis der Furcht sind folgende bemerkenswerte Worte Jesu vielleicht noch wichtiger: „Friede ist, was ich euch hinterlasse. Ich gebe euch meinen eigenen Frieden. Lasst durch nichts euer Herz betrüben. Fürchtet euch nicht."

Dies ist so klar – lasst nichts euer Herz betrüben. Fürchtet euch vor nichts. Lebt außerhalb des Würgegriffs euch verstümmelnder Ängste und Sorgen.

Aber wie macht man das?

Ich habe als Therapeut nur einen einzigen Weg gefunden, wie man dem Würgegriff der Angst entkommen kann – man muss den meditativen Pfad beschreiten, lernen, den Geist zu beruhigen und von Gedanken ablassen, die unsere Sorgen und Ängste erzeugen, so dass wir unser Herz dafür öffnen können, vom Gegenteil erfüllt zu werden – Liebe.

Die kognitive Psychologie hat im Verlauf der letzten dreißig Jahre wissenschaftlich bewiesen, dass Angst keine isolierte Emotion ist und dass permanente Zukunftsängste und Sorgen kein unabhängiger Modus sind. Sie entstehen vielmehr direkt aus gewohnheitsmäßigen negativen Gedanken und Vorstellungen, die unseren Geist durchziehen. Es ist eine grundlegende psychologische Tatsache, dass es, wenn wir nicht unmittelbar physisch bedroht sind, immer eines Gedankens bedarf, um Angst in uns auszulösen.

Wir können uns also dieser Forschungserkenntnis bedienen und die Angst aus unserem Leben eliminieren, indem wir lernen, uns von den Gedanken zu distanzieren, welche die emotionalen und physiologischen Angstreaktionen erzeugen. Genau dies tun wir in diesem Meditationsansatz. Wir lernen, „still zu sein“ und auf diese Weise Zugang zu jener besonderen Qualität spirituellen Friedens zu gewinnen, von der Jesus so oft gesprochen hat.

Sicher haben Sie bemerkt, dass wir uns in den ersten drei Kapiteln ganz bewusst darauf konzentriert haben, Meditationstechniken zu meistern, die es uns ermöglichen, den permanenten Gedankenfluss zum Stillstand zu bringen. Jesus gab uns die klare spirituelle Anweisung: Hört auf, in Angst zu leben! Nehmen wir diese Herausforderung an – unser spirituelles Leben hängt davon ab.

Ich habe im Laufe der Jahre die Erfahrung gemacht, dass eine rein psychologische Behandlung von Angst ohne eine spirituelle, meditative Dimension fast immer scheitert. Eine kognitive Therapie kann unseren Kopf mit positiven Gedanken füllen, welche die negativen Gedanken verdrängen; aber erst wenn wir lernen, alles Denken gänzlich zum Schweigen zu bringen, treten wir wirklich ein in den „Frieden, der alles Verstehen übersteigt", wie der Psalmist es nannte. Ich habe auch gelernt, dass das Eliminieren von auf Angst beruhenden Gedanken und Bildern, das Sichöffnen für das Einströmen spiritueller Liebe ein Akt des Willens ist – wir müssen uns bewusst für die Liebe und nicht für die Angst entscheiden, und zwar wieder und immer wieder, bis das zu unserem neuen Modus operandi wird.

INNEHALTEN UND NACHDENKEN

Ist Angst ein zentrales Thema in Ihrem Leben? Besteht die Tendenz, dass Sorgen Ihren Geist vernebeln und Ihr Herz verschließen? Nehmen Sie sich die Freiheit, hier einige Momente innezuhalten, das Buch beiseite zu legen, sich auf Ihren Atem einzustimmen … und denken Sie nach über die Notwendigkeit, Ihre Sorgen gehen zu lassen, wenn Sie Ihr Herz mit Liebe füllen wollen.

Sei still und wisse

Stille ist die Essenz der Meditation und die Antithese zu einem angsterfüllten Zustand. Wir können uns nicht entspannen und in unserem Herzen in Frieden sein, wir können uns nicht für das Einströmen der Liebe öffnen, solange unser Geist in Aufruhr und Unruhe ist. In der judäo-christlichen Tradition finden wir eine klare Aussage zum Wert und zur Notwendigkeit von Stille. Im Psalm 4 heißt es: „Redet in eurem Herzen auf eurem Lager und seid stille." Und in Psalm 46 findet sich die machtvollste Unterweisung: „Seid stille und wisset, dass ich Gott bin."

In Jesaja werden wir unterwiesen: „In Buße und Ruhe werdet ihr gerettet werden, in Stille und Vertrauen ist eure Stärke

… Wie lange noch wollt ihr nicht still sein? Zieht euch zurück … seid in Ruhe und haltet Stille." Da haben wir die meditative Tradition, die Jesus in seiner Kindheit nährte und ihn sicherlich auch durch sein spirituelles Erwachen führte.

Mitten in dieser meditativen Stille erlangen wir unmittelbaren Einblick in die Wahrheit des Lebens und erfüllen das, was Jesus mit seinem kraftvollsten meditativen Imperativ lehrte: „Erkenne die Wahrheit und die Wahrheit wird dich frei machen." Die Wahrheit, die wir in der Meditation finden, ist natürlich, dass Gott Liebe ist – dass es eine zentrale spirituelle Präsenz in unserem Leben gibt, um die wir direkt wissen können, indem wir auf unser Herz ausgerichtet bleiben und uns für das Einströmen der Liebe öffnen.

Wir lassen den angsterfüllten Zustand los, indem wir lernen, still zu sein, und in dieser Stille erkennen wir die Wahrheit. So entdecken wir in diesem Zustand der Übereinstimmung mit der tieferen Wirklichkeit des Lebens die Urkraft der Liebe, die uns belebt und uns unmittelbar mit dem unendlichen Unbenennbaren verbindet.

INNEHALTEN UND ERFAHREN

Halten Sie wiederum inne, nachdem Sie diesen Abschnitt gelesen haben, und schließen Sie die Augen … fühlen Sie, wie die Luft durch Ihre Nase ein- und ausströmt … seien Sie Ihrer Hände gewahr … Ihrer Füße … Ihres Gesichts … lassen Sie Ihren Geist ruhig werden … und inmitten Ihres Atems sammeln Sie sich auf Ihr Herz … schauen Sie einfach nach innen … ohne zu urteilen … um die Wahrheit zu kennen … und Ihr Herz zu öffnen … um zu lieben … während Sie zu sich selbst sagen: „Ich liebe mich… ich liebe die Welt …"

Liebe deinen Nächsten wie dich selbst

Diese Aufforderung in sechs Worten warf Jesus in die Welt wie eine psychologische Bombe. Ich weiß noch, wie mir zum ersten Mal eine Implikation dieser Aussage bewusst wurde: Um meinen Nachbarn lieben zu können, muss ich zuerst mich selbst lieben. Es ist wichtig, sich der Tatsache bewusst zu sein, dass Jesus, als er uns sagte, wie wir lieben sollten, sehr wohl wusste, dass Liebe eine innere Qualität ist, die wir in unserem Herzen nähren und die von dort zu den Wesen unserer Umgebung fließt. Wenn wir versuchen, unseren Nächsten zu lieben, es aber versäumen, unsere Liebe für uns selbst zu nähren, dann müssen wir scheitern. Wenn wir lernen wollen zu lieben, dann besteht der erste Schritt darin, eine innere Verbindung zwischen unserem Herzen und der Quelle der Liebe herzustellen.

Die einfache und endgültige Auflösung der Polarität von Egoismus und Selbstlosigkeit findet sich, wenn wir Jesu Herausforderung, unseren Nächsten genauso zu lieben wie uns selbst, kontemplieren. Er sagte nicht: „Liebt euren Nächsten *mehr* als euch selbst", weil ihm zweifellos bewusst war, dass das unmöglich ist. Wenn Sie keine Liebe in Ihrem Herzen haben, dann können Sie auch dem Nächsten keine Liebe schenken. Doch wenn in Ihrem Herzen zunehmend mehr Liebe fließt, dann haben Sie auch Ihrem Nächsten mehr Liebe zu geben. Auch wenn die Meditation oft als eine im Grunde egoistische Praxis kritisiert wird, können wir eine Tatsache nicht leugnen: Wenn wir die Menschen um uns herum mehr lieben wollen, besteht unsere erste Verantwortung darin, uns nach innen zu wenden und in unserer Beziehung zu uns selbst liebevoller zu werden.

In der Meditation, wie wir sie hier lernen, nehmen wir uns jeden Tag die Zeit, einfach nach innen zu schauen, unsere Gedanken zu beobachten, zu sehen, wie unsere negativen Gedanken negative Gefühle erzeugen … und uns, indem wir das sehen, dazu zu entschließen, solche Gedanken, mit denen wir uns verletzen, nicht zu denken.

Wir sind Geschöpfe, die dazu neigen, Freude zu suchen und Leid zu vermeiden. Wenn wir sehen, dass gewisse urteilende Gedanken uns beträchtliches und chronisches Leiden bescheren, dann haben wir die Möglichkeit, uns von solchen Gedanken abzuwenden. Dies ist die heilende Kraft der Meditation. Wenn wir klar die Wahrheit sehen, dann verändern wir uns. Wenn wir die Wahrheit unserer eigenen selbstzerstörerischen mentalen Gewohnheiten erkennen, dann befreien wir uns von diesen mentalen Gewohnheiten.

Sich für die Liebe entscheiden

Wie können uns diese drei Aussagen aus der judäo-christlichen Tradition helfen, uns gegen die Angst und für die Liebe zu entscheiden? Schauen wir uns noch einmal an, was diese Aussagen für die Meditationspraxis bedeuten:

- Fürchte dich nicht: Lernen Sie, ständige Sorgen und Urteile zum Schweigen zu bringen, bleiben Sie auf den gegenwärtigen Augenblick gesammelt und denken Sie nicht an die Zukunft und scheuen Sie sich nicht, sich selbst ehrlich und klar zu sehen. Entscheiden Sie sich dafür, Ihr Herz lieber von Liebe als von Angst anfüllen zu lassen.

- Sei still: Lernen Sie, Ihren Geist ruhig zu stellen, wann Sie es wollen. Wenn Sie nach innen schauen und Ihre eigenen mentalen Gewohnheiten in Aktion beobachten, dann beurteilen Sie sie nicht. Seien Sie still, ein bloßer Beobachter oder Zeuge, und aus der Tiefe dieser Stille …

- Kenne die Wahrheit: Lernen Sie, direkt hinzuschauen und zu sehen, wer Sie sind und was Sache ist, und die Wahrheit wird Sie befreien.

Aus einem meditativen Verständnis heraus betrachtet ist dies die Essenz emotionaler und kognitiver Heilung. Die Wahrheit klar und ohne Urteilen zu sehen, das bedeutet, Wachstum, Veränderung und Heilung einzuleiten.

Nehmen Sie eine meditative Haltung ein; schauen Sie nach innen, beobachten Sie, wie Sie sich in Ihrer Haut fühlen. Sagen Sie: „Ich liebe mich genau so, wie ich bin" und sehen Sie, ob das für diesen Moment wirklich zutrifft oder ob diese Aussage enthüllt, dass in Ihrem Herzen tatsächlich Unfrieden herrscht.

Wenn Sie herausfinden, dass Ihr Geist Sie daran hindert, in Ihrem Herzen Liebe für sich selbst zu empfinden, dann sehen Sie sich diese Tatsache an, ohne Angst vor dem zu haben, was Sie entdecken könnten. Vielleicht finden Sie heraus, dass Sie immer wieder denken, Sie seien nicht liebenswert. Ihrem eigenen Urteil zufolge sind Sie vielleicht zu hässlich, um liebenswert zu sein, oder sexuell nicht attraktiv genug. Sie beurteilen sich selbst und empfinden Abscheu sich selbst gegenüber. Oder vielleicht sind Sie Ihrem eigenen Urteil nach dumm oder ein Tollpatsch oder hoffnungslos träge – oder einfach eine zutiefst langweilige, deprimierende oder lästige Person.

Wenn Sie zu dieser vierten Erweiterung kommen und herausfinden, dass Ihr Herz sich aus irgendeinem Grund nicht dafür öffnen kann, sich selbst zu lieben, dann ist es sehr wichtig, dass Sie sich entspannen, Ihres Atems gewahr bleiben und sich genau ansehen, welche Gedanken in Ihrem Geist dazu führen, sich nicht liebenswert zu fühlen. Ertappen Sie Ihren urteilenden Geist auf frischer Tat.

Sobald Sie einmal gesehen haben, welche negativen mentalen Einstellungen Ihr Gefühl der Liebe für sich selbst blockieren, sind Sie bereit dafür, Ihre Selbsturteile loszulassen und zu sehen, was die Wahrheit ist. Wer sind Sie wirklich tief in Ihrem Inneren? Ist das Urteil, das Ihr Geist gefällt hat, wirklich zutreffend? Ist es Ihnen tatsächlich nicht möglich, Liebe in Ihr Herz fließen zu lassen? Oder können Sie beginnen, sich selbst als ein Geschöpf Gottes zu betrachten, was bedeutet, dass Sie so, wie Sie sind, ganz in Ordnung sind?

Wenn Ihr Geist in der Meditation still wird und Sie beginnen zu spüren, wer Sie wirklich in Ihrer Tiefe sind, nicht als Persönlichkeit oder Körper, sondern als lebendiges spirituelles Wesen, dann werden Sie unmittelbar wissen, wer Sie sind. Und wenn Sie die Wahrheit kennen, können Sie sich dafür entscheiden, Liebe für sich selbst in Ihr Herz fließen zu lassen. Dieses Einströmen der Liebe wird Ihre Haltung gegenüber sich selbst heilen, so dass eine neue Empfindung der Liebe für sich selbst in Ihnen erblühen kann.

Ihre Beziehung zu sich selbst ist Ihre engste Beziehung. Und Sie sind derjenige, der entscheidet, was für eine Beziehung das sein wird – eine angsterfüllte, verurteilende Beziehung oder eine liebevolle Beziehung. Fragen Sie sich selbst in der Meditation, welche Art von Freundschaft Sie für sich selbst nähren möchten – wollen Sie einen inneren Freund haben, der Sie ständig beurteilt und Ihnen die Liebe verweigert, oder wollen Sie einen inneren Freund, der Sie annimmt, so wie Sie sind?

In dem System von Kernüberzeugungen, das Sie in Ihrer frühen Kindheit entwickelt haben, halten Sie an der Überzeugung fest, entweder liebenswert oder nicht liebenswert zu sein.

Wenn Sie während der kommenden Tage und Wochen in unserer Meditation zur vierten Meditation kommen und sich selbst sagen: „Ich liebe mich…", dann sollten Sie Folgendes tun:

1. Achten Sie aufmerksam darauf, welche alten Überzeugungen über Sie selbst die Meditation unmittelbar wachruft – wer in Ihnen ist es, der Sie beurteilt

und sagt: „Ja, du bist liebenswert“ oder der Ihnen das wundervolle Gefühl, sich selbst zu lieben, versagt?

2. Nehmen Sie sich die Zeit herauszufinden, nach welcher Empfindung in Ihrem Herzen Sie sich sehnen, wenn Sie sagen: „Ich liebe mich…“

3. Bedenken Sie, dass Sie in jedem gegebenen Moment die Freiheit haben zu wählen, ob Sie sich weiterhin auf das fixieren wollen, was Sie nicht an sich mögen, oder ob Sie darüber hinausgehen und sich selbst genau so annehmen und lieben wollen, wie Sie sind.

Ich möchte Sie herausfordern, von diesem Augenblick an eine neue Gewohnheit zu entwickeln, nämlich die Gewohnheit, sich selbst zu erlauben, sich in Ihrem Herzen selbst zu mögen. Es liegt bei Ihnen. Riskieren Sie es. Lieben Sie sich selbst. Lassen Sie die Liebe, die alles heilt, einströmen … und dann werden Sie fähig sein, andere mit derselben Liebe zu lieben, die in Ihr Herz strömt.

Liebe ist keine Idee

Sie werden sehen, dass Sie nicht mehr Liebe in Ihr Herz und hinaus in die Welt fließen lassen können, indem Sie einfach nur daran denken, dass Sie sich dies wünschen. Solange der Fokus Ihrer Aufmerksamkeit in Ihrem Kopf liegt, ist er nicht in Ihrem Herzen. Und andersherum werden Sie auch feststellen, dass Sie umso mehr Liebe werden fühlen können, je mehr Sie sich entschließen, Ihre Aufmerksamkeit auf Ihre Herzregion zu sammeln.

Liebe ist ein Gefühl, keine Idee – und Gefühle der Liebe empfindet man vor allem in der Herzregion, nicht im Kopf.

Vielleicht stoßen Sie auf unangenehme Gefühle, wenn Sie sich Ihrem Herzen zuwenden. Wir tragen alte, durch Zurückweisung und Verzweiflung und Hoffnungslosigkeit und Zorn entstandene Wunden in unserem Herzen mit uns herum und solche Wunden verschwinden nicht einfach so. Wir können unsere Vergangenheit nicht auslöschen. Wir können nur all das akzeptieren, was uns widerfahren ist, und aufhören, es als unannehmbar, unverzeihlich oder unerträglich zu beurteilen.

Wie Sie herausfinden werden, besteht das Geheimnis der Öffnung Ihres Herzens für die Liebe wiederum darin, zu lernen, die Totalität der Wirklichkeit Ihrer Vergangenheit zu akzeptieren. Wehren Sie sich nicht gegen unangenehme Gefühle in Ihrem Herzen – was immer das im Augenblick sein mag; unterdrücken oder leugnen Sie sie nicht. Nehmen Sie sie stattdessen vollkommen an ... und dann entscheiden Sie sich dafür, das heilende Licht der Liebe auf sie fallen zu lassen. Das ist der einzige Weg zur Überwindung von Leid ... dass Sie sich genau so lieben, wie Sie sind, und zulassen, dass Gottes Liebe in Sie einströmt und Ihre innere Erfahrung verwandelt. Dies ist die Liebe, die Jesus seinen Jüngern und aller Welt schenkte – bedingungslose Liebe, die alles vergibt.

Erinnern sie sich wieder und wieder während der Meditation, aber auch während Ihres Alltags daran, sich selbst zu sagen: „Ich liebe mich genau so, wie ich bin." Und lassen Sie dieses Potenzial zum Lieben in Ihrem Herzen erwachen. Treffen Sie innerlich die Wahl, sich selbst anzunehmen ... und Schritt für Schritt werden Sie in der Lage sein, ohne zu urteilen nach innen zu schauen und die tiefere Wahrheit dessen zu sehen, was Sie sind. In diesem meditativen Akt werden Sie bald entdecken, dass Sie ein vollkommenes Geschöpf sind, das nicht verändert werden muss, um voller Liebe sein zu können – Liebe für sich selbst und für die Menschen aus Ihrer Umgebung.

INNEHALTEN UND NACHDENKEN

Legen Sie das Buch zur Seite, nachdem Sie diesen Abschnitt gelesen haben, und entspannen Sie sich ein Weilchen ... stimmen Sie sich auf Ihren Atem ein ... Ihr Herz ... und bemerken Sie, wie Sie sich in diesem Augenblick in Ihrem Herzen fühlen ... was Sie für sich selbst empfinden. Sehen Sie einfach hin und nehmen Sie es an. Ist es leicht für Sie, sich dazu zu entscheiden, sich selbst genau so zu lieben, wie Sie sind, ohne Zögern und ohne Einschränkung ... oder tragen Sie negative Urteile und Einstellungen und Überzeugungen über sich selbst mit sich herum, die den Fluss der Liebe in Ihrem Herzen blockieren? Nehmen Sie sich etwas Zeit, darüber nachzudenken, wie Sie reagieren, wenn Sie sich sagen: „Ich liebe mich ..."

Wie ich euch geliebt habe

Jesus schenkte seinen Jüngern ein weiteres Juwel spiritueller Weisheit, um ihnen verständlich zu machen, wie man den Pfad des Herzens geht. Sein eigenes liebendes Beispiel diente als Modell dafür, wie sie einander lieben sollten. Er sagte ganz einfach: „Liebet einander, wie ich euch geliebt habe."

Jesus war ohne Zweifel ein äußerst liebevolles menschliches Wesen. Er wurde fast nie zornig, hielt immer auch die andere Wange hin, war geduldig und freundlich, voller Erbarmen und Verständnis für die Gedanken und Gefühle der Menschen um ihn herum. Wenn wir uns jedoch näher ansehen, auf welche Weise Jesus die Menschen um sich herum liebte, dann müssen wir anerkennen, dass sein Lebensstil nicht darauf ausgerichtet war, die emotionalen Schmerzen der Menschen um ihn herum möglichst gering zu halten. Es ging ihm nicht darum, sich um die Gefühle anderer zu kümmern. Das war es nicht, was er als Liebe ansah.

Für ihn bedeutete Liebe in erster Linie, sein Herz die ganze Zeit für den spirituellen Kern seines Daseins offen zu halten. Diesen andauernden meditativen Zustand der Hingabe hat er offensichtlich nicht gelebt, indem er mit seinem logischen Verstand Pläne schmiedete und die Menschen manipulierte, sondern indem er der Weisheit seines Herzens und seinen Eingebungen folgte.

Wirklich wichtig für Jesus war, Gott von ganzem Herzen, ganzem Gemüt, ganzer Seele zu lieben, und die Arbeit, die gerade anstand, so zu tun, wie es seine spontane Eingebung war. So ermahnte er seine Jünger zum Beispiel, sich nicht im Voraus auszudenken, was sie sagen sollten, wenn sie von der Obrigkeit befragt wurden. Sie sollten vielmehr den Heiligen Geist durch sich sprechen lassen, während sie ihr Herz rein hielten und eingestimmt auf die spirituelle Weisheit und Führung.

Das heißt mit anderen Worten: Statt ein Leben zu führen, das von „du sollst" und „du sollst nicht" diktiert wurde, überantwortete Jesus sich der Wirklichkeit und war stets seinem tiefen Auftrag treu, ganz gleich, was die Leute von seinem Handeln dachten, und ohne Rücksicht auf die Gefühle, die sein Handeln bei anderen hervorrief. In allem, was er tat, lebte er – soweit wir wissen – den liebenden Pfad der Hingabe an den spirituellen Moment.

Jesus wies darauf hin, er sei weder gekommen, um nach den Gesetzen seiner Kultur zu leben, noch, um diese zu zerstören. Er sei gekommen, das Gesetz zu erfüllen, indem er einige neue Gesetze lehrte, die einer qualitativ höheren Ordnung angehörten – nämlich unseren Nächsten zu lieben wie uns selbst und einander mit derselben furchtlosen Ehrlichkeit und Hingabe an die Wahrheit zu lieben wie er selbst.

Alles verzeihen

Von der Liebe zu sprechen heißt, von Vergebung zu sprechen. Jesus lehrte ebenso wie Mohammed, dass Gott zuerst und vor allem ein vergebender Gott ist und dass seine Kraft der Vergebung in der Kraft der Liebe wurzele. Eine der zentralen Botschaften Jesu während der zwei Jahre seiner aktiven Lehrtätigkeit bestand darin, dass er jedem, der zu ihm kam, ehrlichen Herzens bestätigte, dass Gott ihnen alles vergebe, was sie ihrer Ansicht nach an Sünden begangen hätten.

In allen Religionen hat die Theologie sich in dualistische Vorstellungen von Wahr und Falsch, Gut und Böse, Heiligen und Sündern verfangen. Aber Glaubenssysteme, die uns als gut oder böse beurteilen, sind in der Meditation unnötig, ja sogar irrelevant. Das Konzept der Sünde und des Sündigens hat hier nichts zu suchen, weil unser Ziel in der Meditation darin besteht, von Überzeugungen und Urteilen abzulassen und uns einfach auf unsere Einheit mit Gott einzustimmen. Im Akt der Meditation entscheiden wir uns dafür, mit dem Urteilen über uns selbst aufzuhören und uns stattdessen genau so anzunehmen, wie wir sind.

Wir alle haben jedoch Dinge getan, auf die wir nicht stolz sind, und wir verhalten uns manchmal auch weiterhin auf eine Art und Weise, die andere Menschen verletzt, insbesondere wenn wir Angst haben und deshalb eine defensive oder aggressive Art an den Tag legen. Wir neigen auch dazu, uns für Dinge zu verurteilen, die wir vor langer Zeit getan haben. Solche Urteile haben unsere Überzeugung begründet, ein schlechter Mensch, ein hoffnungsloser Sünder und so weiter zu sein. Wie gehen wir um mit den Gefühlen, ein Sünder oder gar böse zu sein, die in der Meditation aufsteigen? Wie vergeben wir uns selbst die „bösen“ Dinge, die wir in der Vergangenheit getan haben, so dass wir uns selbst bedingungslos lieben können?

Vergebung ist, wie wir gesehen haben, bereits in dem natürlichen Prozess der Meditation enthalten. Die Vorstellung von Gut und Böse, vom Bravsein und vom Sündigen ist eben – lediglich eine Vorstellung. Die Meditation versetzt uns in einen Bewusstseinszustand, in dem wir von den Urteilen unseres denkenden Geistes über unser Verhalten in der Vergangenheit ablassen und in einen Zustand der Gnade eintreten, in dem wir nicht etwa über Gottes Liebe und Vergebung nachdenken, sondern in unserem Herzen unmittelbar das Einströmen von Gottes Akzeptanz und Liebe erfahren.

Wir wissen aus unserer Meditationserfahrung, dass die unendliche schöpferische Kraft des Universums und dessen, was jenseits davon ist, eine liebende und deshalb ganz und gar verzeihende Kraft ist; deshalb nähern wir uns der Frage nach der Vergebung in der Meditation von einem pragmatischen und psychologischen Standpunkt aus. Wir schauen nach innen, um zu sehen, ob wir uns selbst verurteilen, verleugnen oder verdammen oder ob wir von irgendjemandem in unserer Umgebung behaupten, er/sie sei im Unrecht, schlecht, böse, wertlos, inakzeptabel oder nicht liebenswert. Wenn wir erkennen, dass es zu solch einem Urteil, einer Verurteilung oder der Weigerung gekommen ist, das Geschehene zu akzeptieren, dann benutzen wir den grundlegenden meditativen Ansatz, um dieses Urteil zu heilen: Wir halten die Wirklichkeit dessen, was geschehen ist, nicht für etwas Gutes oder Schlechtes, sondern nehmen sie einfach als die Wirklichkeit dessen an, was geschehen ist – und indem wir vom Urteilen ablassen, gestatten wir es der heilenden Liebe einzuströmen.

Dasselbe gilt für die Art und Weise, wie wir Menschen unserer Umgebung beurteilen oder lieben. Im Markus-Evangelium unterbreitet Jesus mehrere Vorschläge zur Meditation und zur Vergebung: „Wann immer ihr steht, um zu beten, vergebet, wenn ihr einen Groll gegen jemanden hegt, so dass euer Vater im Himmel euch ebenfalls eure Überschreitungen vergeben wird. Denn wenn ihr anderen ihre Überschreitungen vergebt, wird euer Himmlischer Vater euch ebenfalls vergeben." Und etwas weiter im Text schlägt er vor, dass wir jedes Mal, wenn wir beginnen zu beten, erst einmal prüfen sollten, ob wir jemandem gram sind oder in unserem Herzen böse auf eine Person sind – und wenn sich herausstellt, dass wir es sind, dann sollten wir sofort mit dieser Person Frieden schließen, bevor wir mit unseren Gebeten fortfahren.

In unserer vierten Meditation ist es also wichtig, dass Sie regelmäßig innehalten, wenn Sie sagen: „Ich liebe mich ... Ich liebe die Welt ...", und darüber nachdenken, ob es da jemanden gibt, dem Sie vergeben möchten. Wenn dem so ist, dann ist es wichtig für Ihren eigenen Seelenfrieden und Ihre spirituelle Erfahrung, dass Sie zuerst in Ihrem Herzen oder, je nach Situation, ganz persönlich das Unrecht annehmen, das diese Person Ihnen Ihrer Meinung nach zugefügt hat. Geben Sie sich der Wirklichkeit des Lebens hin. Nehmen Sie an und vergeben Sie. Wenn Sie von den Urteilen über die Menschen um Sie herum ablassen, werden Sie ihnen gegenüber liebevoll werden, in demselben Geist, in dem Jesus geliebt hat.

Uns selbst lieben zu lernen, ist ein lebenslanges Unterfangen. Von unseren Ängsten und Urteilen abzulassen bedarf ständiger Bemühung, einer Bemühung, die wir mit jeder neuen Meditationssitzung fortsetzen. Diese vierte Erweiterung bietet Ihnen die Gelegenheit, an jedem Tag Ihre Entscheidung, sich selbst genau so zu lieben, wie Sie sind, neu zu treffen und die Wunden und Verkrampfungen zu heilen, die Sie in Ihrem Herzen entdecken.

Ich möchte betonen, dass es in diesem Heilungsprozess kein wirkliches Ankommen gibt. Meditation ist nicht zielorientiert. Dieser Augenblick und nicht die Zukunft ist es immer, auf den wir uns fokussieren, und dieser Augenblick ist per definitionem brandneu ... unsere gesamte Sinneserfahrung eben jetzt wird erzeugt durch die sich entfaltende physische

Manifestation des transzendenten Geistes oder des Dao oder wie immer Sie das Unbenennbare benennen wollen. Dieser ewige, nicht endende Augenblick der Gegenwart ist es, in dem sich unsere persönliche Gegenwart öffnet und mit der Größeren Gegenwart verschmilzt …

Jesus sagte: „Das Reich Gottes ist inwendig in euch." Es geht also um das Hier und Jetzt. *Hier* ist es, wo die Musik spielt. Und Meditation ist der direkteste Weg für uns, regelmäßig innezuhalten, uns zu öffnen und einzustimmen und das Reich Gottes zu betreten … wo unser Herz ständig von Liebe überflutet wird …

DAS ERWECKEN DES HERZENS: Geführte Meditation 4

Sie werden feststellen, dass die einleitenden Worte zu den Meditationen für den Rest des Buches dieselben bleiben. Meine Absicht ist, Ihnen eine grundlegende kurze Abfolge von Wörtern zu geben – eine Art Mantra –, die sie bei jeder der Sieben-Meister-Meditationen verwenden, so dass sie Ihnen wirklich in Fleisch und Blut übergeht. Wenn Sie dann innehalten und meditieren wollen, brauchen Sie nicht jedes Mal nachzuschlagen, was Sie tun sollen. Die Struktur und die verbalen Hinweise werden Ihnen wohlvertraut sein.

Machen Sie es sich bequem und sitzen Sie, wie immer es Ihnen angenehm ist … lassen Sie alle Bewegungen geschehen, die Sie ausführen möchten … und dann wenden Sie Ihre Aufmerksamkeit sanft auf den Luftstrom, der durch Ihre Nase oder Ihren Mund ein- und ausströmt … weiten Sie Ihr Gewahrsein aus, so dass es auch die Bewegungen in Ihrer Brust und Ihrem Bauch beim Atmen einschließt … Sagen Sie zu sich selbst: „Ich atme frei."

Seien Sie nun gleichzeitig Ihres Herzens gewahr, mitten in Ihrer Atmung ... seien Sie Ihres ganzen Körpers gewahr, hier in diesem gegenwärtigen Augenblick ... Ihrer Füße ... Ihrer Hände ... Ihres Gesichts ... Ihres gesamten Seins ... seien Sie der Geräusche um Sie herum gewahr ... und sagen Sie zu sich selbst: „Mein Geist ist ruhig."

Erweitern Sie Ihr Gewahrsein noch mehr, so dass es die Welt um Sie herum umfasst ... das Zimmer, in dem Sie sitzen ... das Gebäude, in dem Sie sich befinden ... die Mitglieder Ihrer Familie ... die Mitglieder Ihrer Gemeinde ... die Kollegen am Arbeitsplatz ... die Menschen, die auf der Autobahn unterwegs sind ... jedermann und alles, was die Menschen gerade tun ... die Welt genau so, wie sie in diesem Augenblick ist ... Gottes vollkommene Schöpfung ... und sagen Sie zu sich selbst: „Ich nehme die Welt genau so an, wie sie ist ..." Und jetzt wenden Sie Ihre innere Aufmerksamkeit den Gefühlen der Akzeptanz und Liebe zu, die Sie für sich selbst empfinden. Beginnen Sie, indem Sie darauf achten, was Sie in Ihrem Herzen für sich selbst empfinden. Sagen Sie einige Male beim Ausatmen zu sich selbst: „Ich liebe mich genau so, wie ich bin ...", und achten Sie darauf, wie Sie heute auf diese Worte reagieren ...

Beurteilen Sie sich nicht, ganz gleich was Sie in diesem Moment in Ihrem Herzen für sich selbst empfinden ... lassen Sie die Gefühle einfach nur da sein ... schauen Sie sie an ... sehen Sie die Wahrheit ... Ruhen Sie in einem entspannten Gefühl der Liebe und inneren Akzeptanz? ... Oder kämpfen Sie auf irgendeine Weise gegen sich selbst und sind nicht fähig, sich selbst zu vergeben und das, was Sie in diesem Moment sind, völlig anzunehmen? ...

Was würde passieren, wenn Sie eben jetzt all die Angst und all die Zurückweisung Ihrer selbst loslassen würden? … Lassen Sie all Ihre Gedanken still werden … seien Sie Ihrer Körperempfindungen gewahr … und gleichzeitig der Geräusche um Sie herum … lassen Sie zu, dass das Gefühl in Ihrem Herzen beginnt, weicher zu werden … sich zu entspannen … beginnen Sie sich für die Möglichkeit zu öffnen, sich selbst genau so anzunehmen und zu lieben, wie Sie sind … beobachten Sie … Haben Sie Angst, sich zu öffnen und sich selbst zu lieben? …

Bleiben Sie bei Ihrem Atem … lassen Sie die Stille sich vertiefen … die Gedanken verblassen … erlauben Sie sich, wenigstens für einige Augenblicke, so, wie Sie sind, als völlig in Ordnung zu sehen … Sie sind Gottes Schöpfung … lieben Sie sich selbst, so wie Jesus geliebt hat … ohne Urteilen … ohne Furcht … ohne Zögern … vergeben Sie sich selbst alles … und sagen Sie noch einmal: „Ich liebe mich genau so, wie ich bin …"

Seien Sie einfach bei sich selbst, ohne Urteilen und ohne Angst … schauen Sie hin und sehen Sie, wer Sie wirklich sind … schauen Sie hin und sehen Sie die Wahrheit dessen, was Sie in Ihrem tiefsten Inneren sind … jenseits der Worte … die unmittelbare Erfahrung … in Ihrem Herzen … und lassen Sie zu, dass sich gute Gefühle für Sie selbst in Ihrem Herzen ausdehnen … und lassen Sie sie hinausströmen zu allen, die Sie kennen … lassen Sie die Liebe fließen …

Sie haben die Wahl, ob Sie sich selbst lieben wollen … oder nicht. Schauen Sie in Ihr Herz und sehen Sie, wofür Sie sich in diesem Augenblick entscheiden … dafür, zu urteilen und Angst zu haben und sich selbst abzulehnen, oder dafür, sich zu öffnen und sich selbst anzunehmen und zu lieben? … Entscheiden Sie sich …

Als Akt der Selbstliebe können Sie sich dafür entscheiden, sich selbst die Erlaubnis zu geben, sich in Ihrem Herzen gut zu fühlen … sich der Liebe zu überantworten … sich von ihr erfüllen zu lassen …

„Ich liebe mich genau so, wie ich bin …"

Lassen Sie die Meditation tiefer werden … lassen Sie die Liebe fließen …

Sofortzugang zur Audioanleitung
finden Sie im Internet unter:
www.7masters.com

5. DIE HEILUNG DER GEFÜHLE – MOHAMMED

Wie wir gesehen haben, beginnt unsere Meditationserfahrung ganz natürlich mit einer vollständigen Konzentration auf das, was im gegenwärtigen Augenblick in unserem Körper geschieht … unsere Atmung, unser Herzschlag, unsere gesamte Körperpräsenz … und unsere Gefühle, Gedanken, Intuitionen, Empfindungen, Wahrnehmungen und die ganzen anderen Bestandteile der persönlichen Identität, die zusammengenommen unsere innere Erfahrung des Lebendigseins ergeben.

Die ersten vier Erweiterungen sind eine einheitliche Bewegung hin zu vollständigem inneren Bewusstsein dessen, wer wir in unserer persönlichen Bewusstseinsblase sind. Wenn wir unser Gewahrsein so erweitern, dass es alles einschließt, was in unseren sensorischen und kognitiven Welten geschieht, dann befinden wir uns in einer Blase, die so weit reicht, wie unsere verschiedenen Sinne sich auf die äußere Welt einstimmen können.

Für manche Menschen, insbesondere solche, die stark von einer wissenschaftlichen Sicht geprägt sind, stellt diese persönliche Ebene der Bewusstseinserweiterung die ganze meditative Erfahrung dar. Wenn das bei Ihnen so ist, dann ist das ganz in Ordnung – Sie kennen nun die vier Erweiterungen, die Sie für eine langfristige Meditationspraxis benötigen.

Meine eigenen Meditationserfahrungen ließen mich jedoch verstehen, dass noch andere Erweiterungen des Bewusstseins möglich werden – wenn wir uns dafür entscheiden, unser Herz für eine Kommunion mit einem unendlichen transpersonalen Bewusstsein zu öffnen, das jenseits der Blase unseres persönlichen meditativen Gewahrseins existiert.

In diesem Kapitel und der hier besprochenen Erweiterung geht es um den Prozess, durch den wir unsere persönliche Blase des Gewahrseins durchlässig machen können, damit eine größere spirituelle Präsenz und Macht in unser persönliches Gewahrsein einströmen kann. In der traditionellen Terminologie wurde dieses Einströmen als die Liebe Gottes bezeichnet, als die Berührung der Hand Allahs oder als die Vereinigung unseres persönlichen Geistes mit dem unendlichen Dao.

Wenn wir den meditativen Prozess der Öffnung für diese Erweiterung in das transpersonale Bewusstsein hinein erlernen, müssen wir darauf achten, uns keine Vorstellungen davon zu machen, wer dieser transpersonale Gott ist und wie die Beziehung zwischen unserem persönlichen Selbst und dem Größeren Selbst aussehen könnte. Das ist etwas, das Sie selbst durch persönliche Erfahrung herausfinden müssen. Meine Aufgabe ist es hier, Ihnen die meditativen Werkzeuge an die Hand zu geben, die Sie zu dem Punkt hinführen können, an dem Sie sich öffnen und hingeben.

Meiner Erfahrung nach gibt es zweifellos ein unendliches spirituelles Bewusstsein, das unsere physische Realität durchdringt. Und es ist uns allen möglich, unser persönliches Bewusstsein in der Meditation so weit auszudehnen, dass es mit diesem transpersonalen Bewusstsein verschmilzt. Die besondere Erfahrung, die Sie machen, wenn es zu dieser Erweiterung kommt, wird natürlich von Ihren persönlichen religiösen Überzeugungen und Erwartungen geprägt sein.

Wenn Sie die Absicht haben, Ihre Meditationserfahrung über ihr physisches energetisches Gewahrsein hinaus auszudehnen, so dass sie auch das Unendliche einschließt, dann verlangt das einen spirituellen Sprung, bei dem Sie sich total verletzlich machen und völlig öffnen für eine Macht, Weisheit,

Liebe und ein Bewusstsein, das Ihre individuelle Erfahrung transzendiert und Sie direkt mit erleuchteten Dimensionen des Seins verbindet. Diese Entscheidung, mit einem Bewusstsein zu verschmelzen, das Ihr persönliches Bewusstsein transzendiert, ist von solch großer Bedeutung, dass wir die letzten drei Erweiterungen dieses Meditationsprogramms der Erkundung dieses Prozesses widmen werden.

INNEHALTEN UND NACHDENKEN

Vielleicht mögen Sie jetzt für einige Momente innehalten … lassen Sie den verbalen Staub sich etwas setzen … stimmen Sie sich auf Ihre Atmung ein … auf Ihr Herz … Ihren ganzen Körper in diesem gegenwärtigen Augenblick … und beginnen Sie zu erforschen, wie es ist, Ihr Herz für das Einströmen von Liebe und Führung aus einem Bereich jenseits Ihrer persönlichen Blase sensorischen Gewahrseins zu öffnen … beobachten Sie einfach nur, urteilen Sie nicht … während wir damit beginnen, unsere Fähigkeit zu erkunden, unser persönliches Bewusstsein mit dem Universalen Bewusstsein verschmelzen zu lassen.

Offen sein, um zu empfangen

Ich empfinde immer ein Gefühl der Dankbarkeit, wenn ich zu dem Aufmerk-Spruch dieser fünften Erweiterung gelange, denn ich fühle fast immer eine außerordentliche Veränderung des Bewusstseins beim Sprechen folgender Worte: „Mein Herz ist offen … für das Empfangen … von Gottes heilender Hilfe." Dies wird auf drei Atemzüge verteilt gesprochen, so dass man tief in jede einzelne Aussage eintauchen kann, bevor man zur nächsten fortschreitet. Die ersten beiden Aussagen sind kurz und grundlegend: Sie geben das Subjekt („Mein Herz“) und das Verb („ist offen“) sowie die Absicht („für das Empfangen“) vor. Der dritte Teil der Aussage ist, wie wir später noch sehen werden, komplexer und er kann modifiziert werden: entsprechend Ihren persönlichen Vorstellungen von der so genannten schöpferischen liebenden Kraft des Universums; aber auch hinsichtlich der Qualität des Einströmens, das Sie in bestimmten Momenten besonders benötigen.

Für einige Menschen eignet sich der Begriff „Gott“ sehr gut. Andere, insbesondere Menschen, die sich eher zum Buddhismus oder Daoismus hingezogen fühlen oder die von einer säkularen wissenschaftlichen Perspektive ausgehen, ist es vielleicht besser, einen anderen Ausdruck ihrer Wahl zu nehmen. Sie sollten experimentieren, um herauszufinden, welches bestimmte Wort oder welche Wörter sich für Sie am besten anfühlen, wenn Sie Ihre Aufmerksamkeit auf Bereiche jenseits der Grenzen Ihres eigenen Geistes richten, auf eine Kommunion mit dem, was für Sie die Wirklichkeit spiritueller Präsenz im Universum ist.

Indem Sie diese drei Aussagen – entsprechend Ihrer Absicht – aussprechen, ermutigen Sie Ihr Herz dazu, sich zu öffnen und durchlässig zu werden, damit Ihre persönliche Seele von der universellen spirituellen Präsenz berührt werden kann. Dieses Kapitel wird ein wundervolles Licht auf Ihr Potenzial zu einer nahtlosen Beziehung zu den Dimensionen, die jenseits unserer persönlichen Sinne und unseres persönlichen Gewahrseins liegen, werfen.

Die fünfte Erweiterung der Sieben-Meister-Odyssee wird Sie stets aufs Neue überraschen, wenn Sie sie durchlaufen. Möglicherweise werden Sie für den Rest Ihres Lebens die Macht dieser Erweiterung erforschen wollen, denn sie zeigt Ihnen, dass Ihr persönliches Leben mit dem unendlichen Bewusstsein – von dem Sie ein kleiner, aber äußerst bedeutsamer Teil sind – verschmelzen kann.

Der Akt der Hingabe an eine größere spirituelle Präsenz und an einen größeren Willen war stets Grundlage muslimischen Glaubens und muslimischer Erfahrung; in diesem Kapitel werden wir viel von dem muslimischen Ansatz der Meditation lernen.

Eine Annäherung an Mohammed

Ähnlich wie es große Schwierigkeiten gibt, eindeutige historische Tatsachen über Patañjali, Laozi, Buddha und Jesus zu gewinnen, hat sich auch Mohammed für die Historiker als schwer fassbare Figur erwiesen, besonders wenn sie sich ein klares Bild darüber machen wollen, wer er als spiritueller Lehrer war.

Mohammed wurde etwa 560 n. Chr. in Mekka geboren, damals eine kleine arabische Handelsstadt nahe einer großen Oase, ungefähr zwei Kamelreisetage südlich von Damaskus und Jerusalem gelegen. Lange bevor Mohammed erschien, sollen der alttestamentarische Prophet Abraham und sein Sohn Ismael in der Oase Zamzam im Herzen von Mekka eine dem Yahwe gewidmete und Ka'aba genannte heilige Stätte errichtet haben.

Ismaels Nachfahren gründeten verschiedene arabische Stämme, von denen die meisten im Rahmen der hebräischen Tradition allmählich ihre Identität verloren. Aber die jüdische Präsenz und der jüdische Einfluss in Mekka reichten bis weit in das Altertum zurück, und als Mohammed geboren wurde, gab es in Mekka und dem nahe gelegenen Medina noch zahlreiche Juden, die ihren Glauben praktizierten. Die Vorstellung, dass es nur *einen* allmächtigen Gott gibt, der über den diversen lokalen Gottheiten stand, die von den Stämmen in dieser Gegend verehrt wurden, und der diese transzendiert, war während Mohammeds Jugend sicherlich Allgemeingut. Dennoch blühte in Mekka das, was die Juden als eine heidnische Verehrung vieler Jinn-Geister und Götzen betrachteten.

Sechshundert Jahre nach der Geburt der christlichen religiösen Bewegung lebten in der arabischen Region mehrere christliche Sekten, insbesondere die Nestorianer. Auch wenn Mohammed selbst Analphabet war, hatte er in seiner Jugend und im frühen Erwachsenenalter zweifellos Kontakte sowohl mit dem christlichen als auch dem jüdischen Glauben und als Araber sah er sich als Nachfahre in der religiösen Tradition von Adam-Abraham-Ismael an.

So integrierte Mohammed schließlich auch viele christliche und jüdische Lehren und Glaubenssätze in seine neue, ganz und gar in arabischer Sprache dargelegte Religion. Er etablierte jedoch auch einen Islam, der sich, wie wir gleich sehen werden, in bestimmten wesentlichen theologischen Fragen ganz klar vom Judentum und Christentum unterschied.

Mohammeds Vater stammte aus dem in der Gegend vorherrschenden Stamm der Quraish, der in ein Dutzend autonome Klans aufgespaltet war. Sein Vater war ein armer, aber redlicher Händler, der auf einer Karawanenreise starb, als seine Frau noch mit Mohammed schwanger war. Mohammeds Mutter Amnia starb dann, als das Kind sechs Jahre alt war. Mohammed legte in seinen Lehren später großes Gewicht auf die angemessene Versorgung von Witwen und Waisenkindern und allgemein armen Leuten.

Als Jugendlicher wurde Mohammed hauptsächlich von seinem Onkel Abd Manaf und seiner in Mekka lebenden Großfamilie aufgezogen. Es gibt zahlreiche Geschichten und Legenden über die Jugend Mohammeds, aber so gut wie keine historischen Dokumente. Er wuchs offenbar zu einem besonders ehrlichen und vertrauenswürdigen jungen Mann heran, der Geschäfte im Karawanenhandel machte. Es heißt, dass er ein ungewöhnliches Talent besaß, Vertrauen bei anderen zu erwecken und Verantwortung zu übernehmen. Im Alter von fünfundzwanzig Jahren wurde ihm das Vermögen einer schönen Witwe namens Kadija zugedacht, die fünfzehn Jahre älter war als er selbst. Sie kamen sich in vieler Hinsicht sehr nahe und bald heirateten sie und gründeten eine Familie.

Jedes Jahr ging Mohammed während des heiligen Monats Ramadan zu einer Klausur in die Wüste nahe dem Berg Hira, um sich der einsamen spirituellen Meditation zu widmen. In einem schicksalhaften Jahr brach während einer Meditation plötzlich eine Reihe von Visionen über ihn herein, die nicht nur sein Leben verändern sollten, sondern letztlich auch das Leben von mehr als einer Milliarde Menschen.

Im Koran ist verzeichnet, dass Mohammed eine Vision des jüdischen Engels Gabriel sowie anderer Engel hatte. „Ich erwachte aus meinem Schlaf, und es war, als hätten sie eine Botschaft in mein Herz geschrieben. Ich verließ die Höhle, und als ich auf dem Berg stand, hörte ich eine Stimme sagen: ‚O Mohammed, du bist der Gesandte Allahs, und ich bin Gabriel.'"

Durch diese anfängliche und durch weitere Offenbarungen empfing Mohammed einen ständig wachsenden Korpus von Lehren aus dem „Jenseits", die er im Gedächtnis behielt und die er einer wachsenden Zahl von Anhängern in Mekka zu lehren begann. Seine Frau bekannte sich als Erste zu der neuen spirituellen Vision, die er vermittelte, und im Verlauf der kommenden zehn Jahre empfing er weiterhin inspirierte Lehren, die schließlich zum Koran oder Qur'an zusammengefasst wurden, der heiligen Schrift des Islams.

Im Laufe der Jahre wurde Mohammed sich seiner Identität als Prophet in der direkten Linie der alten hebräischen Propheten mehr und mehr bewusst. Er betrachtete Jesus als den ihm vorausgegangenen Propheten Allahs und hatte größten Respekt vor den Lehren Jesu. Doch er weigerte sich, Jesus als mehr als einen Propheten anzusehen. Er sagte ganz klar, dass es Götzendienst sei, Jesus als Allahs einzigen eingeborenen Sohn zu betrachten. Im Koran sagt er: „Der Messias, Jesus, Sohn der Maria, war nur ein Gesandter Gottes. Also glaubt an Gott und die Gesandten Gottes und sprecht nicht von einer

Trinität. Gott allein ist der Eine, welcher der Verehrung würdig ist." Das Beharren auf diesem Standpunkt brachte Mohammed natürlich auf Distanz zu den christlichen Gemeinden in dieser Gegend.

Auch wenn er kategorisch gegen jede Art von Götzendienst war, der die Menschen von ihrer Ausrichtung auf Allah abbrachte, sagte er im Koran an mehreren Stellen ganz klar: „Seien es Muslime, Christen, Juden oder Sabier, wer immer an Gott glaubt und an das Jüngste Gericht und wer Gutes tut, der erhält seinen Lohn von seinem Herrn." Der Islam schließt in dieser Hinsicht die anderen Lehren nicht aus, und tatsächlich wurde er zuerst nicht als eine eigene Religion angesehen, sondern als die Erfüllung der Lehren der früheren Propheten. So sagt der Koran unzweideutig: „Wir glauben an Gott und an das, was uns offenbart wurde und was Abraham und Ismael, Isaak und Joseph und den Stämmen offenbart wurde, und was Moses und Jesus gegeben wurde und was den Propheten von ihrem Herrn gegeben wurde, und wir machen keinen Unterschied zwischen Einzelnen von ihnen, denn wir unterwerfen uns Gott."

Doch die jüdische Gemeinschaft in Mekka akzeptierte den jungen Mann nicht, der von sich behauptete, der neue Prophet Gottes zu sein. Sie machten sich eher lustig über ihn und zwangen ihn – in Gemeinschaft mit der herrschenden arabischen Bevölkerung von Mekka – schließlich zur Flucht aus der Stadt, da er zu guter Letzt um sein Leben fürchten musste. Er verlor den größten Teil seines angesammelten Vermögens und floh mit seiner Familie nach Medina, wo zwei jüdische Gemeinschaften und drei arabische Stämme sich eher widerwillig eine befestigte Stadt teilten.

Während seiner ersten Jahre in Medina fuhr Mohammed fort zu lehren und er wurde schon bald als spiritueller Lehrer akzeptiert. Innerhalb eines Jahrzehnts machten seine zunehmende Popularität und Macht ihn zu dem vorherrschenden Führer in der Stadt. Nach einigen kleineren Scharmützeln mit der Nachbarstadt Mekka, deren Führer es ihm und seinen Anhängern verweigerten, zum Schrein von Abraham zu pilgern, drang er mit einer Armee in die Stadt ein und erzwang für seine neue religiöse Bewegung das Recht, den heiligen Schrein besuchen zu dürfen.

Mohammed und die Meditation

Selbst nachdem Mohammed wieder zu Reichtum gelangt war, lebte er ein einfaches Leben. Er machte einen bescheidenen, freundlichen und durchgehend gütigen Eindruck (außer wenn er eine Armee in die Schlacht führte). Er hatte mehrere Frauen und sorgte hingebungsvoll für sie; zudem setzte er sich für eine sichere und von Armut freie Gemeinschaft ein. Er predigte einen Glauben, der dem christlichen Glauben ziemlich ähnlich war – nämlich dass Allah der eine wahre Gott ist, dass Allah allgnädig und allweise ist und dass die totale Hingabe an diesen höchsten Gott und die Einstimmung auf Gottes Willen der wahre spirituelle Pfad ist.

Wie Mohammed lehrte, ist von zentraler Bedeutung für unsere Fähigkeit, sich einer höheren spirituellen Macht in unserem Leben zu öffnen und ihr zu vertrauen, dass Allah vor allem ein allliebender Gott ist, dessen Segen und Führung jedem, der für seine Gegenwart offen ist, zur Verfügung steht. Allah ist auch bereit, alle Sünden jener zu vergeben, die Buße tun und um Vergebung bitten. Mohammed lehrte, dass wir keine Angst davor haben sollten, unser Herz zu öffnen und Gottes Präsenz und Liebe in unser Leben einströmen zu lassen.

Als Reaktion auf die verbreiteten Zechgelage und die Blutrache-Ethik lokaler arabischer Gemeinschaften war zu jener Zeit die Moral des sich rasch ausdehnenden islamischen Imperiums in Mekka und Medina sehr streng. Der Islam betonte die Wichtigkeit eines guten, gerechten Lebens, wie es in den

Zehn Geboten Mose umrissen wird und das Beschreiten eines mittleren Weges der Vermeidung von Extremen, wobei man sich ständig des Namens Gottes und seiner führenden Gegenwart bewusst sein soll.

Die wichtigste religiöse Praxis, die Mohammed lehrte, war die regelmäßige Durchführung eines rituellen Gebets, des so genannten Salat. Ursprünglich bestand die tägliche meditative Praxis darin, dreimal am Tag innezuhalten und Verse aus dem Koran zu rezitieren, begleitet von hingebungsvollen Gesten und betenden Niederwerfungen vor Allah. Mohammed betonte im Koran, Abraham, Ismael, Moses und Jesus hätten diese Art von rituellem Gebet praktiziert und es solle das Herz der Praxis der spezifisch arabischen Religion darstellen, die er ins Leben rief.

Eine der wichtigsten Lehren des Korans, die von den Gläubigen immer und immer wieder im rituellen Gebet wiederholt wird, besagt: „Gott will dir Klarheit schenken und dich führen und er will gegenwärtig sein für dich … denn Gott ist überaus wissend, überaus weise … Gott will dir deine Bürde erleichtern, denn Er weiß, dass die Menschheit schwach geschaffen wurde." Gott ist, mit anderen Worten, immer gegenwärtig, um in unser Herz einzutreten und uns mit seiner unendlichen Weisheit und seinem unendlichen Wissen zu führen, weil wir sonst Gefahr laufen, in unseren menschlichen Routinen und unseren mentalen Gewohnheiten den Kontakt zu unserem tieferen spirituellen Gewahrsein zu verlieren und in unklare Gedanken und unangemessenes Verhalten zu verfallen.

Diese zentrale Ausrichtung des islamischen Glaubens – auf ständiges Glauben und Vertrauen in die „Öffnung für Gott" – führt uns direkt zum Thema der meditativen Erweiterung dieses Kapitels, nämlich zu dem Aufmerk-Satz: „Mein Herz ist offen … für das Empfangen … von Gottes heilender Hilfe." In der islamischen Tradition weiß Gott bereits, was in unserem Herzen ist, und wir müssen Allah nicht erst sagen, dass wir Hilfe benötigen. Alles, was wir tun müssen, ist, Gott zu rufen – bei welchem Namen auch immer –, unser ichbezogenes Zentrum zugunsten unseres spirituellen Zentrums aufzugeben und umzuschalten von einem Modus des Sendens auf Empfangen. So wie ich den Islam verstehe, tun genau dies die Muslime fünfmal am Tag, wenn sie für das rituelle Gebet innehalten.

Mohammed zitiert im Koran einen Engel, der gesagt habe: „Gott ist das Erste und das Letzte, das Manifeste und das Verborgene ... Gott ist mit dir, wo immer du auch sein magst, und Gott sieht, was du tust ... Gott weiß, was in allen Herzen ist." Die wahre spirituelle Antwort auf Gottes Gegenwart besteht demzufolge darin, nicht nur im rituellen Gebet, sondern in jedem Moment unseres Lebens das eigene Herz offen zu halten und Gottes Führung zu empfangen. Dies ist, so wie ich es sehe, die eine und einzige Meditation in der islamischen Tradition – unablässig die Absichten unseres Egos zugunsten des höheren spirituellen Willens Gottes aufzugeben und es so der heilenden Liebe und Weisheit Gottes zu erlauben, in unser Leben einzuströmen – ständig, in jedem wachen Augenblick.

Die Mühle der Gedanken anhalten

Über das ultimative meditative Ziel hinaus, nämlich Gottes Präsenz unablässig in unser Leben einzuladen, erwähnt der Koran sehr wenig zum Thema Meditation. Die klarste Übersetzung für den arabischen Begriff Islam ist „Hingabe an den Willen Gottes". Gott in Erinnerung zu behalten und sich in völliger Hingabe zu öffnen, um auf Gottes Wille und Führung eingehen zu können, das *ist* in der islamischen Tradition Meditation.

Ein Islamwissenschaftler wies mich kürzlich darauf hin, dass das arabische Wort für „Denken" gewöhnlich mit „Sorgen“ übersetzt wird. Wie wir in den vorangegangenen Kapiteln gesehen haben, ist eines der wichtigsten Ziele der Meditation, den Fokus unserer Aufmerksamkeit nicht auf sorgenvolle Gedanken zu richten, sondern auf die direkte Kommunion mit der Liebe Gottes, die in uns einströmt, wenn wir unseren Geist zur Ruhe bringen. Indem wir unser Schicksal Gott überantworten, gewinnen wir Zugang zu einer höheren Führung, die es uns möglich macht, uns zu entspannen und darauf zu vertrauen, dass sie uns durch das Leben navigiert, ohne dass wir uns permanent über die Zukunft Sorgen machen müssen.

Das Anhalten der Mühle unserer Gedanken wird in der islamischen Tradition dadurch erreicht, dass wir den Geist mit spirituellen Sprüchen anfüllen. Man wiederholt diese Sprüche still für sich selbst; manchmal spricht man sie auch laut aus. Und was ist der Zweck dieser Sprüche? Es gibt nur eine Absicht – den Geist auf die direkte Begegnung und Kommunion mit Gott auszurichten.

Die sieben kurzen Aufmerk-Sätze, die den Kern unseres Sieben-Meister-Meditationsprogramms bilden, dienen demselben höheren Ziel. In der Tat spiegelt unser Meditationsprogramm auf dieser Ebene direkt das islamische Verständnis von Meditation wider. In jeder Meditationssitzung fordere ich Sie auf, nacheinander die sieben Aufmerk-Sätze auszusprechen; sie lenken die Aufmerksamkeit Ihres Geistes auf Ihre größere spirituelle Präsenz.

Wir werden in den kommenden Kapiteln erkunden, wie wir auch nur einen unserer sieben Aufmerk-Sätze mit jedem Atemzug immer und immer wieder aufsagen können – so wie die Muslime bestimmte Sprüche aus dem Koran wiederholen oder die Buddhisten bestimmte Aussagen Buddhas oder die Christen Sprüche Jesu. Wenn Sie Ihren Geist derart mit bestimmten Worten und Ideen füllen, die Sie auf Gott hinweisen, wird das unweigerlich seinen meditativen Zweck erfüllen.

Lassen Sie das Lesen für eine Weile sein und experimentieren Sie mit dem Prozess der ständigen Wiederholung spiritueller Aussagen ... sagen Sie sie sich beim Ausatmen vor ... sagen Sie sie laut oder, wenn Sie das vorziehen, leise ... seien Sie beim Einatmen still ... vielleicht probieren Sie einmal aus, was mit Ihnen geschieht, wenn Sie zwölf- bis zwanzigmal sagen: „Mein Herz ist offen ... für das Empfangen ... von Gottes heilender Hilfe."

Trance oder Meditation

Zwischen den traditionellen Formen des rituellen Gebets und dem Meditationsprogramm, das wir hier lernen, gibt es wenigstens zwei Unterschiede. Die sieben meditativen Aussagen, die zu wiederholen ich Sie auffordere, sind sicher nicht Teil einer bestimmten Theologie oder eines religiösen Dogmas; sie sind eher universell. Der andere Unterschied betrifft die Art der Wiederholung. Bei meiner Erforschung der Hypnose und von Trancezuständen habe ich gelernt, dass Menschen in einen Trancezustand eintreten können, in dem sie die persönliche Ego-Identität vollständig verlieren und oft ein wundervoller Zustand glückseliger Transzendenz erreicht wird, wenn sie bei jedem Atemzug dieselbe Aussage unablässig wiederholen. Dies geschieht häufig bei traditionellen Zeremonien des rituellen Gebets, die von verbalen Wiederholungen beherrscht werden.

Solch ein Trancezustand hat einen gewissen spirituellen Wert, weil er Ihnen ermöglicht, die Erfahrung eines Bewusstseinszustandes zu machen, in dem Ihr Ego nicht dominiert. Wir alle neigen dazu, in diesen Zustand einzutreten und uns daran zu erfreuen, wenn wir auf die Tanzfläche gehen, gemeinsam Lieder singen, joggen gehen usw. Die zeitweilige Euphorie, die in einem Zustand der Trance entsteht, ist zweifellos sehr verlockend und häufig eine große und notwendige Erholung von unserem Normalbewusstsein.

Ich habe jedoch festgestellt, dass das Eintreten in einen Trancezustand – ganz gleich durch welche Methoden – nicht dasselbe ist wie das Eintreten in einen meditativen Zustand, in dem wir den sich entfaltenden gegenwärtigen Augenblick ganz bewusst erleben. Im Trancezustand gehen viele Dimensionen des Gewahrseins verloren – auch in tiefer religiöser Trance. Hingegen bleiben wir im meditativen Zustand aller Dinge gewahr, die um uns herum geschehen und die aus tiefen spirituellen Dimensionen spontan in unser Bewusstsein treten.

Wenn ich Sie auffordere, die sieben Aufmerk-Sätze zu sagen oder nur einen davon mehrfach zu wiederholen, so ist das Ziel, mit Ihrer Aufmerksamkeit bei der Botschaft der Worte zu bleiben. Sobald Sie Ihre Aufmerksamkeit ausgerichtet haben, ist es an der Zeit, Ihren Geist zu beruhigen und „einfach nur in der Erfahrung zu sein", indem Sie über alle Worte hinausgehen in das reine Bewusstsein des ewigen gegenwärtigen Augenblicks.

Hingabe

In unserer Kultur wird in aller Regel Hingabe oder Ergebung als Zeichen von Schwäche gesehen. Sich hingeben heißt aufgeben, verlieren, die eigene Integrität und den eigenen Standpunkt verlassen. Man lehrt uns genau das Gegenteil von Hingabe: für seine Ideale zu kämpfen, das persönliche Ego-Zentrum niemals einer anderen Macht zu überantworten. Ansonsten, so heißt es, würden wir unsere Integrität verlieren, uns vom Sieger mit Füßen treten lassen und Niederlage und Entwürdigung erfahren. Das Ego sieht seine Aufgabe darin, uns vor äußeren Einflüssen zu beschützen, die drohen, uns zu überfallen, uns in die Irre zu führen, uns zu schaden oder sonst irgendwie unser inneres Gleichgewicht zu stören und unsere Überzeugungen darüber, wie die Dinge zu sein haben, in Frage zu stellen. Aufgabe des Egos ist es, unseren Status quo aufrechtzuerhalten, unser Gefühl für das, was wir sind, zu stärken und unsere Überzeugungen und Einstellungen, die wir für das Fundament unserer Existenz halten, zu bewahren.

Spirituelles Erwachen setzt voraus, dass wir unser Ego einem höheren Bewusstsein, einer höheren Macht, einer umfassenderen Wirklichkeit überantworten, die über das hinausgehen, was unsere tief sitzenden Überzeugungen vom Sinn und Zweck des Lebens definieren. Wenn wir in Meditation eintreten, verleihen wir dem Bedürfnis Ausdruck, über die vorprogrammierten Ideen und Einstellungen hinauszugehen, um der Wirklichkeit unmittelbarer als Erfahrung im gegenwärtigen Augenblick zu begegnen. Wir suchen die Wahrheit jenseits unserer Vorurteile. Durch die unmittelbare Erfahrung der Wirklichkeit erleben wir die Transformation des Selbsts.

Wie kommt diese neue, erweiterte Erfahrung zustande? Sie ist gewiss nicht Resultat unserer eigenen Vorstellungen von der Wirklichkeit; ihre Quelle liegt jenseits der Definition und Kontrolle unseres Egos. Darum ist die fünfte Erweiterung so entscheidend für die Vervollständigung der meditativen Erfahrung – weil wir jetzt nämlich psychologisch gesehen an dem Punkt sind, wo wir bereit sind, die explosiven Worte auszusprechen: „Mein Herz ist offen … für das Empfangen …“

Der Akt der Öffnung unseres Herzens für die Aufnahme von Liebe und Weisheit ist der wahre Vollzug des spirituellen Abenteuers. Wenn wir unser Herz für das Empfangen öffnen, machen wir uns verwundbar, da wir eine Haltung der Hingabe und des Zutrauens einnehmen. Wir lassen die Verteidigungsmechanismen unseres Egos fallen und heißen die

Erfahrung des Einströmens einer größeren Macht, einer Quelle der Liebe und Schöpfung, in unser persönliches Leben willkommen.

Dieses Aufgeben unserer Verteidigungsmechanismen und diese Öffnung für das Einströmen eines höheren Bewusstseins ist das Zentrum unseres spirituellen Lebens. Psychologisch gesehen wurden wir alle sehr stark daraufhin konditioniert, uns gegen äußere Einflüsse, welche die Vorstellungen unseres Egos über Sinn und Zweck des Lebens in Frage stellen könnten, abzuschotten.

Wie wir jedoch zu lernen beginnen, ist unser Ego keine völlig defensive und selbstbezogene Qualität des Bewusstseins. Das Ego hat vorübergehend immer wieder seine Herrschaft aufgegeben, wenn es zu einem unkontrollierten Einfließen von intuitivem, mystischem, spirituellem Gewahrsein kam – und diese Erfahrung erwies sich als positiv und nicht negativ.

Und wir alle kennen Situationen, in denen jegliche Ego-Kontrolle fehlt, in denen der transzendente Geist unser persönliches Bewusstsein überflutet hat. Unser Herz wurde im Innersten von dieser Erfahrung berührt. Und in solchen Momenten wird uns klar, dass wir das Risiko eingehen wollen, dass wir unser Herz öffnen und empfangen wollen.

Welche Rolle spielt der Glaube?

Wenn wir beginnen, das Risiko einzugehen, unser Herz für das Empfangen von Gottes heilender Berührung zu öffnen – oder wie immer wir das nennen wollen –, dann ist das ein Akt des Glaubens*. Der Akt der Hingabe setzt voraus, dass wir genü-

---

* Das englische Wort *faith*, das der Autor hier benutzt, kann sowohl „Glaube" als auch „Vertrauen" bedeuten und es ist in diesem Kontext jeweils in beiden Bedeutungen zu verstehen, auch wenn die deutsche Sprache uns zwingt, einen von beiden Begriffen zu verwenden (Anm. d. Übers.).

gend Zutrauen zu der Quelle des Einströmens haben, so dass wir bereit sind, unser Herz verletzlich werden zu lassen. Wir müssen das Vertrauen besitzen, dass die Macht, die wir in das Zentrum unseres Seins einladen, gut, liebevoll, weise und vollkommen vertrauenswürdig ist. Das spirituelle Einströmen, für das wir uns öffnen, ist per definitionem mysteriös und übersteigt unser begriffliches Verständnis. Wir bitten darum, dass wir von einer Wirklichkeit überwältigt werden, die jenseits intellektueller Konzepte unseres Verstandes liegt. Das ist es, was das Wort „spirituell“ im Grunde bedeutet – es bezieht sich auf jene größere Wirklichkeit, die jenseits des unserem Geist geläufigen begrifflichen Modells der Wirklichkeit liegt.

Andererseits wollen wir das Leben vollständiger erfahren und uns einstimmen auf „die Wirklichkeit, die alles Verstehen übersteigt“, wie die Bibel es nennt. In uns allen scheint dieser Hunger angelegt zu sein, uns zu öffnen und mit dem unendlichen Bewusstsein zu verschmelzen, aus dem unser individuelles Bewusstsein herkommt; das haben auch die Wissenschaftler, die in dem Buch „Why God Won't Go Away“ („Warum Gott nicht verschwinden will“) zu Wort kommen, mit ihrer Hirnforschung bestätigt. Aber wenn dem so ist, warum erfüllen wir dieses Bedürfnis dann nicht schon längst und leben unser Leben offen für spirituelle Führung und Ermächtigung?

Die meisten von uns besitzen einen gewissen Glauben, der auf vergangenen positiven Begegnungen mit dem Göttlichen beruht. Dieser Glaube ermutigt uns dazu, den Sprung zu wagen und uns zu öffnen, uns hinzugeben und verwundbar zu machen. Doch tragen wir offenbar auch eine gleich starke gegenläufige Kraft in uns, die sich dieser Öffnung für spirituelle Hingabe und Transzendenz widersetzt. Was ist dies für eine gleich starke und entgegengesetzte Kraft, die uns so oft daran hindert, den letzten spirituellen Schritt zu vollziehen?

INNEHALTEN UND NACHDENKEN

Vielleicht mögen Sie jetzt einige Momente innehalten und darüber nachdenken, wie groß Ihr Vertrauen ist, sich dem Einströmen von spiritueller Energie und Liebe zu überlassen …

- Haben Sie genügend Zutrauen zu dem spirituellen Universum, um sich selbst für sein Einströmen öffnen zu können?
- Sind Sie offen für das Empfangen oder verschließen Sie sich?
- Woher kommt die Angst, die dazu neigt, Ihr Herz gegen das spirituelle Einströmen zu verschließen?
- Sind Sie bereit und willens, Ihr Herz für das spirituelle Unbekannte zu öffnen?

Heilung der Gefühle

Mohammed betonte im Koran immer wieder, dass Gott zu uns kommt, wenn wir unsere Aufmerksamkeit auf Gott ausrichten – ein Gott, der allliebend, allmächtig und allweise ist. Wenn Sie sich selbst sagen „Mein Herz ist offen für das Empfangen von Gottes heilender Hilfe“, dann richten Sie die Aufmerksamkeit Ihres Herzens unmittelbar auf die letzte Quelle positiver spiritueller Führung und heilender Liebe aus.

Wir haben gesehen, dass einer der primären Gründe dafür, weswegen wir uns der spirituellen Erfahrung verschließen, die Tatsache ist, dass wir in unseren Gedanken und Emotionen alle möglichen Verkrampfungen und Verletzungen aus früheren

Zeiten mit uns herumtragen – Wunden, die dafür sorgen, dass wir weiterhin ängstlich, misstrauisch und defensiv bleiben. Wenn wir diese Wunden nicht heilen, besteht die Gefahr, dass wir keinen Zugang zu unserem höheren spirituellen Potenzial gewinnen.

Wir alle wurden auf die eine oder andere Weise verletzt, während wir heranwuchsen. Es scheint fast unmöglich zu sein, die Kindheit zu überstehen, ohne dass unsere Gefühle immer wieder ernsthaft verletzt werden, ohne irgendwelche Hemmungen und Anspannungen zu entwickeln. Wenn wir als Mensch auf dieser Erde geboren werden, ist sozusagen fast garantiert, dass wir herumgestoßen und emotional verletzt werden. Wenn wir dann erwachsen sind, gelingt es uns entweder, diese Wunden zu heilen – oder wir gehen begrenzt, verkrampft und leidend durch dieses Leben.

Immer wenn Sie in den meditativen Prozess der Sieben Meister eintreten und zu dieser fünften Erweiterung gelangen, treten Sie in einen Bewusstseinszustand ein, indem Sie Ihr Herz mit all seinen Wunden und Verkrampfungen aktiv öffnen und so die heilende Berührung der universalen Liebe empfangen können. Wenn Sie zumindest vorübergehend die allmächtige Kontrolle Ihres Egos Ihrem Schicksal überantworten, dann sind Sie bereit, sich für eine höhere Ordnung der Klarheit, Heilung und Verwirklichung zu öffnen. Ihr Ich vollzieht den selbstlosen Akt, nicht mehr im Wege zu stehen, so dass es zu tiefer emotionaler und spiritueller Heilung kommen kann.

Wir wollen uns diesen Prozess nochmals vergegenwärtigen, weil er so grundlegend und so einfach ist, aber auch so leicht in Vergessenheit gerät:

1. Sie entschließen sich, in Meditation einzutreten, und gehen durch die vier ersten Phasen des Prozesses der Erweiterung.

2. Sie richten den Fokus Ihrer Aufmerksamkeit auf Ihr Herz und erfahren ohne Selbsttäuschung, welche Emotionen und Einstellungen Ihr Herz beherrschen und möglicherweise geheilt werden müssen.

3. Sie nehmen das an, was Sie in Ihrem Herzen finden, und verleugnen es nicht – auch wenn es wehtut.

4. Sie entscheiden sich, Ihr Herz für das Einströmen der heilenden Liebe Gottes zu öffnen, so dass sie unmittelbar die emotionalen Wunden oder angstbesetzten mentalen Einstellungen oder Überzeugungen berühren und sie heilen kann.

Wann immer Sie Ihre Aufmerksamkeit auf Ihr Herz richten und erfahren, dass es schmerzt, dass es sich verkrampft oder taub anfühlt oder Sie es gar nicht spüren können, seien Sie gewiss, dass Sie Ihr Herz mit Hilfe der fünften Erweiterung augenblicklich öffnen können, um unmittelbar die heilende Liebe aus der letzten Quelle der Heilung zu empfangen. Wenn etwas in Ihnen schmerzt, sei es aus Liebeskummer oder Enttäuschung, Zorn oder Furcht, Kummer oder Verzweiflung, dann sagen Sie einfach die magischen Worte und aktivieren damit das machtvollste und natürlichste spirituelle Heilsystem: „Mein Herz ist offen … für das Empfangen … der heilenden Hilfe Gottes."

Es steht Ihnen frei, diesen Heilungsprozess im Rahmen jedes theologischen oder philosophischen Überbaus Ihrer Wahl zu verstehen. Die letzte Quelle der Heilung wird dieselbe sein, ob Sie sie nun Gott oder Allah oder Ihr Höheres Selbst oder den Großen Geist oder die heilende Macht der Liebe im Universum nennen. Die Heilung ist nicht davon abhängig, wie Sie die Kraft nennen, sondern von Ihrem Entschluss, Ihr Herz für das Empfangen zu öffnen.

Natürlich werden Sie manchmal in die fünfte Erweiterung eintreten, ohne dass Sie gerade Schmerzen oder Ängste in Ihrem Herzen empfinden. Wenn Sie zur fünften Erweiterung gelangen, werden Sie sich in der Tat oft sehr wohl fühlen, besonders wenn Sie diese Meditation bereits für eine Weile täglich ausgeführt haben. Ist dies der Fall, dann möchten Sie vielleicht den Ausdruck „Gottes heilende Hilfe" durch eine andere Variante ersetzen: „Mein Herz ist offen ... für das Empfangen von spiritueller Einsicht ... für das Empfangen von Kraft und Führung ... für das Empfangen von Liebe ... für das Empfangen von allem, was sich mir gerade zeigen will ... oder einfach nur für das Empfangen ..."

Mohammed sagte seinen Anhängern, dass sie ihr Herz und ihren Geist nur auf Allah auszurichten bräuchten, und Allah würde sie heilen und führen und segnen. Jesus sagte seinerseits die schönen Worte: „Bittet, so wird euch gegeben; suchet, so werdet ihr finden; klopfet an, so wird euch aufgetan."

Das ist genau das, was Sie bei dieser fünften Erweiterung tun. Sie bitten unmittelbar um Gottes Hilfe. Sie klopfen an die Pforte des Himmels ... und heißen das willkommen, was Ihnen aus dieser letzten spirituellen Quelle in Ihr Herz zufließt. Wir sind alle damit gesegnet, dass wir diesen unmittelbaren Zugang zum Höchsten Göttlichen besitzen. Alles, was es braucht, ist, dass wir einfach daran denken, zu bitten.

DIE HEILUNG DER GEFÜHLE: Geführte Meditation 5

Machen Sie es sich bequem und sitzen Sie, wie immer es Ihnen angenehm ist ... lassen Sie alle Bewegungen geschehen, die Sie ausführen möchten ... und dann wenden Sie Ihre Aufmerksamkeit sanft auf den Luftstrom, der durch Ihre Nase oder Ihren Mund ein- und ausströmt ... weiten Sie Ihr Gewahrsein aus, so dass es auch die Bewegungen in Ihrer Brust und Ihrem Bauch beim Atmen einschließt ... Sagen Sie zu sich selbst: „Ich atme frei."

Seien Sie nun gleichzeitig Ihres Herzens gewahr, mitten in Ihrer Atmung ... seien Sie Ihres ganzen Körpers gewahr, hier in diesem gegenwärtigen Augenblick ... Ihrer Füße ... Ihrer Hände ... Ihres Gesichts ... Ihres gesamten Seins ... seien Sie der Geräusche um Sie herum gewahr ... und sagen Sie zu sich selbst: „Mein Geist ist ruhig ..."

Erweitern Sie Ihr Gewahrsein noch mehr, so dass es die Welt um Sie herum umfasst ... das Zimmer, in dem Sie sitzen ... das Gebäude, in dem Sie sich befinden ... die Mitglieder Ihrer Familie ... die Mitglieder Ihrer Gemeinde ... die Kollegen am Arbeitsplatz ... die Menschen, die auf der Autobahn unterwegs sind ... jedermann und alles, was die Menschen gerade tun ... die Welt genau so, wie sie in diesem Augenblick ist ... Gottes vollkommene Schöpfung ... und sagen Sie zu sich selbst: „Ich nehme die Welt genau so an, wie sie ist ..."

Und während Sie Ihre Aufmerksamkeit nun auf Ihr Herz gerichtet halten, bemerken Sie, was Sie für sich selbst empfinden ... bemerken Sie, ob Ihr Herz sich leicht oder schwer anfühlt ... ob es verkrampft ist oder weit ... wenn Sie sich selbst verurteilen, lassen Sie das Urteilen fallen ... vergeben

Sie sich alles, was der Vergebung bedarf ... lassen Sie einfach nur die Liebe fließen ... sagen Sie zu sich selbst: „Ich liebe mich genau so, wie ich bin ..."

Seien Sie Ihres Atems gewahr ... Ihres Herzens ... Ihrer gesamten körperlichen Präsenz ... und der Blase der Wahrnehmung, in der Sie Ihr Leben lang leben ... und nun werden Sie gewahr, wo Ihr persönliches Bewusstsein das unendliche Bewusstsein des Universums berührt ... die liebende Gegenwart Gottes ... sehen Sie, wie es sich heute anfühlt, einige Male zu sagen: „Mein Herz ist offen ... für das Empfangen ... der heilenden Hilfe Gottes ..."

Gestatten Sie es nun Ihrem Herzen sich zu öffnen und sich über Ihre persönliche Blase von Liebe und Leben hinaus auszudehnen, *so dass Sie in innige Berührung* mit der unendlichen Wirklichkeit jenseits Ihrer selbst kommen ... lassen Sie in dem Wissen, dass Sie sich für das Einströmen des Spirituellen öffnen, Ihre Membrane des Gewahrseins langsam durchlässig werden ... und sagen Sie einige Male zu sich selbst: „Mein Herz ist offen ... für das Empfangen ..."

Wie immer Sie sich die unendliche spirituelle Präsenz des Universums vorstellen oder wie Sie sie nennen, sei es Gott oder Allah oder Dao oder wie auch immer ... beginnen Sie Ihr Herz dieser allliebenden Gegenwart zu öffnen ... und sagen Sie zu sich selbst: „Mein Herz ist offen für das Empfangen ... von Gottes heilender Hilfe ..."

Unsere Emotionen befinden sich immer im Prozess des Loslassens, der Heilung, der Erholung von vergangenem Missbrauch und früheren Verletzungen ... jetzt ist es an der Zeit, sich einzugestehen, dass Sie manchmal emotionale Schmerzen empfinden ... und dass Sie in Ihrem Herzen gern die Berührung Gottes empfangen würden, die Ihnen hilft, die Vergangenheit loszulassen, zu vergeben und sich zu erholen … heil zu werden …

Lassen Sie Ihre Ängste gehen … lassen Sie Ihre Überzeugungen gehen … lassen Sie alles gehen … überantworten Sie sich der heilenden Hilfe, die nun in Ihr Herz einströmt … in Ihr ganzes Sein … und die weiß, was Sie brauchen …

„Mein Herz ist offen … für das Empfangen … von Gottes heilender Hilfe…"

Und nun lassen Sie Ihre Meditation einfach auf natürliche Weise weiterlaufen …

Sofortzugang zur Audioanleitung
finden Sie im Internet unter:
www.7masters.com

6. SELBSTERINNERN – GURDJIEFF

Ich muss lachen, wenn wir uns dieser sechsten Erweiterung unseres Meditationsprogramms zuwenden, denn bisher hat es sich am Ende eines jeden Kapitels so angefühlt, als hätten wir nun ein komplettes Meditationsprogramm – und doch entdecken wir in jedem neuen Kapitel eine weitere entscheidende Erweiterung des Bewusstseins, die nicht nur möglich, sondern in vieler Hinsicht absolut unerlässlich für einen einheitlichen Pfad des spirituellen Erwachens ist.

Ich bin sicher, dass viele von Ihnen das Gefühl haben, dass sie mit dem Erlernen der fünften Erweiterung nun alle Unterweisungen erhalten haben, die für eine lebenslange Meditationspraxis nötig sind. Und auf vielen Ebenen ist das auch zutreffend. Sobald wir einmal die innere Erweiterung des Bewusstseins erreicht haben, in der unser Herz für das Empfangen des direkten Einströmens des Göttlichen geöffnet ist, mag vielleicht keine weitere Ausweitung des Bewusstseins mehr nötig oder sogar möglich sein. Doch ist dem wirklich so?

Während ich am San Francisco Theological Seminary studierte und nach dem Herzen des christlichen Erbes meiner Familie suchte, drang ich immer tiefer in die Erfahrungen der vierten und der fünften Erweiterung ein, indem ich mein Herz immer mehr dafür öffnete, mich selbst zu lieben und das Einströmen spiritueller Liebe aus der Quelle zu erfahren. Indem ich auf diese Weise immer weiter in die auf das Herz ausgerichtete kontemplative Tradition der frühen Kirche eindrang, war ich mir sicher, dass ich der Weisheit letzten Schluss aller Meditationsprogramme entdeckt hatte. Es schien allumfassend und die vollkommene Erfüllung zu sein, die Macht der Liebe in mich einströmen und das Geschenk der Liebe aus mir fließen zu lassen.

In den früher siebziger Jahren des zwanzigsten Jahrhunderts versuchte das theologische Seminar mit der Zeit zu gehen und über seine christliche Orientierung hinaus auf alle echten spirituellen Lehrmeister einzugehen. Mir und einem Freund wurde schließlich erlaubt, auf dem Campus Abendkurse zu organisieren, in denen spirituelle Lehrer nicht christlicher Traditionen ihren Ansatz präsentieren konnten, wie man durch Kontemplation und Meditation zu einer tieferen Liebesfähigkeit gelangt. So geschah es dann, dass wir ein Jahr lang jeden Montagabend eine Yoga-Klasse bei Kriyananda, einem der Hauptschüler Yoganandas, besuchen konnten. Mittwochs genossen wir den Segen, unter der Leitung des kraftvollen Sufi-Lehrers Sam Lewis in einer großen Gruppe zu tanzen, zu singen und zu meditieren. Und am Freitagabend leitete Alan Watts in seinem hauptsächlich Zen-orientierten Ansatz Meditationen an. Die Woche wurde dadurch abgerundet, dass uns einer der fortschrittlicheren Professoren des Seminars am Samstagabend in der kontemplativen Meditation der christlichen Tradition unterwies.

Zurückblickend muss ich sagen, dass ich viele der Einsichten, die in dieses Buch eingeflossen sind, jener besonderen Zeit verdanke. Dieses tiefe Eintauchen in vier verschiedene meditative Traditionen – der Hindus, der Sufis, der Buddhisten und der Christen – war eine hervorragende Gelegenheit, die Wirklichkeit der Meditation jenseits aller religiösen Abgrenzungen zu erforschen.

Die erste Begegnung

Während einer der beliebten Mittwochabend-Feiern mit Sam Lewis hörte ich zum ersten Mal den Namen Gurdjieff und lernte etwas über eine Meditation, die „Selbsterinnern" genannt wird. Sam selbst hatte seine Wurzeln in der jüdischen Tradition und so konnte er sich mühelos in Richtung des Sufismus orientieren, zumal die uralte Sufi-Tradition auf den Lehren von jüdischen wie von muslimischen Meistern beruht. Sam war ein wahrhaft erleuchteter Amerikaner, damals im Alter von siebzig Jahren. Viele Jahre zuvor hatten ihn der bekannte Sufi-Lehrer und Musik-Meister Hazrat Inayat Khan sowie Nyogen Senzaki, der Gründer des ersten Zen-Klosters in Amerika, und Swami Papa Ramdas aus der Hindu-Tradition zu seinem persönlichen Erwachen geführt.

Jedem, der ihm begegnet ist, war klar, dass „Sufi-Sam" das neue spirituelle Erwachen verkörperte, das während der sechziger Jahre aufdämmerte. Viele Jahre lang hatte er in aller Stille studiert und sich geschult; dann, während seiner letzten Lebensjahre, wurde er schnell einer breiten Öffentlichkeit bekannt. Er gründete die Sufi Islamia Ruhaniat Society und empfing eine Reihe von Visionen, aus denen sich die „Tänze des Universellen Friedens" entwickelten. Diese Tänze sind inzwischen weltweit zum Grundstein einer wundervollen und freudigen spirituellen Gemeinschaft geworden.

Eines Abends im Winter 1969, als Sam im Seminar für etwa zweihundert Menschen den wöchentlichen Sufi-Tanz anleitete, begann er über einen radikalen spirituellen Lehrer namens Gurdjieff zu sprechen sowie über die essenzielle meditative Praxis – „Selbsterinnern" genannt –, die er seine Schüler lehrte.

Ich erinnere mich noch, dass Sam gegen Ende seines Abendvortrags etwa Folgendes sagte: „Es genügt nicht, liebevoll und mit offenem Herzen herumzulaufen. Was der spirituelle

Pfad verlangt, ist, dass man sich seiner selbst gewahr ist, während man liebevoll und mit offenem Herzen herumläuft." Zuerst verstand ich nicht, was er damit sagen wollte. Er erklärte, dass wir danach streben müssen, „zur gleichen Zeit sowohl unseres inneren Selbst gewahr zu sein als auch dessen, was wir sehen". Er nannte dieses zweifältige Gewahrsein „geteilte Aufmerksamkeit" – die Praxis, einen Teil seiner Aufmerksamkeit in der Erfahrung des gegenwärtigen Augenblicks nach außen gerichtet zu halten und den anderen Teil nach innen auf die wahrnehmende Präsenz des Betrachters.

„Ich spreche hier im Sinne von Gurdjieff, einem der wahren Meister dieses Prozesses", sagte uns Sam. „Er ist derjenige, der die geteilte Aufmerksamkeit und das Selbsterinnern am besten verstand. Ja, diese Begriffe stammen von ihm."

Er leitete uns daraufhin zu einer stillen Meditation an, in der er uns einen Vorgeschmack der geteilten Aufmerksamkeit vermittelte. Dann gingen wir zu der reinen Freude des rituellen Tanzes über, den wir noch für etwa eine Stunde ausübten. Ich hatte hinterher immer noch Fragen zum Prozess des Selbsterinnerns, und als ich Sam noch einmal darauf ansprach, gab er mir die Telefonnummer einer älteren Dame, die während der dreißiger Jahre in Paris noch bei Gurdjieff selbst studiert hatte. Sie sei bereit, so sagte Sam, alles, was sie von ihrem Meister gelernt habe, weiterzugeben.

Was sie mir sanft und zugleich streng während der kommenden Monate beibrachte, war, dass es in der Tat einen wesentlichen Schritt über die fünfte Erweiterung hinaus gibt – den scheinbar einfachen, doch zutiefst mysteriösen Schritt zu lernen, wie man gleichzeitig in zwei Richtungen bewusst sein kann, des Äußeren wie des Inneren gleichzeitig gewahr. Sie lehrte, dass diese zweifache Fokussierung der Schlüssel dazu ist, „im Fluss zu sein und sich gleichzeitig dessen bewusst zu sein, wer den Fluss erfährt".

Wie sie lehrte, neigen wir in der Meditation allzu oft dazu, uns in spiritueller Erfahrung zu verlieren. Für Gurdjieff war dieser Verlust des Bewusstseins eher eine Schwäche als eine Erweiterung. Gurdjieff lehrte den ernsthaften, reifen Schritt, sich nicht in seine spirituelle Erfahrung zu verlieren, sondern die spirituelle Erfahrung vielmehr dazu zu nutzen, die eigene innere Präsenz zu klären.

In der fünften Erweiterung haben wir uns auf die Erfahrung des Einströmens von spiritueller Liebe und Weisheit fokussiert. Gurdjieff wollte, dass wir diese Erfahrung noch um eine Kerbe erweitern, indem wir innerlich einen Teil unserer Aufmerksamkeit von der beobachteten Erfahrung abziehen und auf den Beobachter selbst lenken.

Gurdjieff selbst

Es gibt im Internet mehr als vierzehntausend Websites, die irgendwie mit diesem geheimnisvollen Mann, seinem Leben und seinen Lehren zu tun haben. In einigen wird ein eindeutiger, vielleicht übertriebener Personenkult gepflegt; viele andere sind jedoch eher unvoreingenommen und sie werfen einiges Licht auf G.(Georg) I. (Iwanowitsch) Gurdjieff als Person und seinen kontinuierlichen Einfluss auf interessierte Suchende. Wiederum andere Websites sind ihm gegenüber offen feindlich eingestellt. Obwohl Gurdjieff von sehr vielen Menschen geliebt und verehrt wurde, scheint er mit Absicht einen ziemlichen Wirbelwind der Verwirrung und des Geheimnisvollen um sein Leben und seine Lehren herum erzeugt zu haben.

G.I. Gurdjieff verabscheute all die spirituellen Groupies, Berühmtheiten und Reporter, die ihn im Laufe seines überaus aktiven und farbenfrohen Lebens verfolgten, und er vertrieb oft Menschen aus seinen Zirkeln, indem er sich ziemlich bizarr und manchmal sogar bedrohlich verhielt. Wie ein Mitglied seiner Gruppe erzählt, verstieß er „regelmäßig gegen all unsere

Vorstellungen von einem spirituellen Lehrer und verschreckte manchmal die weniger ernsthaften religiösen Sucher". Er rauchte und trank und fluchte und feierte Partys und ließ manchmal das gesamte Spektrum menschlicher Emotionen zum Vorschein kommen. Er liebte es, große Festessen zu kochen, und war bekannt für seine Feiern und musikalischen Abende, die oft bis drei oder vier Uhr morgens dauerten.

Gurdjieff soll gesagt haben, dass „wir niemals die Grenzen unserer Kraft erreichen", und bei ihm schien das in der Tat selten zu passieren. Viele Zeugen berichten, dass er gewöhnlich nur zwei Stunden pro Nacht schlief. Es war typisch für ihn, dass er gegen vier Uhr morgens schlafen ging, um dann bereits wieder um sechs Uhr aus seinem Hotelzimmer in Paris, London, New York oder sonstwo aufzutauchen und zu Gesprächen in seinem „Büro", einem Café in der Nähe, zur Verfügung zu stehen. Er war auch ein hervorragender Tänzer und Musiker, schrieb eine Reihe von Opern und schuf viele rituelle Tänze.

Auch wenn er in den Medien bald den Ruf eines Menschen hatte, der alles tat, um Interviewer und Fans vor den Kopf zu stoßen, hatte Gurdjieff ein freies und fröhliches Lachen und einen herrlichen Sinn für Humor. Er war sowohl zärtlich (er fand regelmäßig die Zeit, mit den Kindern seiner großen Gruppe von Anhängern zu spielen und sie zu unterweisen) als auch furchtlos – selbst in Augenblicken größter Gefahr.

Die zahlreichen Geschichten von Menschen, die ihm nahe standen, beschreiben ihn als eine geheimnisvolle und zugleich wundervolle Gestalt. Wir wissen, dass er wahrscheinlich um 1866 als der Sohn christlicher Armenier in der hinterwäldlerischen Stadt Kars an der russisch-türkischen Grenze in der Nähe von Alexandropol geboren wurde. Wie dem Buch „Begegnungen mit bemerkenswerten Menschen", der abenteuerlichen Autobiografie seiner Jugendjahre, zu entnehmen ist, scheint er einer studierten Familie mit starken mystischen Neigungen zu entstammen. Bereits in jungen Jahren begann er, getrieben von einem unersättlichen Appetit nach neuen Informationen und Einsichten, alle möglichen spirituellen Lehrer aufzusuchen. Seine Interessen und sein Intellekt waren vielfältig: Er konnte tief schürfende Gespräche über die Relativitätstheorie führen und im selben Gespräch die Yak-Zucht in Nepal ansprechen. Außerdem konnte er gleichermaßen ungezwungen mit Filmstars oder ungebildeten Bauern umgehen.

Auch wenn Gurdjieff sich weigerte, über dieses eine frühe Buch hinaus irgendetwas über seine frühen Jahre aufzuzeichnen, ist ziemlich sicher, dass er einige Zeit in Indien, Tibet und angrenzenden Regionen verbrachte, wo er Schulung und Einsichten in alte Weisheitslehren suchte. 1904 wurde er von Achmed Abdullah, einem Spion der Briten, in Tibet ausgemacht; es war das Jahr, in dem die Briten Tibet besetzten. Gurdjieff diente zu dieser Zeit unter dem Namen Dordjieff als ein mit allen Wassern gewaschener politischer Berater des Dalai Lama. Einige Jahre später begegnete ebendieser Spion, inzwischen ein bekannter Autor, Gurdjieff in New York und rief aus: „Das ist er, das ist Dordjieff."

Von 1910 bis 1917 hielt Gurdjieff sich in Moskau und Petrograd auf, wo er sich zum ersten Mal in der Öffentlichkeit hervortat, indem er als kontroverser Lehrer sehr sorgfältig mit zahlreichen Schülern arbeitete und darüber hinaus als Komponist aktiv war. Kurz vor Ausbruch der Oktoberrevolution verließ er Russland und ging über die Berge des Kaukasus nach Tiflis und von dort aus von Stadt zu Stadt weiter nach Westen. Dabei arbeitete er in verschiedenen Berufen und lehrte und forschte die ganze Zeit weiter.

1922 ging er von Berlin aus nach Frankreich, wo er sein „Institut für die harmonische Entwicklung des Menschen" im Château du Prieuré gründete. Er gewann immer mehr Anerkennung für seine wegweisende spirituelle Arbeit und besuchte 1924 zum ersten Mal Amerika. Dort gab er mit seinen Schülern öffentlich Vorführungen seiner sakralen Tänze, hielt in Hotels in New York oder Chicago Hof und wurde nicht müde, zu lehren und die Nächte durchzufeiern.

Nach Frankreich zurückgekehrt. stürzte er sich wieder in die Schulung von bis zu einhundert Schülern in seinem Institut. Dann jedoch erlitt er bei einem Autounfall schwere Verletzungen, die seiner gewohnten Lehrtätigkeit zumindest vorübergehend ein Ende machten. In dieser Zeit schrieb er mehrere Bücher, darunter „Begegnungen mit bemerkenswerten Menschen", „Beelzebubs Erzählungen für seinen Enkel", „Gurdjieffs Gespräche mit seinen Schülern", „Aus der wirklichen Welt" und „Das Leben ist nur wirklich, wenn ‚Ich bin'". Seine Schriften sind nicht leicht zu verstehen und zum Glück werden seine Lehren von anderen Büchern erhellt, die von seinen Anhängern geschrieben wurden; die bekanntesten von ihnen sind P. D. Ouspensky, G. I. Bennet, Maurice Nicolle und Robert Earl Burton.

Gurdjieff überstand den Zweiten Weltkrieg in Paris, wo es ihm gelang, ungestört in seiner Lehrtätigkeit fortzufahren und auch seinen ausschweifenden Lebenswandel fortzusetzen, ohne von den Wirren des Krieges sonderlich berührt zu werden. Einem Bericht zufolge beschloss er während des Krieges eines Tages, ein deutsches Kloster zu besuchen, um dort ein altes Manuskript durchzulesen. Mit mehreren Dutzend Anhängern soll er einfach eines Nachts zu Fuß die deutschen Linien überquert haben. Berichte aus erster Hand behaupten, die Soldaten hätten einfach zeitweilig ihre Waffen niedergelegt und zugeschaut und niemandem in Gurdjieffs Gruppe wurde ein Haar gekrümmt, als sie einige Tage später die Grenze wieder überquerten.

In vielen anderen Berichten (seien sie Legende oder nicht) wird erwähnt, dass er ein Leben ohne jegliche Hemmungen und Angst führte und sich nie den Regeln der Gesellschaft unterwarf. Gurdjieff warf mit dem Geld nur so um sich, schien aber immer genug Geld zu haben, das durch seine Hände floss.

Er bezahlte oft die Hotel- und Restaurant-Rechnungen für Dutzende seiner Anhänger, kochte für sie und gab sagenhafte Trinkgelder. Doch er selbst legte keinen großen Wert auf ein luxuriöses Leben. So war er nun einmal.

Selbsterinnern

Ich habe Gurdjieff als einen schillernden, das Vergnügen liebenden und abenteuerlustigen Extrovertierten gezeichnet, und das war er zweifelsohne auch. Gleichzeitig war er jedoch ebenso ein erbarmungsloser Lehrer „der Arbeit", wie er seine Praxis nannte, und führte seine Schüler mit starker Hand auf ihr eigenes Erwachen zu. Wenn man sich in die Lehren Gurdjieffs vertiefen will, dann muss man schon beträchtliche Zeit aufwenden, um solche Werke wie Ouspenskys monumentales „Auf der Suche nach dem Wunderbaren" und Robert Earl Burtons meditativen Text „Self-Remembering" zu studieren. Uns geht es hier darum, die Meditation zu erlernen, die den Kern von Gurdjieffs Lehren bildet.

Sie sitzen jetzt hier und lesen dieses Buch. Sie haben gelernt, (mehr oder weniger) Ihres Atems gewahr zu bleiben, während Sie lesen. Sie haben gelernt, Ihr Bewusstsein zu erweitern, so dass es Ihren gesamten Körper im gegenwärtigen Moment einschließt. Sie werden immer besser darin, sich all der Sinneseindrücke bewusst zu bleiben, die Sie aus Ihrem Inneren und von außen erhalten und die Sie in der Unmittelbarkeit des gegenwärtigen Augenblicks verankern. Sie haben begonnen, die Fähigkeit, Ihre Aufmerksamkeit dorthin zu lenken, wo Sie sie haben wollen, zu meistern. Sie sind dabei, Wege zu entdecken, sich auf Ihr Herz zu fokussieren, sich selbst und die Menschen Ihrer Umgebung ohne Urteile zu lieben und sich dem Einströmen spiritueller Liebe und Einsicht in Ihr Herz und Ihren Geist zu öffnen.

Die sechste Erweiterung fordert Sie nun heraus, dass Sie, während Sie die Aufmerksamkeit Ihres Geistes derart auf belohnende Wahrnehmungen ausrichten, auch zumindest einen Teil Ihrer Aufmerksamkeit in genau die entgegengesetzte Richtung lenken – nach innen auf Ihre eigene Quelle. Indem Sie die innere, transzendente Quelle Ihres persönlichen Gewahrseins betrachten, werden Sie ganz natürlich und mühelos Ihr eigenes größeres Selbst im Auge haben.

Wer sind Sie? Nach Gurdjieffs Verständnis sind Sie ein Wissender. Sie suchen und erwerben durch Ihre Sinne Wissen. Sie sind das Subjekt und Sie richten die Aufmerksamkeit Ihres Geistes ständig auf ein bestimmtes Objekt. Dies ist der Akt der Wahrnehmung. Sie, der Wahrnehmende, fokussieren Ihre Aufmerksamkeit auf das Wahrgenommene.

Gewöhnlich umfasst Ihr Gewahrsein nur das, worauf Sie fokussiert sind. Sie sind des Bekannten gewahr – der Sinneseindrücke aus der äußeren Wirklichkeit, die Sie durch Ihre Wahrnehmung immer besser kennen lernen. Wenn Sie zum Beispiel Ihres Atems gewahr sind, dann lernen Sie Ihre Atmung kennen, indem Sie Ihre Aufmerksamkeit auf dieses Phänomen der Sinneswahrnehmung ausrichten. Ein großer Teil der traditionellen Meditation besteht darin, dass Sie Ihre ganze „ungeteilte" Aufmerksamkeit auf ein äußeres oder inneres Objekt oder Geschehen gerichtet halten, sei es Ihr Atem, der Fluss Ihrer Gedanken, Ihre gesamte körperliche Präsenz, diese Worte, eine Kerze oder ein Sonnenuntergang.

Gurdjieff fordert Sie heraus, nur einen Teil Ihrer Aufmerksamkeit zu verwenden, um sich dessen bewusst zu sein, worauf Sie sich fokussieren, und den anderen Teil dazu zu benutzen, genau in die Gegenrichtung gewahr zu sein – sich auf den Wissenden zu fokussieren … auf sich selbst.

Das mag sich so selbstverständlich anhören, dass es geradezu banal klingt. Wie Robert Earl Burton sagt: „Eine der seltsamsten Beobachtungen im Verlauf meiner langen Arbeit mit diesem System war, dass man uns lehren muss, uns unserer selbst zu erinnern – es scheint so selbstverständlich zu sein. Aber wie oft erinnert man sich im Laufe eines Tages seiner selbst?" Der Akt, einen Teil unserer Aufmerksamkeit nach innen auf unsere eigene Quelle zu lenken, scheint so einfach zu sein, und doch zögern wir aus einer Myriade von Gründen, ja fürchten wir es sogar, nach innen zu schauen.

Können Sie die Aufmerksamkeit Ihres Geistes direkt auf den Gott im Inneren richten? Bleiben Sie Ihrer selbst gewahr, während Sie Ihren Alltag leben? Sind Sie in der Lage, genau jetzt nach innen auf die Quelle Ihres Gewahrseins zu schauen und sich auf Ihr eigenes wahres Selbst zu fokussieren? Oder gibt es da irgendein eingefleischtes System, das Sie daran hindert?

Wenn es solch ein Hindernis gibt, woher ist es gekommen? Ist es nützlich? Wie können Sie über dieses Hemmnis hinausgehen, so dass Sie sich selbst spirituell betrachten und sich Ihrer selbst erinnern können?

INNEHALTEN UND ERFAHREN

Dies ist ein guter Moment, um innezuhalten … Ihre Aufmerksamkeit auf die Erfahrung Ihres Atems zu lenken … und gleichzeitig mit einem Teil Ihrer Aufmerksamkeit nach innen zu schauen … und sich, indem Sie direkt die Quelle Ihres Gewahrseins betrachten, daran zu erinnern, wer Sie wirklich sind … schauen Sie mit dieser „geteilten Aufmerksamkeit" und beobachten Sie Ihren eigenen schauenden Geist in Aktion … und weiten Sie Ihr Gewahrsein so aus, dass es das Wahrgenommene und den Wahrnehmenden umfasst … gleichzeitig …

Den Wissenden offenbaren

Ein spiritueller Lehrer namens Osho, einst Bhagwan Rajneesh genannt, hat das Selbsterinnern oft gelehrt und hat brillant darüber geschrieben. In seinem „Book of Secrets" („Buch der Geheimnisse") sagt er:

> Alle Techniken der Meditation sollen den Wissenden offenbaren. Doch vergessen Sie sich selbst nicht und verlieren Sie sich nicht in das Objekt. Erinnern Sie sich an das Subjekt … und dann wird ein Wunder geschehen: Während Sie sowohl des Gewussten als auch des Wissenden gewahr werden, werden Sie plötzlich zum Dritten – Sie werden ein Zeuge. Ein Selbst, das Zeuge ist, entsteht. Der Wissende ist Ihr Geist und das Gewusste ist die Welt, und Sie werden zu einem dritten Punkt, einem Bewusstsein, einem Zeugen-Selbst.

Diese Vorstellung, dass Sie zu einem Zeugen Ihres eigenen Lebens werden, ist sehr wichtig für unser Meditationsprogramm. In den vorhergehenden Erweiterungen der Sieben Meister haben Sie gelernt, sich nicht mehr gewohnheitsmäßig in Gedanken über die Vergangenheit oder Zukunft zu verlieren, sondern sich auf Ihre Erfahrung des gegenwärtigen Augenblicks einzustimmen – auf Ihre Atmung, Ihren Herzschlag, die Geräusche und Geschehnisse um Sie herum. Sie wurden des Gewussten gewahr, des Objekts, der Welt außerhalb und innerhalb Ihres Körpers sowie der Gedanken, die durch Ihren Geist fließen.

Jetzt lernen Sie mit Hilfe der geteilten Aufmerksamkeit, auch des Wissenden gewahr zu sein, des Subjekts, Ihres wahrnehmenden Selbst. Und in dem Akt, in dem Sie sowohl des Beobachteten als auch des Beobachters gleichzeitig gewahr werden, entsteht augenblicklich ein dritter Punkt – das erweiterte, nicht anhaftende spirituelle Bewusstsein, das das

Gewusste und den Wissenden gleichzeitig erfährt, gemeinsam im ewigen gegenwärtigen Augenblick.

Das Erstaunliche an dieser sechsten Bewusstseinserweiterung ist, dass Sie Ihr persönliches Gewahrsein zu einer Einheit mit einem Bewusstsein ausdehnen, welches nicht Ihrem persönlichen Geist entspringt, sondern vollkommen transzendent ist, sobald Sie lernen, den Standpunkt des Zeugen einzunehmen – Sie werden eins mit dem Größeren Bewusstsein. Viele spirituelle Meister weisen, wenn auch ein wenig vage, in diese Richtung. Gurdjieff hat diese letzte Erweiterung des Bewusstseins genau identifiziert und hat einen Pfad gelehrt, der direkt durch diesen Erweiterungsprozess führt.

INNEHALTEN UND NACHDENKEN

Wir wollen uns hier eine Pause gönnen, so dass Sie Ihren Geist entspannen können ... sich auf Ihre Atmung und Ihr Herz einstimmen können ... und über das reflektieren können, was wir gerade besprochen haben ... Sehen Sie, welche Einsichten ganz mühelos kommen, wenn Sie Ihre eigene Fähigkeit kontemplieren, vom Akt der Wahrnehmung weit genug zurückzutreten, so dass Sie des Wahrnehmenden gewahr werden ... und in diesem Akt zum Zeugen Ihrer Erfahrung werden ...

Geteilte Aufmerksamkeit

Lassen Sie uns jetzt so pragmatisch werden wie nur möglich. Wie fühlt es sich tatsächlich an, was ist Ihre mentale Erfahrung, wenn Sie Ihre Aufmerksamkeit teilen und zur gleichen Zeit in zwei Richtungen lenken, nach innen und nach außen? In dem folgenden Experiment können Sie für sich selbst die Erfahrung machen, was es mit der geteilten Aufmerksamkeit auf sich hat. Nachdem ich es beschrieben habe, erproben Sie es einige Male selbst. Am Ende des Kapitels werden wir das Ganze in der geführten Meditation noch weiter erforschen.

1. Sitzen Sie still und sammeln Sie Ihre visuelle Aufmerksamkeit auf etwas im Zimmer, irgendein Objekt, das Sie leicht einige Minuten lang beobachten können. Sehen Sie es einfach an und nehmen Sie den Sinneseindruck auf. Dies ist das „Objekt" des Experiments.

2. Während Sie des Objekts gewahr bleiben, das Sie visuell erfassen, beginnen Sie auch des Bewusstseins gewahr zu werden, das Ihre Aufmerksamkeit auf dieses Objekt lenkt und das die Information der Sinneswahrnehmung dieses Objekts empfängt. Werden Sie im Akt des Beobachtens des Beobachters gewahr …

3. Während Sie des beobachteten Objekts gewahr bleiben und gleichzeitig des Gewahrseins, das sich auf das Objekt fokussiert, dehnen Sie Ihr Gewahrsein weiter aus, so dass es das größere Gewahrsein umfasst, den nicht anhaftenden spirituellen Zeugen des Subjekt-Objekt-Prozesses.

Dieser Prozess des Nach-innen-Schauens, um zu wissen, wer die Dinge erfährt, denen wir begegnen, ist zweifellos eine sehr subtile Erweiterung des Bewusstseins. Und diese Erweiterung erforschen Menschen schon seit geraumer Zeit. Wie Gurdjieff in „Aus der wirklichen Welt" sagt: „Bis ein Mensch sich selbst entdeckt, kann er nicht sehen. Also erinnert euch immer und überall eurer selbst. Sokrates' Worte ‚Erkenne dich selbst' bleiben für all jene, die wahres Wissen und wahres Sein suchen, die unabdingbare Forderung."

Jesus sagte etwas Ähnliches: „Erkennt die Wahrheit und die Wahrheit wird euch befreien." Wie wir gesehen haben, war die Wahrheit, von der er sprach, höchstwahrscheinlich jene tiefe Wahrheit, dass unsere mentalen Gewohnheiten unsere Erfahrung determinieren und dass wir lernen können, einen Schritt zurückzutreten, um Zeugen der tieferen spirituellen Wahrheit dessen zu werden, wer wir jenseits der Dualität der Subjekt-Objekt-Wahrnehmung unseres Geistes sind.

Philosophen und Kognitionswissenschaftler sind sich darüber einig, dass es in unserer üblichen Weise, die Welt zu erfahren, kein Objekt ohne ein Subjekt geben kann – und in der Tat auch kein Subjekt ohne ein Objekt. Das ist es, was Patañjali und Laozi gelehrt haben und was auch Einstein und Heisenberg und andere erkannt haben – dass die menschliche Erfahrung aus einer fortlaufenden Interaktion zwischen Subjekt und Objekt besteht, zwischen Empfindung und Wahrnehmung, zwischen Reiz und Reaktion.

Wir sind jedoch in der Lage (und hier ist die spirituelle Wirklichkeit eindeutig eine Erweiterung des Bewusstseins jenseits naturwissenschaftlicher Realität), in unserer inneren Erfahrung ein erweitertes Bewusstsein zu erlangen, das außerhalb und jenseits der Subjekt-Objekt-Interaktion besteht und unabhängig von ihr ist. Wir können einen Schritt zurücktreten und zum Zeugen werden, der die Interaktion des Geistes mit seiner Umgebung beobachten kann. Dies ist das letzte Ziel der Meditation – die inhärente Polarität des materiellen Raum-Zeit-Kontinuums zu transzendieren, um in eine Qualität des Bewusstseins einzutreten, die ewig, unprogrammiert und unabhängig von unserem biologisch determinierten kognitiven Geist ist.

Wir sind jetzt am Höhepunkt unserer Entdeckungsreise angelangt. Dies ist der Punkt, zu dem jede Meditation uns führt, wenn sie nicht durch Glaubenssätze und Erwartungen behindert und eingeschränkt wird. Aber glauben Sie mir das nicht einfach so – Sie können selbst herausfinden, ob das stimmt. Wie Gurdjieff sagte: „Ich fordere Sie auf, nichts zu glauben, das Sie nicht selbst verifizieren können."

INNEHALTEN UND ERFAHREN

Wenn Sie mögen, können Sie nun alle Theorie, über die wir gerade gesprochen haben, loslassen. Legen Sie das Buch beiseite, nachdem Sie diesen Abschnitt gelesen haben, und erfahren Sie den „Zeugen"-Prozess unmittelbar ... stimmen Sie sich zuerst auf Ihre Atmung ein ... erweitern Sie Ihr Bewusstsein, so dass es Ihr Herz einschließt ... Ihren ganzen Körper, hier in diesem gegenwärtigen Augenblick ... jetzt sehen Sie sich im Zimmer um, fassen Sie ein Objekt ins Auge und bleiben Sie mit Ihrer Aufmerksamkeit vergnüglich und ohne Anstrengung bei der Wahrnehmung dieses Objekts ... und dehnen Sie gleichzeitig Ihr Bewusstsein aus, so dass Sie dessen gewahr werden, wer es ist, der sich auf das Objekt fokussiert ... und erweitern Sie kontinuierlich Ihr Bewusstsein, so dass Sie Zeuge Ihres eigenen Geistes werden, der das Objekt betrachtet ...

Aufwachen

Jede der sieben Erweiterungen, die wir in diesem Buch erkunden, bedeutet einen Schritt heraus aus der Dunkelheit zu immer mehr Licht. Die Erweiterungen führen Sie Schritt für Schritt aus einem relativen Schlafzustand heraus und hin zu immer größerer Wachheit. „Aufwachen" war wohl immer die wichtigste Metapher der Welt der Meditation – wir schlafen und es tut uns Not aufzuwachen. In den Evangelien ermahnt Jesus seine Jünger wiederholt: „Wacht auf!" Wir nennen jemandem, der die Erweiterung zu totalem spirituellem Bewusstsein vollzogen hat, einen „erwachten Meister". In den Lehren Buddhas finden wir viele Ermutigungen wie: „Er ist erwacht und findet Freude in der Stille der Meditation und der Süße der Hingabe … lebt in eurem Herzen. Sucht das höchste Bewusstsein. Glücklich ist das Haus, in dem ein Mensch erwacht!"

In einem sehr realen Sinne sind wir spirituell noch nicht erwacht, solange wir unseres „Zeugen" nicht gewahr sind, denn dann sind wir uns dessen, wer wir wirklich sind, nicht bewusst. Wir haben das Licht des Gewahrseins noch nicht unser inneres Wesen erhellen lassen und so bleiben wir in Dunkelheit, selbst wenn wir das Licht unseres Gewahrseins auf alle Welt scheinen lassen.

Was wir in der Meditation anstreben, ist allmählich unsere schlafenden Augen zu öffnen und zu einer Qualität des Bewusstseins zu erwachen, in der unsere spirituellen Augen weit geöffnet sind, so dass wir die Welt ohne Urteilen oder Verleugnung oder Furcht betrachten können und zugleich unser eigenes inneres Sein ohne Beurteilung oder Angst sehen.

In seinem Buch „Self-Remembering" fragt Robert Earl Burton: „Was bedeutet der Begriff ‚Selbsterinnern'? Er bedeutet, dass Ihr schlafendes Selbst sich daran erinnert, wach zu sein." Dieser Akt des Erinnerns dessen, was wir wirklich sind, scheint kein vorprogrammierter Reflex unserer animalischen Natur zu sein. Vielmehr muss, wie Gurdjieff es versteht, unser erwachsenes Bewusstsein sich dazu entschließen, den Sprung zu wagen, und muss die notwendigen mentalen Schritte vollziehen, um vom Schlaf in die Wachheit übergehen zu können.

Wie Burton ebenfalls betont, ist „ein Grund, weswegen es so schwierig ist, aufzuwachen, dass wir von Milliarden schlafender Menschen umgeben sind". Mit dieser Aussage fällt er kein Urteil, sondern formuliert eine einfache psychologische Beobachtung. Für die überwiegende Mehrheit der Menschen ist ihr Alltagsbewusstsein alles, was es für sie an Bewusstsein gibt.

Natürlich erfährt jeder flüchtige Einblicke in größere Zusammenhänge, erhascht jeder einmal ein kurzes Aufblitzen eines transzendenten Bewusstseinszustandes. Während wir einen Sonnenuntergang betrachten, einen Regenbogen am Himmel bestaunen oder Liebe machen, erfahren wir ein Aufblitzen eines Lichts, das unser größeres Sein erhellt. Und tatsächlich können solche Erfahrungen eine Sehnsucht in uns wecken, immer in diesem erwachteren Zustand verweilen zu wollen. Doch dann fallen wir in unsere programmierten Verhaltensweisen und Bewusstseinszustände zurück, in denen wir der äußeren Welt, des Wahrgenommenen, nur einigermaßen gewahr sind. Wir entschließen uns nicht dazu, uns selbst so weit zu disziplinieren, dass wir uns daran erinnern, des Wahrnehmenden gewahr zu sein – also vom Standpunkt eines höheren Bewusstseins aus, das mit dem universalen Zeugen verschmolzen ist –, Zeuge des gesamten Subjekt-Objekt-Phänomens der menschlichen Wahrnehmung zu werden.

INNEHALTEN UND NACHDENKEN

Die spirituellen Lehrer sagen, dass wir uns weitgehend in einem Schlafzustand befinden. Stimmen Sie dem zu? Sind Sie in einem spirituellen Schlafzustand, während Sie Ihren Alltag leben, so dass Sie Ihres eigenen inneren Lichts des Bewusstseins nicht gewahr sind? Wie gefällt Ihnen die Vorstellung, dass Sie in einen weitaus wacheren Bewusstseinszustand vordringen könnten?

Spirituelle Trägheit

Bislang habe ich Sie auf dem Pfad der Nichtanstrengung in der Meditation geführt. Doch jetzt sind wir an einem Punkt, wo wir über spirituelle Trägheit sprechen müssen sowie über die Herausforderung, die Lethargie der mentalen Gewohnheiten unseres Bewusstseins zu überwinden. Ja, es stimmt, dass wir das Erwachen nicht erzwingen können. Wir können uns nicht mit unserem Ego vorantreiben und das Erwachen zu einer höheren Wirklichkeit „machen". Wir können uns nur des gegenwärtigen Augenblicks immer bewusster werden und durch dieses Gewahrsein aufwachen.

Andererseits ist es kein Zufall, dass drei der großen zeitgenössischen spirituellen Lehrer, Gurdjieff, Krishnamurti und Byron Katie, ihren spirituellen Meditationsprozess „die Arbeit" nennen. Robert Earl Burton greift das Thema der Arbeit ebenfalls auf und sagt seinen Schülern nachdrücklich: „Die Bemühung, sich seiner selbst zu erinnern, ist das Wichtigste, denn ohne diese Bemühung hat nichts anderes einen Wert; sie muss die Grundlage für alles andere sein."

Auf dem spirituellen Pfad begegnen wir oft scheinbaren Paradoxen. Sich anzustrengen, um spirituelles Erwachen zu erlangen, ist in der Tat vollkommen nutzlos – wir können die Erweiterung des Bewusstseins nicht erzwingen. Gleichzeitig ist es jedoch so, dass, wenn wir jetzt zumeist schlafen und in der Trägheit unserer mentalen Gewohnheiten gefangen sind, eine Anstrengung unternehmen müssen, um die Trägheit unserer mentalen Gewohnheiten zu vertreiben und aufzuwachen.

Ich bin sicher, dass Sie dies bereits selbst herausgefunden haben. Manchmal wenn es Zeit für Ihre tägliche Meditation ist, kommt Ihr Geist mit allen möglichen Entschuldigungen daher, um die Meditation ausfallen zu lassen und sich nicht der mentalen Anstrengung zu stellen, die nötig ist, um Ihren Geist und Körper zu disziplinieren, die Anfangsschritte des meditativen Prozesses auszuführen. Häufig werden Sie gar nicht meditieren, wenn Sie nicht ein gewisses Maß an Disziplin aufbringen. Sie müssen sich deshalb dazu entschließen, die Anstrengung zu unternehmen, Ihre emotionale und mentale Trägheit zu überwinden, so dass Sie in den meditativen Fluss eintreten können. Durch Disziplin bringen Sie gerade genug mentale Bemühung auf, um Ihre Aufmerksamkeit in eine für die Meditation fruchtbare Richtung zu lenken. Wenn das Schiff Ihrer Meditation aber erst einmal den Hafen verlassen hat, dann entspannen Sie sich und überlassen sich dem mühelosen Fluss der Erfahrung.

Auch wenn Sie gelernt haben, sich auf Meditation einzustimmen, wird es trotzdem manchmal vorkommen, dass Ihr gesammelter Geist plötzlich abschweift und sich in verschiedensten Gedanken und Emotionen verliert. Wenn dies geschieht, dann bemühen Sie sich erneut, um Ihre Aufmerksamkeit wieder auf den von Ihnen gewählten Meditationsgegenstand zu lenken. Es passiert nur allzu leicht, dass wir in relative Unbewusstheit abgleiten. Wenn Sie also spirituell erwachen und entdecken wollen, wer Sie jenseits des konditionierten Egos wirklich sind, dann sollten Sie sich an den Ratschlag von Robert Earl Burton halten: „Die Bemühung, sich seiner selbst zu erinnern, ist das Wichtigste."

Hinter dem Meditationsprogramm der Sieben Meister steht die Absicht, Ihnen eine Struktur und einen Prozess zur Verfügung zu stellen, die beinahe mühelos erscheinen, da der meditative Prozess Schritt für Schritt der logischen spirituellen Erweiterung des menschlichen Geistes in Richtung auf ein wacheres Leben folgt. Doch manchmal ist es notwendig, sich über eine Anfangsträgheit hinaus anzutreiben.

Häufig sind die Widerstände, die uns daran hindern zu meditieren, in bestimmten Vorstellungen vom Ziel der Meditation begründet. Wenn Sie glauben, Sie müssten eine gigantische Anstrengung unternehmen, um sich selbst zu irgendeinem endgültigen Durchbruch in die totale Erleuchtung zu treiben, dann werden sich natürlich Widerstände einstellen.

Lassen Sie mich also nochmals klarstellen: Ich lehre Sie keinen Prozess, der Sie hart auf ein zukünftiges und radikales „plötzliches Erwachen" hinarbeiten lässt, so wie es einige Meister getan haben. Natürlich werden Sie während der Meditation viele Erfahrungen eines plötzlichen Erwachens machen, aber mein Programm ist nicht darauf ausgerichtet, Sie in die totale Non-Stop-Erleuchtung zu treiben.

Außer während meiner frühen Erforschungen der Meditation war ich nie an der plötzlichen totalen Erleuchtung interessiert. Irgendwie macht es keinen Sinn für mich, dass wir angeblich von totaler spiritueller Unbewusstheit in die totale Erleuchtung hinein explodieren können. In diesem Buch erforschen wir vielmehr das, was Stephen Levine mit dem Titel eines seiner Bücher anspricht: „A Gradual Awakening" („Ein allmähliches Erwachen"). Auf dem meditativen Pfad werden Sie zweifellos des Öfteren ein bemerkenswertes Aufblitzen von Klarheit und Erweiterung erfahren. Aber hüten Sie sich vor der Neigung des Egos, seine Vorherrschaft zu behalten und sich spirituell überlegen zu fühlen. Ihr Ego muss ein Urteil fällen, um zu behaupten, Sie hätten Erleuchtung erlangt – und sobald Ihr Ego auf diese Weise urteilt, haben Sie per definitionem diesen Erleuchtungszustand verloren.

Deshalb heißt es bei Laozi zutreffend: „Wer weiß, der redet nicht; wer redet, der weiß nicht." Demut ist auf dem spirituellen Pfad von größter Wichtigkeit, denn sobald Sie sich in aufgeblasenen Vorstellungen davon ergehen, wie großartig Sie spirituell entwickelt sind – insbesondere im Vergleich zu anderen –, hat Ihr Ego das Heft wieder an sich gerissen und Sie sind wieder am Anfang.

Es ist geschickter, von all solchen spirituellen Ego-Spielen zu lassen und stattdessen gerade genug Bemühung aufzubringen, um Ihre liebevolle Aufmerksamkeit auf Ihre bereits erwachte innere Natur zu lenken - ganz einfach weil Sie sich selbst lieben und wissen wollen, wer Sie in Wahrheit sind. Und erinnern Sie sich immer daran, dass Sie bereits hier sind ... und schon immer ganz.

INNEHALTEN UND NACHDENKEN

Nehmen Sie sich die Zeit, einige Momente innezuhalten und sich anzusehen, wie Sie innerlich dazu stehen, sich um die Meditation zu bemühen ... sich dazu zu entschließen, sich dessen zu erinnern, was Sie wirklich sind ... fühlen Sie eine Sehnsucht nach dem Erwachen in sich? ... Sind Sie bereit, einfach nach innen zu schauen und Ihre letzte Quelle und Ihr schöpferisches Sein zu sehen?

Sie sind ... Bewusstsein

Meditation wird oft als ein Prozess definiert, durch den wir letztlich erkennen, wer wir wirklich sind. Wir beginnen einfach die Wahrheit der tieferen Essenz unseres Seins zu sehen – jenseits aller Erinnerungen an das, was wir getan haben, jenseits aller Selbstbilder, die uns sagen, wie wir sein sollten oder wie wir gern sein möchten, jenseits aller Ideen und Vorstellungen von unserer persönlichen Identität.

Stephen Levine weist darauf hin, dass „ein anderes Wort für Meditation einfach Gewahrsein ist. Meditation ist Gewahrsein ... und die Grundlage der Praxis ist, unmittelbar mit so viel Gewahrsein und Verständnis wie möglich an dem Geschehen in jedem Moment Anteil zu haben."

Unser Ego-Bewusstsein wird stets seine programmierten Gewohnheiten ausleben und versuchen, uns wieder in die relative Unbewusstheit hineinzuziehen, die darin besteht, an unseren Gedanken und Handlungen, unseren Wünschen und

Ängsten festzuhalten, so dass wir den Kontakt zu der bewussten Wahrnehmung dessen verlieren, was in diesem Augenblick geschieht – und damit spirituell einschlafen. Nur das ständige Bemühen, sich für die Erweiterung unseres Bewusstseins zu entschließen, so dass es im gegenwärtigen Augenblick gewahr ist, bewahrt uns davor, in den Schlaf zurückzusinken.

Was wir in dieser sechsten Erweiterung entdecken, ist Folgendes: Während wir uns unablässig darum bemühen, im gegenwärtigen Augenblick immer bewusster zu werden, während wir also „mit so viel Gewahrsein und Verständnis wie möglich an dem Geschehen in jedem Moment Anteil haben", begegnen wir ganz natürlich einer Wirklichkeit, die uns in eine qualitativ neue Erfahrung versetzt: Wir identifizieren uns nicht mehr mit der Subjekt-Objekt-Ebene des Lebens, sondern sind aus der Quelle des Bewusstseins selbst heraus gewahr.

Der Schlüsselfaktor, der es uns möglich macht, diese Erweiterung ins reine Bewusstsein zu vollziehen, scheint darin zu bestehen, von allem Wählen abzulassen, also von allem Anhaften an den Ergebnissen unserer Handlungen. Wir haben gesehen, dass wir uns in den vorhergehenden Erweiterungen dafür entscheiden mussten, in uns hinein- und über uns hinauszuschauen. Doch sobald wir uns im Prozess des Schauens befinden, müssen wir sogar von diesem Entschluss ablassen – so dass wir einfach nur reines, nicht anhaftendes Gewahrsein sind. Dies ist der Bewusstseinszustand, der uns zu wahrer Transzendenz verhilft.

Wir haben gesehen, dass unser Ego in dem fortlaufenden Prozess des Wählens verwurzelt ist, durch den wir eine Sache der anderen vorziehen, beurteilen, was am besten ist und was wir vermeiden sollten. Solange wir die Welt um uns herum von diesem urteilenden Standpunkt aus betrachten, bleiben wir in dem relativ unbewussten Ego-Zustand des Begehrens und der Wahl gefangen. Die letzte Entscheidung, die wir in jeder Meditationssitzung treffen, und zwar mit der fünften Erweiterung, ist die, uns zu öffnen und unser persönliches Sein von der spirituellen Energie aus einem Bereich jenseits unseres Ego-Zentrums durchfluten zu lassen.

Sobald wir diesen letzten positiven Akt des Egos vollzogen haben – aufgrund der Sehnsucht, mit Gott zu verschmelzen und vom transzendenten Geist überwältigt zu werden –, müssen wir lernen loszulassen und uns dem zu überantworten, was im gegenwärtigen Augenblick geschieht, ohne zu versuchen, es in irgendeiner Weise zu manipulieren. Durch diesen Akt der Hingabe gewinnen wir die Fähigkeit, unser Gewahrsein derart zu erweitern, dass es das Ganze mit einem Mal umfasst, Inneres und Äußeres, Reiz und Reaktion. Indem wir dies tun, werden wir zu spontanen Teilhabern am gegenwärtigen Augenblick, während wir gleichzeitig völlig losgelöste Zeugen der vollkommenen Schöpfung Gottes bleiben.

Nachdem Sie in der Meditation durch die ersten fünf Erweiterungen gegangen sind, werden Sie feststellen, dass Sie die sechste Erweiterung tatsächlich mühelos vollziehen können. Nach wenigen Wochen der Schulung wird der Aufmerk-Satz „Ich weiß, wer ich bin" Ihre Aufmerksamkeit dann ganz natürlich gleichermaßen nach innen wie nach außen lenken, so dass Sie zum Zeugen der Wahrheit Ihrer eigenen spirituellen Identität werden.

„Ich weiß, wer ich bin." Wenn Sie diesen Satz im Bewusstsein tragen, dann behaupten Sie damit noch nicht, dass Sie bereits voll und ganz wissen, wer Sie sind. Im Prozess des allmählichen Erwachens wiederholen wir solche Worte, um unsere Aufmerksamkeit regelmäßig auf die Quelle eines solchen Wissens auszurichten.

Auf einer bestimmten Ebene wissen Sie bereits, wer Sie sind, und Meditation ist der Prozess, durch den Sie immer mehr zu dem erwachen, was Sie bereits wissen. Genau an diesem Punkt der Erweiterung kommen Sie unmittelbar mit der radikalen Einsicht in Berührung, dass Sie vollkommen eins sind mit der Quelle Ihres persönlichen Bewusstseins. Sie erfahren, dass Sie immer und auf ewig eins sind mit Gott.

Der letzte Zeuge ist schließlich Gott. Wie die Tradition der amerikanischen Ureinwohner uns oft erinnert, sind wir die Augen und Ohren des Schöpfers. Wenn Sie von allem Wählen ablassen, von allem Urteilen, allem Begehren und allem Anhaften, dann wird die Membrane zwischen Ihrem persönlichen Bewusstsein und dem unendlichen Bewusstsein so durchlässig, dass Sie den glückseligen Zustand der totalen Einheit mit allem Leben erfahren.

Nachdem Sie anfänglich die Anstrengung gemacht haben, Ihre Aufmerksamkeit auf Ihre Atmung, Ihr Herz, Ihre gesamte körperliche Präsenz zu lenken, nachdem Sie davon abgelassen haben, sich selbst und die Welt zu beurteilen, und Ihr Herz für das Einströmen der göttlichen Liebe und Führung geöffnet haben, werden Sie feststellen, dass im Übergang zur sechsten Erweiterung und der Aussage „Ich weiß, wer ich bin“ nun keine Anstrengung mehr nötig ist. Der Akt des Selbsterinnerns allein stimmt Ihr Gewahrsein auf das ein, was Sie wirklich sind. Und dieser Akt wird vollzogen, indem Sie sich einfach daran erinnern zu sagen: „Ich weiß, wer ich bin.“

In diesem positiven Licht wird das Aussprechen der Worte „Ich weiß, wer ich bin“ zu Ihrem festlichen Mantra ... zu Ihrer verbalen Bestätigung des Erwachens ... zu Ihrem wahren unendlichen Selbst.

Wie Sie sich Ihrer selbst erinnern

Bevor wir zur geführten Meditationssitzung der Selbsterinnerung fortschreiten, möchte ich Sie mit einigen Aussagen aus der Gurdjieff-Tradition bekannt machen, die Ihnen eine große Hilfe sein werden, wenn Sie den Prozess des Selbsterinnerns kontemplieren. Vielleicht möchten Sie jetzt oder später eine Weile innehalten, um über jede dieser Aussagen nachzudenken.

- Meditation basiert auf der Erkundung eines vollkommenen Verständnisses Ihrer selbst – eines direkten Sehens dessen, was Sie im gegenwärtigen Moment sind, ohne dass Bilder und Erfahrungen und Ideen sich dazwischenschieben.

- Erinnern Sie sich daran, dass Sie das sind, was beobachtet, und nicht das, was Sie beobachten.

- Es gibt kein größeres Wunder, als in diesem gegenwärtigen Augenblick bewusst zu sein. Alles beginnt und endet damit.

- Selbsterinnerung ist etwas, das wir achtzehn Stunden am Tag praktizieren müssen. Sie können das Selbsterinnern nicht in einer halben Stunde verstehen. Sie werden sich wünschen müssen, jeden Augenblick des Tages mit diesem Prozess zu leben.

- Die Fähigkeit des Menschen, nach innen zu schauen und sich unmittelbar dessen zu erinnern, wer er ist, ist das große Geheimnis des organischen Lebens auf dieser Erde.

- Sie können an Ihrem Ziel nicht gegenwärtig sein, wenn Sie auf dem Weg dorthin nicht gegenwärtig sind. Darum tun Sie, was Sie vermögen, um präsent zu sein – jetzt.

- Das Leben ist nur wirklich, wenn Sie sind. Und Sie sind nur wirklich, wenn Sie zu Ihrer eigenen inneren Präsenz erwachen.

- Versuchen Sie nicht, die Gegenwart in etwas zu verkehren, was sie nicht ist. Überantworten Sie sich ihr, erfahren Sie sie und akzeptieren Sie sie zu deren eigenen Bedingungen.

- Wir sind weder das Wahrgenommene noch der Wahrnehmende – wir sind der Zeuge, der die Wahrnehmung erfährt. Selbsterinnerung ist keine Sinneswahrnehmung. William Blake sagte: „Ich sehe durch meine Augen, nicht mit ihnen."

- Schauen Sie sich Ihr Betrachten an, Ihr Zeugesein. Es ist unbegrenzt. Es hat keinen Anfang, es hat kein Ende … es ist formlos, ewig, unendlich … es ist Sie.

- Schließlich steht nichts zwischen Ihnen und dem Selbsterinnern – außer Sie selbst.

SELBSTERINNERUNG: Geführte Meditation 6

Machen Sie es sich bequem und sitzen Sie, wie immer es Ihnen angenehm ist … lassen Sie alle Bewegungen geschehen, die Sie ausführen möchten … und dann lenken Sie Ihre Aufmerksamkeit sanft auf den Luftstrom, der durch Ihre Nase oder Ihren Mund ein- und ausströmt … weiten Sie Ihr Gewahrsein aus, so dass es auch die Bewegungen in Ihrer Brust und Ihrem Bauch beim Atmen einschließt … Sagen Sie zu sich selbst: „Ich atme frei."

Seien Sie nun gleichzeitig Ihres Herzens gewahr, mitten in Ihrer Atmung … seien Sie Ihres ganzen Körpers gewahr, hier in diesem gegenwärtigen Augenblick … Ihrer Füße … Ihrer Hände … Ihres Gesichts … Ihres gesamten Seins … seien Sie der Geräusche um sie herum gewahr … und sagen Sie zu sich selbst: „Mein Geist ist ruhig."

Erweitern Sie Ihr Gewahrsein noch mehr, so dass es die Welt um Sie herum umfasst ... das Zimmer, in dem Sie sitzen ... das Gebäude, in dem Sie sich befinden ... die Mitglieder Ihrer Familie ... die Mitglieder Ihrer Gemeinde ... die Kollegen am Arbeitsplatz ... die Menschen, die auf der Autobahn unterwegs sind ... jedermann und alles, was die Menschen gerade tun ... die Welt genau so, wie sie in diesem Augenblick ist ... Gottes vollkommene Schöpfung ... und sagen Sie zu sich selbst: „Ich nehme die Welt genau so an, wie sie ist ..."

Und während Sie Ihre Aufmerksamkeit nun auf Ihr Herz gerichtet halten, bemerken Sie, was Sie für sich selbst empfinden ... bemerken Sie, ob Ihr Herz sich leicht oder schwer anfühlt ... ob es verkrampft ist oder weit ... wenn Sie sich selbst verurteilen, lassen Sie das Urteilen fallen ... vergeben Sie sich alles, was der Vergebung bedarf ... lassen Sie einfach nur die Liebe fließen ... sagen Sie zu sich selbst: „Ich liebe mich genau so, wie ich bin ..."

Seien Sie Ihres Atems gewahr ... Ihres Herzens ... Ihrer gesamten körperlichen Präsenz ... und der Blase der Wahrnehmung, in der Sie Ihr Leben lang leben ... und nun werden Sie gewahr, wo Ihr persönliches Bewusstsein das unendliche Bewusstsein des Universums berührt ... die liebende Gegenwart Gottes ... sehen Sie, wie es sich heute anfühlt, einige Male zu sagen: „Mein Herz ist offen ... für das Empfangen ... der heilenden Hilfe Gottes ..."

Sie sind Ihres Atems gewahr ... all der verschiedenen Empfindungen die Sie eben jetzt von außen und von innen empfangen ... Sie sind der äußeren Welt gewahr ... und gleichzeitig schauen Sie mit einem Teil Ihrer Aufmerksamkeit in die Gegenrichtung, nach innen ... auf die Quelle Ihres Gewahrseins ... ohne jede Anstrengung, einfach indem Sie dessen gewahr sind, was Sie von Augenblick zu Augenblick wahrnehmen, sowie dessen, der wahrnimmt …

Lassen Sie Ihre Augen sich nun ganz sanft öffnen … bleiben Sie bei Ihrem Atem … und betrachten Sie den Raum, in dem Sie sich befinden, und gleichzeitig den Betrachter …

Schauen Sie sich jetzt im Raum um und suchen Sie ein Objekt aus, das Sie eine Weile betrachten können … bleiben Sie bei Ihrem Atem … betrachten Sie das Objekt … und schauen Sie gleichzeitig nach innen auf die Quelle Ihres Gewahrseins … seien Sie dessen gewahr, der das Objekt betrachtet, während Sie gleichzeitig des betrachteten Objekts gewahr sind …

Und während Sie nach innen auf den Kern Ihres eigenen inneren Seins schauen, sagen Sie zu sich selbst einige Male: „Ich weiß, wer ich bin …"

Während Sie sich weiter im Raum umschauen … während Sie weiterhin die Geräusche um Sie herum hören … während Sie weiterhin Ihren Atem erfahren und all die anderen Sinneseindrücke … seien Sie auch dessen gewahr, dass das Gewahrsein des Universums durch Ihre Augen schaut … Sie sind die Augen und Ohren Gottes … Sie sind ein reines Bewusstsein, das jenseits Ihres körperlichen Wahrnehmungsapparats existiert … Sie sind der Zeuge …

Schauen Sie und erinnern Sie sich dessen, der Sie sind … schauen Sie … und sehen Sie …

„Ich weiß, wer ich bin …"

Lassen Sie Ihre Meditation sich vertiefen …

Sofortzugang zur Audioanleitung finden Sie im Internet unter:
www.7masters.com

7. GLÜCKSELIGKEIT ERFAHREN – KRISHNAMURTI

Ich habe am Anfang dieses Buches über den meditativen Pfad meines Großvaters gesprochen und die Lehren eines anderen weisen Mannes aus dem Ojai-Tal. Es scheint mir angemessen, unsere Erkundung der Meditation nun dort zu beenden, wo wir angefangen haben – indem wir uns einstimmen auf die totale Einfachheit und doch radikale Weite der Vision dieses weisen Mannes von Meditation und spiritueller Suche.

Krishnamurti war zweifellos der radikalste Meditationslehrer, dem ich je begegnet bin – da er sich nämlich weigerte, eine bestimmte Meditationsmethode zu lehren. Er präsentierte stattdessen die psychologischen und spirituellen Parameter der Meditationserfahrung auf eine Weise, die es uns ermöglicht, für uns selbst herauszufinden, wie unser Geist in einen meditativen Zustand eintreten kann.

Es war Krishnamurtis Ziel, seine Schüler dazu zu ermutigen, ihr Herz und ihren Geist für ein lebenslanges Forschen zu öffnen, ein Forschen danach, was es heißt, im gegenwärtigen Moment bewusst zu sein. In all seinen Lehren weist er ständig darauf hin, wie völlig einfach der spirituelle Pfad ist, sobald wir einmal das verwirrende Durcheinander des beurteilenden Geistes beiseite gelegt haben. Er war ein Lehrer, der Worte benutzte, um seine Schüler über Worte hinauszuführen – zu dem unaussprechlichen und doch völlig offensichtlichen Prozess, indem man selbst direkt hinsieht und den Kern der Sache sieht.

Krishnamurtis ausschließliche Betonung der Einfachheit

des spirituellen Erwachens sowie die geforderte notwendige Disziplin, um diese Einfachheit zu erlangen, fanden manche Menschen etwas frustrierend, intellektuell beschränkt und zuweilen regelrecht dickköpfig. Außerdem verärgerte er durch sein Beharren auf der Notwendigkeit, alle Glaubenssysteme abzutun, um der wahren Göttlichkeit im Leben begegnen zu können, viele frommen Menschen. Aber er blieb ein Leben lang bei seinen Leisten und lehrte alle, die Ohren hatten zu hören, das, was er als wahr erkannt hatte – und am Ende strömten die Menschen in Massen zu seinen Veranstaltungen in Amerika, Europa und Indien.

Er weigerte sich hartnäckig, sich von seinen Anhängern zu einem modernen Guru oder spirituellen Meister machen zu lassen, auch wenn er aus der natürlichen Haltung eines erwachten Menschen heraus sprach. Auf seinem Totenbett im reifen Alter von zweiundneunzig Jahren sprach er diese Worte: „Bitte vergesst jetzt den Lehrer ... erinnert euch an die Lehren." Dennoch halten viele von uns die Erinnerung an diesen Mann noch in höchsten spirituellen Ehren.

Der widerspenstige Messias

Wer war dieser Mann, den Hunderttausende, ja vielleicht Millionen von Menschen für den größten spirituellen Lehrer der Neuzeit halten? Als junges Kind in Indien wurde er in der ersten Dekade des zwanzigsten Jahrhunderts von Anhängern der Theosophischen Gesellschaft als das lebende Gefäß der Inkarnation des neuen Messias unserer Welt identifiziert – jemand, dem es bestimmt war, alle Menschen in ein radikal neues spirituelles Zeitalter des Friedens und Erwachens zu führen. In der glühenden Überzeugung von dieser Bestimmung holten die Führer der Theosophischen Bewegung ihn aus seinem indischen Elternhaus und adoptierten ihn kurzerhand.

Während des ersten Viertels des vergangenen Jahrhunderts wurden Krishnamurti und sein Bruder, ob sie es wollten oder nicht, Hals über Kopf in die europäische und amerikanische Kultur und Erziehung gestürzt.

Krishnamurti, der ein sehr gut aussehender, manchmal menschenscheuer Knabe war, fügte sich in den Lebensstil ein, der ihm angeboten wurde, schwieg jedoch über seine eigenen Gefühle hinsichtlich seiner spirituellen Identität und weigerte sich standhaft, sich auf ein ernsthaftes Studium der alten Lehren der Weltreligionen einzulassen. Als junger Mann, der schlichtweg nicht bereit war, die Rolle des Messias zu spielen, die man ihm aufgezwungen hatte, wies er schließlich öffentlich die ihm auferlegte Identität eines Retters der Welt zurück und betonte, er sei einfach ein Mensch wie alle anderen. Seine einzige besondere Eigenschaft sei es, so sagte er, dass er radikal entschlossen sei, mit großer Leidenschaft und totaler Ehrlichkeit die letzte Wahrheit des Bewusstseins und der menschlichen Existenz zu erforschen.

Da ich in demselben Tal geboren wurde und aufwuchs, in dem Krishnamurti einen Großteil seines erwachsenen Lebens etwa sechs Monate im Jahr verbrachte, konnte ich seit früher Kindheit oft den Klang seiner Stimme mit dem britischen Akzent hören, wie er ruhig oder mit wachsender Leidenschaft bei kleineren Treffen und öffentlichen Vorträgen in den Eichenhainen von Ojai sprach. Manchmal sprach er in einem ruhigen, liebevollen Tonfall zu seinen Zuhörern, manchmal mit großer Leidenschaft und manchmal sogar mit einer gewissen Ungeduld in der Stimme, während er um Worte rang, die seine Zuhörer dazu bringen sollten, zu erkennen, wer sie waren, wie ihr Geist tatsächlich arbeitete und worin der meditative Prozess bestand, von dem er sprach.

Bei diesen öffentlichen Versammlungen hingen oft die schweren Düfte des Ojai-Tals in der Luft, die Temperatur war angenehm und die Umgebung war still und friedlich. Als ich noch sehr jung war, kamen etwa fünfzig bis hundert Zuhörer zu den Ojai-Vorträgen von Krishnamurti, aber im Lauf der Jahre nahm die Zahl ständig zu. Er pflegte seine Vorträge damit zu beginnen, dass er einfach still auf seinem Stuhl mit der geraden Lehne vor der Gruppe saß und so lange wartete, bis die Zuhörer still und gesammelt waren. Gewöhnlich schloss er die Augen und stimmte sich mit äußerster Konzentration auf den gegenwärtigen Moment ein; dann ließ er seinen Blick über die Zuhörer schweifen, die auf Kissen und Decken um ihn herumsaßen; er stellte einen intensiven Kontakt zu ihnen her und sprach schließlich mit großer Leidenschaft Worte wie diese in die Stille hinein:

> Ich möchte Sie heute fragen – können Sie sich selbst betrachten, ohne mit den Augen der Vergangenheit zu schauen? Können Sie sich selbst beim Handeln betrachten – ohne jegliche Bewegung des Denkens? Wenn es keine Vergangenheit gibt, dann ist die Glückseligkeit des gegenwärtigen Moments vorhanden. Können Sie alles Denken beiseite lassen, Ihren Geist beruhigen und hinschauen, um die Wahrheit dieses gegenwärtigen Moments zu sehen – und sich selbst dadurch unmittelbar erkennen?

Die meisten der Menschen, die kamen, um Krishnamurti zu hören, wollten ganz gewiss in diesen tief erwachten Zustand des Geistes und des Herzens springen. Und einige haben es sicherlich getan. Aber den Fragen und Kommentaren nach zu urteilen, die gegen Ende der Vorträge gestellt beziehungsweise abgegeben wurden, waren sehr viele seiner Zuhörer offenbar nicht in der Lage, loszulassen und einen solchen Sprung zu machen. Obwohl er seine Vision des spirituellen Erwachens klar und mitfühlend zum Ausdruck bringen konnte, blieb der tatsächliche Prozess für viele Zuhörer doch ein Rätsel.

Krishnamurti seinerseits weigerte sich ausdrücklich, irgendeine konkrete Meditationsmethode zu lehren, die seinen

Anhängern hätte helfen können, seine spirituelle Herausforderung anzunehmen. Ja, er hatte für alle etablierten Meditationstechniken, die populären Gurus und die meditativen Lehren der verschiedenen Weltreligionen nichts als Ungeduld und Kritik übrig. Er hielt alle Lehren und Methoden der Vergangenheit als ein Hindernis für das spirituelle Erwachen. Stattdessen verlangte er von uns, alle kulturelle Konditionierung abzustreifen, alles zu vergessen, was wir aus vergangenen Erfahrungen gelernt zu haben glaubten, und unmittelbar den gegenwärtigen Moment zu betrachten, um zu sehen, wie unser Geist arbeitet und wer wir wirklich sind.

„Wahre Meditation", so erklärte er, „ist ein Weg, sämtliche Vorstellungen ganz und gar beiseite zu legen, die der Mensch sich von sich selbst und von der Welt gemacht hat. Auf diese Weise entdeckt der Mensch eine völlig andere Art von Geist."

Wenn Krishnamurti ganz gezielt auf die Meditation angesprochen wurde, pflegte er mit präzisen und zugleich geheimnisvollen Worten zu antworten, wie: „Meditation meint Gewahrsein, sowohl Gewahrsein der Welt als auch Gewahrsein der gesamten Bewegung von einem selbst. Meditation heißt, genau zu sehen, was ist – ohne jede Wahl, ohne jede Verzerrung, ohne jeden Gedanken."

Ähnlich wie für meine eigenen Kinder die spirituellen Fragen und Einsichten, um die ich einst so hart gerungen habe, selbstverständlich zu sein scheinen, so nahm ich, wie ich mich erinnere, als Kind das, was Krishnamurti sagte, hauptsächlich durch Osmose in mich auf. Ich hielt es für selbstverständlich, dass das, was er sagte, wahr war. So sagte er beispielsweise zu seinen Zuhörern: „Betrachten Sie diesen Baum ... lassen Sie alle Gedanken darüber los – sehen Sie ihn einfach!" Und ich tat, was er vorschlug, ohne je zu bemerken, dass die meisten Erwachsenen um mich herum große Schwierigkeiten hatten, einfach zu sehen, ohne sich in Gedanken über den Baum zu verlieren.

In seiner Gegenwart

Während ich aufwuchs, hatte ich einige Male die Gelegenheit, bei informellen lokalen Treffen ganz in Krishnamurtis Nähe zu sein, wenige Male sogar in seinem Haus in den Orangenhainen östlich der Stadt. Um ehrlich zu sein, ich war damals mehr von seiner Freundlichkeit gegenüber einem kleinen Jungen beeindruckt als von seinen beredten erwachsenen Gesprächen. Er war etwa fünfzig Jahre alt, als ich zehn war. Man hatte mir gesagt, er habe nie selbst Kinder gehabt und sei auch nie verheiratet gewesen, aber er schien gern mit Kindern zusammen zu sein und wusste gut mit ihnen umzugehen. Manchmal zog er es vor, mit uns Kindern hinauszugehen, um die Hühner und die Milchkuh zu füttern, statt sich weiter ernsthaft mit den Erwachsenen zu unterhalten. Wenn ich heute an ihn denke, dann erinnere ich mich oft an die heitere Freude in seinen Augen, wenn wir einfach draußen herumtollten.

Da ich ihm während meiner Kindheit sporadisch in Ojai begegnet war, kannte er mich noch beim Namen, als ich ihn später in Europa traf. Er schien zumeist alleine zu sein, doch gegen Ende seines Lebens wurde öffentlich, dass er über zwanzig Jahre mit einer guten Freundin und Sexualpartnerin intim zusammengelebt hatte. Das verärgerte einige seiner Anhänger sehr, da sie annahmen, er lebe zölibatär. Manchmal wurde er auch dafür kritisiert, dass er sich gelegentlich jenen Anhängern gegenüber ungeduldig zeigte, die Vortrag für Vortrag an seinen Lippen hingen, ohne jemals den spirituellen Sprung zu wagen, den er von ihnen verlangte. Offensichtlich hatte er sein eigenes Bündel an emotionalen Herausforderungen zu tragen. Er hatte eine schwierige und einsame Kindheit erlitten und manchmal schien er auch in seinen späten Jahren traurig zu sein und verletzlich gegenüber allzu menschlichen Anfechtungen. Letztlich war er ein riesiges, komplexes menschliches Rätsel – wie wir alle es sind.

Was auch immer sich in seinem privaten Leben abspielte, in seinem öffentlichen Leben als spiritueller Lehrer blieb er stets ein Feuerball radikaler Ideen und ständiger Herausforderungen. Er war sich sicher, dass jeder Einzelne von uns eine innewohnende Kraft besitzt, endlose Dimensionen des Bewusstseins – jenseits der Grenzen unserer gewohnten Überzeugungen, Urteile und Vorstellungen über den Sinn des Lebens – zu erfahren.

Ich hatte als Erwachsener einige Gelegenheiten, mit ihm persönlich zu sprechen. Er half mir des Öfteren, indem er sich meine hitzigen Fragen darüber, was ich mit meinem Leben anfangen sollte, anhörte und seine Meinung dazu äußerte. Seine Einsichten waren für mich immer wie ein Paukenschlag und ließen mich die meinen Sorgen oder meiner Verwirrung zugrunde liegenden Annahmen in Frage stellen.

Einmal hatte ich mich entschlossen, wieder ins Ojai-Tal zu ziehen und zu sehen, ob ich dort wieder Wurzeln schlagen könnte, nachdem ich viele Jahre anderswo verbracht hatte. Ich lebte nur einige hundert Meter von Krishnamurtis Heim entfernt und traf ihn einige Male. Er machte gern einen täglichen Spaziergang, der ihn an meinem Haus vorbeiführte, und ich wartete manchmal darauf, dass er vorbeikam, um mich ihm dann anschließen zu können. An warmen und sonnigen Tagen waren gewöhnlich noch andere Leute in seiner Begleitung, aber bei schlechtem Wetter blieben wir meist allein und gingen dann für fünfzehn oder zwanzig Minuten nebeneinander her, ohne ein Wort zu sagen.

Heute, da er nicht mehr unter uns weilt, spüre ich noch oft seine Präsenz. Insbesondere beim Schreiben dieses Buches habe ich von seiner subtilen Führung profitiert, ebenso wie ich von der Führung meines Großvaters und der sechs anderen Meister profitiere. Die Wahrheit ist, dass jeder Einzelne von uns ganz gewiss in den liebevollen Händen all der erwachten Wesen ist, wenn wir uns nur daran erinnern, uns zu öffnen und auf sie einzustimmen.

Sehen, was ist

Krishnamurti war ein standhafter Vertreter der Notwendigkeit eines stillen Geistes während der Meditation sowie der spirituellen Erforschung. Wir sind seiner grundlegenden Ausrichtung gefolgt, wenn wir geflissentlich unsere Atmung und unsere gesamte körperliche Präsenz beobachtet haben, was ganz natürlich zu einer Beruhigung des Geistes führt. Wie er seinen Anhängern immer wieder sagte: „Um tatsächlich beobachten zu können, was ist – in uns selbst und in der Welt –, brauchen wir einen stillen, einen sehr stillen Geist."

Krishnamurti lehrte unmissverständlich, dass der Akt der Sammlung auf die Empfindungen des gegenwärtigen Moments äußerst effektiv ist, um den Geist zu beruhigen. So sagte er zum Beispiel: „Wenn Sie mit leidenschaftlicher Intensität beobachten, wird Ihr Geist unweigerlich still." Er betrachtete zudem das primäre Umschalten, das wir gelernt haben, nämlich vom Modus der Kognition zum Modus der Wahrnehmung, als das Tor zu Dimensionen des Bewusstseins, die sich der denkende Geist nicht einmal vorstellen kann: „Meditation ist das Sehen dessen, was ist, das Schauen und Hören und das Darüber-Hinausgehen – das ist es, was geschieht, wenn das Gehirn, der Geist und der Körper wirklich still und harmonisch sind, wenn der Geist, der Körper und das Herz wirklich eins sind. Dann leben Sie ein völlig anderes Leben."

Wie viele andere spirituelle Lehrer legte auch Krishnamurti großen Wert darauf, dass wir lernen, das Vorüberziehen unserer eigenen Gedanken zu beobachten, und so den denkenden Geist in Aktion betrachten. Er sagte, wir sollten nicht nur die Gedanken beobachten, wie sie einer nach dem anderen entstehen, sondern gleichzeitig die gesamten programmierten Inhalte des Geistes sehen. „Man muss einen Weg finden, den Geist ohne Analyse zu beobachten – einen Weg, den gesamten Inhalt des Bewusstseins ohne den Analysierenden zu beobachten."

Immer und immer wieder fragte er in verschiedensten Varianten: „Was ist die Natur, was ist die Struktur jenes inneren Richters, der da beobachtet? Dieser Beobachter ist die Vergangenheit – das Wissen und die Ideen der Vergangenheit, die Sie gespeichert haben. Denken ist eine Reaktion der Vergangenheit. Darum ist Denken niemals frei. Es ist immer alt."

Krishnamurti brachte seinen Zuhörern jenen besonderen Funken der Erkenntnis, der uns über die Idee zum Handeln führt. Er ermahnte die Leute ständig, das, was er sagte, nicht einfach zu glauben, sondern direkt ihre eigene unmittelbare Erfahrung zu betrachten, um herauszufinden, was wahr sei. Er bestand darauf, nicht als ein Guru oder Meister behandelt zu werden, der schon alles weiß – er wollte vielmehr als ein Provokateur angesehen werden, der die Menschen dazu anspornt, die Wirklichkeit selbst zu finden.

„Erkennen Sie durch direktes Schauen", so sagte Krishnamurti, „dass es keine Trennung zwischen dem Betrachter und dem Betrachteten, zwischen dem Denker und dem Gedanken gibt. Dann sehen Sie – dann beobachten Sie, was tatsächlich ist. Und wenn Sie tatsächlich sehen, was ist, dann sind Sie bereits darüber hinaus."

Wie die Zen-Meister behauptete auch Krishnamurti, dass es total müßig ist, irgendetwas zu suchen, an Überzeugungen festzuhalten oder nach besonderen Erfahrungen zu hungern – wie großartig und spirituell sie auch zu sein scheinen. In seinen Worten:

> Der Geist muss völlig frei sein vom Verlangen nach Erfahrung und der Suche nach Wahrheit. Beenden Sie alles Suchen ganz und gar. Haben Sie keinerlei Überzeugungen, hängen Sie keiner Religion an, gehorchen Sie keinerlei Autorität. Seien Sie vollkommen frei von jeder Form des Glaubens, jeder Form der Angst. … Wenn wir solch einer außerordentlichen Frage nach-

gehen, muss es die Freiheit geben, tatsächlich nicht das Geringste darüber zu wissen. Seien Sie frei von Konditionierung, so dass Ihr Geist frei ist zu beobachten. … Man muss diese Freiheit von allem Glauben besitzen, von allen Verpflichtungen, so dass man der Gesamtheit des Lebens verpflichtet ist und nicht nur einem Bruchstück davon. Verpflichten Sie Ihr ganzes Sein, Ihre ganze Energie, Vitalität und Leidenschaft der Gesamtheit des Lebens. Dann können wir dazu fortschreiten, herauszufinden, was Meditation bedeutet.

Radikale Freiheit

Krishnamurti war ein fanatischer Verfechter der inneren Freiheit. Als ihn einmal jemand fragte, wie man die Gedanken des Geistes kontrollieren könne, um Freiheit von der Vergangenheit zu erlangen, sagte er:

> Freiheit steht am Anfang der Meditation, nicht am Ende. Was vom Anfang bis zum Ende wichtig ist, ist nicht, das Denken zu kontrollieren, sondern es zu verstehen, seinen Ursprung zu verstehen, den Anfang des Denkens, der in Ihnen selbst ist. Das Denken entspringt dem Speicher des Gedächtnisses. Schauen Sie einfach und sehen Sie – dann sind Sie bereits frei. In der Meditation muss man herausfinden, ob das Wissen ein Ende hat. Es gibt nur Freiheit, wenn es Freiheit vom Gewussten/Bekannten gibt.

Psychologen und Philosophen haben oft versucht, Krishnamurtis Logik in seinen Vorträgen zu unterminieren, indem sie pragmatisch darauf pochten, dass wir niemals vom Gewussten/Bekannten frei sein können, dass wir im Kern unseres

Wesens konditionierte Tiere sind, deren jeweilige Handlung das Resultat vergangener Konditionierungen ist. Krishnamurti ließ jedoch keinerlei Bemühungen zu, uns durch deduktive Rationalität davon abbringen zu lassen, in den Kern der Sache zu schauen. Er entgegnete auf solche Einwände unverzüglich: „Die wahre Frage ist, ob das Denken funktionieren kann, wenn es gebraucht wird, und ansonsten vollkommen still sein kann. Der Geist muss herausfinden, ob die Gehirnzellen vollkommen still sein und so auf eine Dimension antworten können, die sie nicht kennen."

Dieses Beharren darauf, dass der Geist still sein kann und zugleich außerordentlich sensibel und gewahr und reaktionsbereit, steht im Zentrum von Krishnamurtis Verständnis der psychologischen und spirituellen Befreiung. „Sie müssen einen stillen Geist haben", insistierte er, „weil sie nur dann sehen können. Wenn Sie plappern, ist Ihr Geist ständig in Bewegung, rennt er hierhin und dorthin, und dann kann er offensichtlich nicht schauen, kann er nicht total lauschen."

Eines der Hauptthemen, die sich durch Krishnamurtis gesamtes Leben ziehen, war, dass der Geist entweder auf fragmentierte Weise funktioniert – als Resultat eines unablässigen Stroms beurteilender Gedanken und Konzepte, die die Wirklichkeit in Kategorien unterteilen – oder dass er als Ganzheit funktioniert, vollkommen still und doch mit totalem Gewahrsein, Weisheit und spontaner Reaktionsfähigkeit auf die Welt und auf jeden Augenblick. „Sehen Sie die Notwendigkeit", so sagte er oft, „diesen feinen, subtilen Geist zu haben, der vollkommen still ist. Nur ein solcher Geist vermag das Ganze des Lebens als eine einheitliche Bewegung zu sehen, nicht fragmentiert. Solch ein Geist agiert total, nicht fragmentiert, weil er aus vollkommener Stille heraus handelt."

Er wusste aus eigener Erfahrung, dass der Geist vollkommen still sein kann und dass wir in der Tat in den meisten Fällen am besten daran täten, den denkenden Geist völlig still zu halten, so dass wir wahrnehmen, statt denken. In seinen Worten: „Es ist die direkte Wahrnehmung dessen, ‚was ist', die einen radikalen Wandel herbeiführt. In einem stillen Geist gibt es eine Bewegung, die vollkommen anders ist – sie ist von einer anderen Dimension, einer anderen Qualität."

Krishnamurti lehrte, dass das, was das wahre Potenzial des menschlichen Bewusstseins erweckt, der bloße Akt des Schauens, des Lauschens, des Wahrnehmens dessen ist, was um uns herum und in uns im gegenwärtigen Moment geschieht.

> Sie müssen am Anfang anfangen und der erste Schritt ist der letzte Schritt in der Meditation – die Entkonditionierung des Geistes, indem Sie gewahr werden, indem Sie vollkommen aufmerksam werden ... Erlauben Sie jenem Berg, jenem Baum, Sie ganz und gar zu absorbieren. Schenken Sie Aufmerksamkeit, leidenschaftlich, intensiv, schauen und lauschen Sie vollkommen – und um vollkommen lauschen und sehen zu können, muss Ihr Geist still sein. Das ist Meditation. Wenn Sie verstehen, was Stille ist, wenn Sie Schönheit verstehen, Liebe verstehen, sehen, wie Ihr Geist arbeitet und wer Sie sind ... dann entsteht aus diesem direkten Sehen ein außerordentlich stiller Geist.

Krishnamurti lehrte, dass wir mit dem ganzen Geist sehen, wenn wir unsere Gedanken ruhig stellen. Indem wir von kognitiven Fixierungen auf Wahrnehmungen im gegenwärtigen Augenblick umschalten, gelangen wir zu einer einheitlichen Erfahrung. „Der Akt des Sehens ist die einzige Wahrheit; es gibt nichts anderes. Schauen Sie den Baum an ... sehen Sie ihn ganz und gar mit der Totalität Ihres Geistes und Herzens, nicht ein Fragment von ihm."

Durch unsere Versenkung in dieses direkte Sehen und unsere Entscheidung, im meditativen Augenblick zu leben, treten wir ganz natürlich in die unendlichen Dimensionen des Bewusstseins ein – wir entdecken die Glückseligkeit. „Es gibt eine unendliche Weite des Geistes, die wir gewöhnlich nie berühren oder kennen. Dieser Geist ist unermesslich. Wir kennen seine Qualität nicht, weil wir nie etwas vollständig angesehen haben, mit der Totalität unseres Geistes, unseres Herzens, unserer Nerven, unserer Augen, unserer Ohren. Dafür gibt es keine Methode. Sie müssen einfach das gesamte Feld vollkommen sensibel machen. Darin liegt die einzige wahre Revolution."

Es ist so einfach und doch so unendlich fein. „Alles, was man tun muss, ist, zu sehen. Und dieses Sehen ist ein Akt der Liebe. Sehen zerstört alle Barrieren. Sehen bringt uns in intimen Kontakt mit dem Leben ... Was wichtig ist, ist nicht zu lernen, sondern zu sehen und zu lauschen. Und aus diesem Sehen und Lauschen heraus werden Sie feststellen, dass alle Trennung zwischen dem Betrachter und dem Betrachteten aufhört."

Und was geschieht, wenn durch das Erwachen der Wahrnehmung alle Trennung aufhört? „Wenn Sie sehen können, haben Sie nichts anderes mehr zu tun. Der Geist hat sich all seiner Inhalte entleert, aller Suggestion, aller Wahrscheinlichkeit, aller Möglichkeit. Der Geist ist vollkommen aktiv – und leer ... Dann kommt es zu einer unerhörten Revolution, Ihr ganzes Handeln macht einen radikalen Wandel durch. Sie sind vollkommen ganz."

Nehmen wir uns hier einige Augenblicke, um innezuhalten und uns von der Welle der Worte Krishnamurtis überfluten zu lassen ... während wir die Aufmerksamkeit unseres Geistes vollständig auf den gegenwärtigen Moment lenken ... atmend ... lauschend ... sehend ... seiend ...

Der Glückseligkeitsfaktor

Viele „ernsthafte“ spirituelle Lehrer scheuen sich, darüber zu sprechen, wie die Meditation dazu führen kann, dass wir uns gut fühlen. Manche von ihnen betrachten es als allzu mondän, ja sogar egoistisch oder hedonistisch, wenn eine unserer wesentlichen Motivationen für die Meditation die Absicht sein sollte, unsere allgemeine Stimmung von aufgeregt, besorgt, nervös, dumpf und deprimiert hin zu freudig, hell, leidenschaftlich und sogar schlichtweg glückselig zu verschieben.

Meditation ist zuerst einmal ein inneres Werkzeug zur Transformation eines aufgewühlten emotionalen und psychischen Systems in ein helles Leuchtfeuer des Mitgefühls, der Lust, Klarheit und eben guter altmodischer Freude. Der „lachende Buddha“ war in dieser Hinsicht eine der Hauptinspirationen. Alan Watts, mit all seinen menschlichen Schwächen und seinem intellektuellen Genius, ging es immer wieder um das, was er „das große schallende Gelächter“ nannte, wenn er seine Zuhörer dazu brachte, die letztlich irrsinnig komische Natur der spirituellen Suche zu erkennen, und unsere Verantwortung, die meditative Hingabe mit Freude, Humor und Glückseligkeit zu verschmelzen. So sah man auch die älteren Sufi-Lehrer ebenso wie Sam Lewis oft in Ekstase, Freude und Spaß herzhaft lachen. Die Qualität, die sie charakterisierte, war vielleicht gerade nicht Ernsthaftigkeit angesichts des Göttlichen, sondern eine überfließende Freude angesichts der Tatsache, dass sie auf diesem Planeten lebendig und bewusst waren.

Die spontane Erfahrung von Glückseligkeit gab es immer wieder in den meisten religiösen Traditionen. Viele Heilige der katholischen Kirche fanden sich in mystische Glückseligkeit versetzt, ebenso wie die Anhänger Buddhas. Glückseligkeit wurde im Allgemeinen als reines Geschenk der Gnade verstanden, das Menschen unerwartet erhalten; es entzündet sich in ihnen und verschwindet dann wieder. In der Tat ist Glückseligkeit nicht etwas, zu dem wir uns entschließen können und dann gewisse Rituale ausführen, dass sie in unser Leben tritt. Die Erfahrung von Glückseligkeit scheint uns stets aus heiterem Himmel zu überfallen.

Was ist dann dieses Ding, das wir Glückseligkeit nennen, und wie können wir dazu beitragen, dass sie in unser Leben einzieht? Glückseligkeit lässt sich vielleicht am besten durch das definieren, was sie *nicht* ist. Sie ist nicht Angst. Sie ist nicht Furcht. Glückseligkeit entsteht nur in der Abwesenheit von Angst. Außerdem ist sie nicht Zorn oder Urteilen oder Abneigung oder Verweigerung. Glückseligkeit ist nichts Negatives.

Glückseligkeit gedeiht in der Gegenwart von Liebe, Mitgefühl, Akzeptanz, Vertrauen und allen positiven Dingen. Glückseligkeit ist das Einströmen von reinem transzendentem Geist in unser Leben. Sie ist unser natürlicher Zustand, wenn wir alle unsere Gedanken und Urteile und Krämpfe und Überzeugungen und anderes kognitive Gepäck loslassen und uns einfach dafür öffnen, leidenschaftlich lebendig zu sein und erfüllt von der letzten Quelle unseres Lebens, Gottes unendlicher kreativer Freude und Liebe.

Es ist vielleicht eine psychologische Wahrheit, dass im Geist eines Menschen Freude herrscht, wenn keinerlei Angst vorhanden ist. Und dem vergleichbar, sagt Krishnamurti: „Wo es keine Vergangenheit gibt, da ist die Glückseligkeit des gegenwärtigen Augenblicks." Solange wir unseren Fokus im Wahrnehmungsbereich des Bewusstseins halten und uns bemühen, die auf der Vergangenheit basierenden Assoziationen und Gedanken des Geistes ruhig zu stellen, wecken wir aller Voraussicht nach die natürliche Erfahrung von Glückseligkeit im gegenwärtigen Augenblick.

Wenn wir unsere tägliche Meditation so gestalten, dass wir die Erweiterung schrittweise über unsere geschäftigen Gedanken hinaus ausdehnen, uns entspannen und die Zukunft und alle damit verbundenen Sorgen loslassen, wenn wir unser Herz dann für das Einströmen von Liebe und heilender Gnade öffnen, dann kommen wir von selbst an einen Punkt in unserer Meditation, an dem wir uns im gegenwärtigen Augenblick vollkommen lebendig fühlen und Liebe und Freude in uns einströmen ... und Glückseligkeit andauert.

Wie Krishnamurti es schreibt: „In diesem Akt des Sehens ist alle Schönheit vorhanden. Und mit der Schönheit ist Liebe vorhanden – und wo Liebe vorhanden ist, bleibt uns nichts mehr zu tun. Dort, wo Sie sind, sind Sie in Glückseligkeit, sind Sie im Himmel."

Sich selbst die Erlaubnis geben

Auch wenn die Glückseligkeit stets bereit ist, in unser Leben zu fließen, drängt Gott oder das Dao oder wie immer Sie den Unendlichen Schöpfer nennen mögen nicht darauf. Wir müssen uns selbst die Erlaubnis geben, uns gut zu fühlen und unser Herz für das Einströmen guter Gefühle zu öffnen, wenn wir sie empfangen wollen. Um die erhebende Freude des spirituellen Erwachens empfangen zu können, müssen wir alle Verteidigungsmechanismen des Egos fallen lassen und uns in völligem Vertrauen öffnen.

Aber eine solche totale Ergebung in überwältigende Leidenschaft und unkontrollierte Gefühle und Erfahrungen ist von jeher mit unakzeptabler emotionaler und sexueller Hingabe und allen möglichen anderen angeblichen Vergehen der Leidenschaft in Verbindung gebracht worden. Wie ich detailliert in „Sex and Spirit" ausgeführt habe, blockieren unsere tief sitzenden Ängste – nämlich uns gut zu fühlen und uns der Lust zu überlassen – ganz direkt nicht nur unser sexuelles, sondern auch unser spirituelles Erwachen. Viele von uns schirmen sich total ab gegen jede Möglichkeit, von Leidenschaft und Ekstase überwältigt zu werden – wir glauben, dass fürchterliche Dinge mit uns geschehen werden, wenn wir die Ego-Kontrolle verlieren.

Glückseligkeit und Leidenschaft gehören zum gleichen energetischen Kontinuum. Glückseligkeit ist die passive Dimension und Leidenschaft die aktive Dimension desselben Einfließens guter Gefühle von außerhalb unserer persönlichen Blase der Identität. In beiden Fällen werden wir von einer Energie überflutet, die uns erfüllt, inspiriert und dafür sorgt, dass wir uns wundervoll und eins mit dem Kosmos fühlen.

Wenn Sie während Ihrer nächsten Meditationssitzung zu dieser siebten Erweiterung kommen, dann beobachten Sie zunächst einfach, was in Ihrem Geist geschieht, wenn Sie den Aufmerk-Satz „Ich bin hier ... jetzt ... in Glückseligkeit" sagen. Betrachten Sie ohne zu urteilen die Gedanken, die aktiv werden, und die Bilder, die in Ihrem Geist aufsteigen, wenn Sie daran denken, sich der Leidenschaft und dem Fluss guter Gefühle in Ihrem Herzen und Körper zu überlassen. Wenn Sie auf diese Weise möglichen Anti-Glückseligkeits-Reaktionen auf die Spur kommen, dann werden Sie gewahr, wie Sie hinsichtlich Glückseligkeit konditioniert sind, und dann können Sie diese Konditionierung Schritt für Schritt auflösen.

Krishnamurti wies immer wieder darauf hin, dass eine wesentliche Voraussetzung für die Fähigkeit, direkt zu schauen und klar zu sehen, wer wir wirklich sind, leidenschaftliches Verlangen nach der Erkenntnis der Wahrheit ist. Leidenschaft ist die positive, inspirierende Energie, die die Menschen bewegt – und wenn wir schließlich unsere menschliche Natur direkt zu schauen vermögen, dann wird unsere Leidenschaft transformiert in ... Glückseligkeit.

Dies ist die Reise, die wir hier Tag für Tag zusammen unternehmen, Erweiterung für Erweiterung, indem wir durch die Beobachtung jedes neu entstehenden Moments den tieferen Kern des Bewusstseins anzapfen. Häufig beginnen wir die Meditationssitzung in einem Zustand tiefer Verstrickung in unsere alltäglichen emotionalen Sorgen und Ego-Spiele. Dann gehen wir durch alle sieben Erweiterungen des Bewusstseins, die ein neues Erwachen unseres Geistes im gegenwärtigen Moment ermöglichen. In diesem Prozess transformieren wir das, was wir sind, immer und immer wieder, indem wir lernen, unsere persönliche Seele mit der Unendlichen Wirklichkeit verschmelzen zu lassen. Und so erfahren wir regelmäßig durch das Anzapfen der Energie, die in der Meditation freigesetzt wird, die Glückseligkeit, die im Zentrum unseres Wesens wohnt.

Krishnamurti sah diesen meditativen Prozess der regelmäßigen Öffnung für leidenschaftliche Energie und inspirierte Erkenntnis als den Akt der Transformation an, dessen unsere Gesellschaft heute so dringend bedarf:

> Solange es nicht zu dieser tiefen psychologischen Revolution kommt, werden bloße Reformen an der Oberfläche wenig Wirkung zeigen. Die psychologische Revolution, die, wie ich denke, die einzige Revolution ist, wird durch Meditation möglich. Diese Revolution kann einzig im innersten Zentrum unseres Seins stattfinden und verlangt eine große Fülle von Energie. Meditation ist die Freisetzung dieser totalen Energie.

GLÜCKSELIGKEIT ERFAHREN: Geführte Meditation 7

Wir kommen nun zur letzten unserer sieben geführten Meditationen. Sie werden sehen, dass diese letzte Meditation alle sieben Erweiterungen enthält und den gesamten Fluss des Sieben-Meister-Meditationsprogramms beinhaltet. Während Sie das Programm auswendig lernen und gleichermaßen meistern, können Sie immer dieses Skript zu Hilfe nehmen und so die gesamte Meditation in sieben Erweiterungen durchlaufen.

In dieser Erweiterung stellt jeder Abschnitt eine kompakte Version einer der früheren Erweiterungen dar und führt Sie unmittelbar in Richtung der Aufmerk-Sätze. Sie werden sehen, dass Sie nun, nachdem Sie einige Wochen lang durch diesen grundlegenden Prozess geführt worden sind und sich den allgemeinen Fluss eingeprägt haben, sich nur noch an die sieben Aufmerk-Sätze zu erinnern brauchen, um nacheinander in die Meditationen einzutreten. Viel Spaß dabei!

Also dann, setzen Sie sich bequem hin, wie immer es Ihnen angenehm ist … lassen Sie alle Bewegungen geschehen, die Sie machen wollen … und stimmen Sie Ihre Aufmerksamkeit sanft auf die Luft ein, die durch Ihre Nase oder Ihren Mund ein- und ausströmt … dehnen Sie Ihr Gewahrsein aus, so dass es die Bewegungen in Ihrer Brust und Ihrem Bauch einschließt, während Sie atmen … und sagen Sie zu sich selbst: „Ich atme frei …"

Dehnen Sie Ihr Gewahrsein weiter aus, so dass es Ihr Herz umfasst, das mitten in Ihrer Atmung schlägt … seien Sie Ihres gesamten Körpers gewahr, hier in diesem gegenwärtigen Augenblick … Ihrer Füße … Ihrer Hände … Ihres gesamten Seins … seien Sie der Geräusche um Sie herum gewahr … und sagen Sie nun zu sich selbst: „Mein Geist ist ruhig …"

Dehnen Sie die Blase Ihres Gewahrseins weiter aus, so dass Sie Ihre gesamte Umgebung umfängt … die Menschen in Ihrer Familie … in Ihrer Gemeinde … die Kollegen, mit denen Sie arbeiten … jedermann und alles, was in diesem Augenblick geschieht … die Welt, so wie sie in diesem Moment ist … Gottes vollkommene Schöpfung … und sagen Sie zu sich selbst: „Ich nehme die Welt genau so an, wie sie ist …"

Und während Sie jetzt Ihre Aufmerksamkeit auf Ihr Herz gesammelt halten, bemerken Sie, was Sie für sich selbst empfinden … beobachten Sie, ob Ihnen das Herz leicht ist oder schwer … ob es sich verkrampft oder weit anfühlt … und wenn Sie sich selbst beurteilen, lassen Sie alle Urteile los … vergeben Sie sich alles, was der Vergebung bedarf … lassen Sie einfach die Liebe fließen … und sagen Sie zu sich selbst: „Ich liebe mich genau so, wie ich bin …“

Seien Sie Ihrer Atmung gewahr … Ihres Herzens … Ihrer gesamten körperlichen Präsenz … und beginnen Sie sich bewusst zu werden, wo Ihre persönliche Blase des Gewahrseins sich mit der unendlichen liebenden Gegenwart Gottes berührt … stimmen Sie sich auf die emotionalen Belastungen und Wunden ein, die Sie heute spüren … lassen Sie sie einfach da sein … und überantworten Sie sich der spirituellen Führung, indem Sie einige Male sagen: „Mein Herz ist offen … für das Empfangen … der heilenden Hilfe Gottes …“

Sie sind Ihres Atems gewahr … all der verschiedenen Empfindungen, die eben jetzt aus der Außenwelt und von innen zu Ihnen kommen … und während Sie sich der Wahrnehmungen aus der Außenwelt bewusst bleiben, schauen Sie gleichzeitig mit einem Teil Ihrer Aufmerksamkeit in die Gegenrichtung, nach innen auf die Quelle Ihres Gewahrseins … ohne jede Anstrengung, seien Sie einfach dessen gewahr, was Sie von Moment zu Moment wahrnehmen, und gleichzeitig dessen, der da wahrnimmt … und während Sie nach innen schauen und mit Ihrem eigenen inneren Kern eins werden, sagen Sie einige Male zu sich selbst: „Ich weiß, wer ich bin …“

Lassen Sie Ihre Atemzüge kommen und gehen, wie sie wollen ... lauschen Sie auf die Geräusche um Sie herum ... schenken Sie dem, was genau jetzt geschieht, Ihre volle Aufmerksamkeit ... erfahren Sie alles gleichzeitig ... reines Gewahrsein ... des Ganzen ... lassen Sie Gedanken los ... geben Sie sich die Erlaubnis, völlig frei zu sein, das zu erfahren, was tatsächlich ist ... dies ... hier ... jetzt ... erfahren Sie die Bewegung des Lebens ... seien Sie vollkommen aufmerksam ... außerordentlich still ... vollkommen sensibel ... ganz ... und liebevoll ...

Wo Liebe vorhanden ist, da gibt es nichts mehr zu tun ... wo Sie sich befinden, da sind Sie in Glückseligkeit ... seien Sie offen für eine neue Erfahrung, während Sie sagen: „Ich bin hier ... jetzt ... in Glückseligkeit ..."

Und während die Musik spielt, lassen Sie Ihre Meditation sich vertiefen ...

Sofortzugang zur Audioanleitung
finden Sie im Internet unter:
www.7masters.com

Ihr tägliches Meditationsprogramm

Sie kennen jetzt den gesamten Fluss der sieben Erweiterungen, aus denen das Sieben-Meister-Meditationsprogramm besteht. Das Werkzeug für die Transformation steht Ihnen damit zur Verfügung. Nichts steht zwischen Ihnen und einem Leben andauernder innerer Erforschung, der Verwirklichung und der Glückseligkeit. Lassen Sie mich noch einmal die sieben Aufmerk-Sätze auflisten, die Ihre Aufmerksamkeit augenblicklich in eine Richtung lenken, welche die Erfahrung Ihres tieferen Seins erwachen lässt. Sind Sie mit den Erweiterungen bereits vertraut? Lösen sie eine Reaktion und eine Bewegung in Ihnen aus?

„Ich atme frei."

„Mein Geist ist ruhig."

„Ich nehme die Welt genau so an, wie sie ist."

„Ich liebe mich genau so, wie ich bin."

„Mein Herz ist offen für das Empfangen."

„Ich weiß, wer ich bin."

„Ich bin … hier … jetzt … in Glückseligkeit."

Was bleibt jetzt zu tun?

Häufig lesen wir schnell ein spirituell inspirierendes Buch, hegen die Hoffnung, dass wir unser Leben wirklich in eine wundervolle Richtung transformieren können – aber sobald wir das Buch gelesen haben, beginnt unsere Leidenschaft zu versiegen. Wir neigen ganz allgemein dazu, ein Buch zu beenden und gleich nach dem nächsten Ausschau zu halten. Meine Absicht hinter diesem neuen Ansatz der Meditationsanleitung ist, sicherzustellen, dass Sie erfolgreich über dieses erste „Darüber-reden-Stadium" der schriftlichen Unterweisung und Inspiration hinausgelangen; und dass Sie in das tiefere und viel befriedigendere zweite Stadium der direkten Erfahrung auf dem Pfad einer täglichen spirituellen Praxis eintreten.

Da Sie sich nun dem Ende dieses Wortflusses nähern, möchte ich Ihnen empfehlen, sich Zeit zu nehmen und sich einen täglichen meditativen Spielplan im Geiste zurechtzulegen, der es Ihnen ermöglichen wird, kontinuierlich auf dem spirituellen Pfad fortzuschreiten, hin zu immer erfüllenderen Erfahrungen und Erkenntnissen. Zu diesem Ziel haben meine Kollegen und ich einige Systeme zur Meditationsunterstützung entwickelt, die Sie erfolgreich durch die nächste Phase Ihrer Reise führen werden.

Für manche von Ihnen mag dieses Buch alles sein, was Sie brauchen, und bereits nach einmaliger Lektüre werden Sie den gesamten Prozess internalisiert haben. Wenn das auf Sie zutrifft, ist das wunderbar! Wenn nicht, dann gibt es noch weitere Optionen, die Sie ausprobieren können, nachdem Sie dieses Buch gelesen und eine Ahnung von Ihrem eigenen inneren meditativen Potenzial bekommen haben.

Diese Programme wurden speziell darauf abgestimmt, auf den Text des Buches „Sieben Meister – ein Weg" aufzubauen und ihn weiterzuführen. Sie werden Ihnen nicht nur eine lebenslange Hilfe und Unterstützung sein, sondern schaffen Ihnen auch Zugang zu einer meditativen Gemeinschaft Gleichgesinnter, die dasselbe Programm lernen und denselben spirituellen Prozess erforschen, mit dem auch Sie sich beschäftigen. Dieses Gefühl der geteilten Erfahrung kann von wesentlicher Bedeutung für Ihr spirituelles Leben sein.

Die vier Meditationsformate

Wenn Sie beginnen, den meditativen Prozess zu erlernen und zu internalisieren, werden Sie die Sieben-Meister-Meditation jeden Tag oder mehrfach am Tag praktizieren wollen. Diese vier Formate von unterschiedlicher Zeitdauer bieten Ihnen ein volles Spektrum an Möglichkeiten, die Meditation in Ihren Tagesablauf zu integrieren. Zuerst werden Sie wahrscheinlich entweder die geschriebene Anleitung oder die Audioanleitung benutzen wollen, um die sieben Erweiterungen zu durchlaufen. Bald werden Sie jedoch feststellen, dass Sie diese äußere Hilfe nicht mehr für Ihre Meditation brauchen.

Halbstündige tägliche Meditation

Idealerweise reservieren Sie täglich eine halbe Stunde für die Meditation, vorzugsweise zur selben Zeit und am selben Ort, um sich durch den Sieben-Meister-Meditationsprozess führen zu lassen oder selbst zu führen. Bei der halbstündigen Praxis verbringen wir drei Minuten mit jeder Erweiterung (etwa einundzwanzig gesammelte Atemzüge pro Erweiterung). Nach der siebten Erweiterung können Sie in aller Stille ohne weitere Anleitung meditieren und sich jedes Mal für eine neue Erfahrung öffnen. Audioanleitung für ein formelles Programm im Halbstunden-Format finden Sie unter www.7masters.com.

Natürlich können Sie, wann immer Sie wollen, auch länger meditieren als eine halbe Stunde. Sie können diese Meditation auch mehrmals am Tag ausführen, wenn Ihre Zeit das zulässt. Und wenn ein bestimmtes Thema gerade besonders wichtig scheint, so haben Sie auch die Freiheit, sich an diesem Tag eine ganze Meditationssitzung lang nur diesem Thema zu widmen. Wichtig ist nur, dass Sie ganz sicher jeden Tag einmal innehalten und sich innerlich sammeln, so dass Sie es zu einer Gewohnheit für Ihr ganzes Leben machen, wenigstens etwas Zeit dem spirituellen Abenteuer zu widmen.

Zehnminuten-Meditation

Neben Ihrer Hauptmeditation – oder vielleicht als Ihre Hauptmeditation – werden Sie auch eine Meditationsroutine im zehnminütigen Kurzformat mehrmals oder einmal am Tag sehr segensreich und erfreulich finden. Im zehnminütigen Format widmen Sie jeder Erweiterung sechs Atemzüge und sagen jeden Aufmerk-Satz ein- bis zweimal während der ersten Atemzüge und sind dann für die nächsten paar Atemzüge still, bevor Sie zur nächsten Erweiterung übergehen. Nach der siebten Erweiterung können Sie, solange Sie wollen, „in Glückseligkeit sein" oder Sie können zum Anfang zurückkehren und sich auf die Erweiterung konzentrieren, die Sie in diesem Moment am meisten anzieht. Auf unserer Website finden Sie auch ein Programm mit Audioanleitung für diese Kurzform.

Zweiminuten-Meditation

Wann immer Sie nur wenige Minuten freie Zeit haben, möchte ich Ihnen sehr empfehlen, innezuhalten und sich einfach die sieben einzelnen Aufmerk-Sätze, einen nach dem anderen vorzusagen. Widmen Sie jedem Satz ein oder zwei Atemzüge und lenken Sie dabei Ihre ganze Aufmerksamkeit für eine kurze, aber unschätzbar wertvolle Zeit auf jede einzelne Erweiterung. Sie werden feststellen, dass Sie Ihre Aufmerksamkeit während dieser kurzen Meditation umso tiefer und schneller sammeln können, je gründlicher Sie jede Erweiterung in den längeren

Meditationsformaten erfahren haben. Es ist ganz erstaunlich, wie schnell wir mit ein wenig Übung und wiederholter Erfahrung lernen können, in tiefe Meditation einzutreten. In nur zwei Minuten können Sie Ihr Bewusstsein schnell über Ihre gewohnten mentalen Muster hinaus ausdehnen und in allem, was Sie gerade tun, eine bewusstere, liebevollere und spirituellere Haltung einnehmen. Wenn Sie das tun, werden Sie ein helles und klares Licht des Mitgefühls in Ihr Umfeld ausstrahlen, das allen Menschen in Ihrer Umgebung wohltun wird.

Mini-Meditation

Wenn Sie nicht einmal zwei Minuten erübrigen können, dann werden Sie feststellen, dass bereits dreißig Sekunden Meditation mehrmals am Tag Ihre Erfahrung des Lebens transformieren können. Wenn Sie einfach nur lange genug innehalten, um sich daran zu erinnern, Ihres Atem gewahr zu sein, und dabei sagen „Ich atme frei", so wird dieses kurze Atemgewahrsein Ihr gesamtes Körperbewusstsein aufwecken. Wie wir im ersten Kapitel herausgefunden haben, transformieren Sie Ihren Tag, wenn Sie Ihres Atems gewahr sind. Es spielt keine Rolle, was Sie gerade tun oder mit wem Sie zusammen sind. Und es braucht nicht einmal jemand mitzubekommen, was Sie vorhaben ... nehmen Sie sich einfach nur dreißig Sekunden, um sich auf Ihren Atem und Ihr Herz einzustimmen ... und Sie werden Ihr gesamtes Sein zu der Kraft und der Freude des gegenwärtigen Augenblicks erwecken.

INNEHALTEN UND NACHDENKEN

Vielleicht mögen Sie jetzt für einige Momente innehalten, das Buch zur Seite legen, sich auf Ihren Atem einstimmen ... und kontemplieren, was Sie davon halten, für den Rest Ihres Lebens wenigstens einmal oder mehrmals täglich einige Zeit einer Sache zu widmen, die ein höheres Bewusstsein in Ihre Alltagsroutine bringt … schauen Sie in Ihr Herz … sehnen Sie sich wirklich danach, ein spirituelleres Wesen zu sein? … Sind Sie bereit, sich wenigstens für den winzigen Zeitraum zu disziplinieren, den es braucht, um eine tägliche Meditationspraxis zu meistern?

Online-Gemeinschaft

Bei jedem Menschen verläuft der Prozess des Erlernens der Meditation anders. Sie werden unweigerlich Ihre eigenen besonderen Bedürfnisse für die Meditation haben, Ihre eigenen Schwierigkeiten, sich zu sammeln, Ihre eigenen emotionalen Herausforderungen und mentalen Blockaden. Diese Probleme können kleinerer oder größerer Natur sein, sie können morgen oder nächsten Monat oder erst nach zweijähriger Praxis auftauchen. Der Sinn und Zweck des im Folgenden vorgestellten Schulungsprogramms und der Unterstützung durch eine Gemeinschaft besteht darin, sicherzustellen, dass Sie, in welchem Stadium Ihrer Meditationspraxis Sie sich auch befinden, die Werkzeuge und die Hilfe finden können, die Sie benötigen, um Ihr Ziel erfolgreich zu erreichen und täglich Ihre spirituellen Tiefen berühren zu können. Als es noch keinen Internetzugang gab, waren wir in unserer Schüler-Lehrer-Interaktion sehr eingeschränkt; wir waren sozusagen beschränkt auf gedruckte Formate – wie Bücher und Handbücher – oder auf persönliche Vorträge und Seminare in Ihrer jeweiligen Region. Nun können wir uns durch die Online-Interaktion jederzeit treffen – wo immer wir gerade sind –, wodurch sich der Prozess der Meisterung stark beschleunigen lässt. Die Benutzung von preiswerten CD-Programmen gibt Ihnen ebenfalls Zugang zu meiner Stimme – wo immer Sie sind und wann immer Sie es wollen.

Die folgenden Programme sind unter www.7masters.com erhältlich. Sie alle sind so konzipiert, dass sie den unterschiedlichen Herausforderungen entsprechen, die meiner Beobachtung nach auftreten, wenn Menschen beginnen, eine erfolgreiche Meditationspraxis zu entwickeln, und die verschiedenen Stadien spirituellen Erwachens durchlaufen.

Das dreiwöchige Schulungsprogramm

Der erste Ansatz, um sich jede der sieben Erweiterungen einzuprägen und sie tiefer kennen zu lernen, besteht darin, zum Anfang des Buches zurückzukehren und den einzelnen Kapiteln und ihren meditativen Erweiterungen jeweils drei Tage zu widmen. Innerhalb dieses formalen Zeitrahmens können Sie sich, wenn Sie sich dazu entschließen, einem festen Lernplan zu folgen, tiefer in jeden Aspekt der sieben Meditationen einarbeiten und sie sich wirklich zu Eigen machen.

Für das gesamte Schulungsprogramm müssen Sie also einundzwanzig Tage aufbringen. Sie mögen vielleicht eine halbe Stunde bis zu einer Stunde am Tag dafür reservieren, das Kapitel, auf das Sie sich gerade konzentrieren, zu lesen und die Meditation auszuführen. Die Audioanleitung, die Sie im Internet erhalten oder die Ihnen auf CD zur Verfügung steht, gibt Ihnen einen zehnminütigen Fokus auf jede Erweiterung und wird Sie zusätzlich unterstützen, sich tief in jeder Erweiterung zu verankern. Ein visuell strukturierter Kalender ist ebenfalls unter www.7masters.com erhältlich. Sie können Ihren Stundenplan ausdrucken und sich so mühelos an das erinnern, was Sie an jedem einzelnen Tag zu tun haben. Dieser Kalender gibt Ihnen zusätzliche Anleitungen zur Ausführung des dreiwöchigen Programms.

Online-Workshop und Themenseminare

Meine Kollegen und ich haben einen speziellen strukturierten Lernprozess konzipiert, den Sie online abrufen können. In diesem Online-Workshop arbeiten wir zusammen jede der sieben Erweiterungen durch, und zwar in dem Tempo, das Ihnen angenehm ist. Es steht Ihnen völlig frei, so viel Zeit zu investieren, wie Sie benötigen, um sicherzustellen, dass Sie jede Erweiterung verstehen und den Prozess so gut wie möglich meistern. Die Workshop-Struktur gibt Ihnen auch die Möglichkeit, Fragen zu stellen, so dass Sie schnell und fließend durch den Lernprozess fortschreiten können. Der Online-Workshop bietet Ihnen außerdem eine Fülle von zusätzlichen Informationen und Anleitungen, die Sie sonst nirgends finden, sowie ein erweitertes System der Audioanleitung für ein optimales müheloses Lernen der sieben Erweiterungen. Von Zeit zu Zeit bieten wir auch Seminare zu Themen aus dem Bereich der Meditation und des persönlichen Wachstums an.

Frage-und-Antwort- und Artikel-Archiv

Für jede der Sieben-Meister-Erweiterung stellen wir ein spezielles Online-Forum zur Verfügung, in dem Sie Fragen stellen können und von mir eine schriftliche Antwort erhalten. Das wachsende Archiv von Diskussionen über jede der Erweiterungen dient als solides Unterstützungssystem, wenn Sie schnelle Antwort und Anleitung zu einem speziellen Thema oder Problem benötigen. Gelegentlich halten wir auch ein Live-Online-Forum ab, in dem wir unmittelbarer miteinander interagieren und zusammen direkter zum Kern einer Frage vorstoßen. Außerdem stelle ich hier Artikel von allgemeinem Interesse zu Ihrer weiteren Erkundung ins Netz.

Beratung per Telefon oder E-Mail

Es gibt Zeiten, zu denen ein direkter mündlicher Austausch über eine bestimmte Frage der Meditation schnell Probleme lösen kann. Wenn Sie Ihr Bestes getan haben, Fragen mit Hilfe der anderen verfügbaren Ressourcen zu klären, und das Gefühl haben, in Ihrer Meditation irgendwo festzustecken, dann stehen ich oder einer meiner Kollegen in einem begrenzten Rahmen für Telefonkonsultationen zur Verfügung. In diesem unmittelbaren Austausch können wir Ihre Situation besprechen und Sie direkt zu einer Lösung Ihres Problems führen. Weitere Informationen diesbezüglich finden Sie auf der Website www.7masters.com.

Regionale Workshops

Ich habe Wochenendseminare immer als eine sehr wertvolle Form für das Lehren von Meditation geschätzt. Hier kann man in einer intensiven Atmosphäre gemeinsam sehr tief innere Bewusstseinsräume erforschen. Bei all den Möglichkeiten, die das Internet heutzutage bietet, neigen wir dazu, aus den Augen zu verlieren, welchen besonderen Wert die persönliche Begegnung für die Erkundung dessen hat, wer wir sind und wie wir unseren Geist und unseren Körper am besten dafür nutzen können, unser Herz und unsere Seele zu erwecken. Ich bemühe mich darum, so oft wie möglich regional zur Verfügung zu stehen, und persönliche Wochenend-Workshops bleiben ein Schlüsselaspekt der Sieben-Meister-Gemeinschaft. Wenn Sie unseren wöchentlichen E-Mail-Newsletter abonnieren, kann ich Sie auch auf Veranstaltungen hinweisen, die in Ihrer Nähe stattfinden und die für Sie vielleicht sehr hilfreich sein können.

Chat Rooms und Online-Meditationsgruppen

Online Chat Rooms sind eine wunderbare Erfahrung für Meditierende, weil sie sich hier unmittelbar mit Menschen austauschen können, die sich in demselben Lernprozess befinden wie sie selbst. Indem Sie Ihre Erfahrungen mit Gleichgesinnten teilen, können Sie neue Einsichten in den meditativen Prozess gewinnen und sich untereinander auf freundschaftliche Weise unterstützen, während Sie immer tiefer in die meditative Erforschung eindringen. Wenn Sie auf die Website www.7masters.com gehen, werden Sie verschiedene Themen und Chat-Möglichkeiten finden. Sie können dort auch eine eigene Gruppe zusammen mit anderen Menschen gründen, die zur gleichen Zeit wie Sie mit dem Sieben-Meister-Programm beginnen. Das gibt Ihnen die Möglichkeit, eine stabile Meditationsgruppe zu gründen, die sich in vieler Hinsicht als hilfreich erweisen kann.

Wöchentlicher Rundbrief

Neben den inspirierenden und pädagogischen Angeboten, die auf der Website www.7masters.com regelmäßig aktualisiert werden, können Sie auch unseren kostenlosen wöchentlichen E-Mail-Newsletter abonnieren, um mühelos mit uns in Kontakt zu bleiben und Sofortzugang zu neuen Programmen der Audioanleitung und besonderen Ereignissen in der Gemeinschaft zu erhalten. In dem wöchentlichen Newsletter finden Sie außerdem aktuelle Diskussionen einer großen Bandbreite von Themen aus dem Bereich der Meditation und dazu Besprechungen der besten Bücher über Meditation und spirituelle Selbsterkenntnis sowie der besten CDs mit Meditationsmusik und von Audikassetten, CDs und Videos mit Meditationsanleitung. Im Newsletter gibt es zudem einen regelmäßig aktualisierten Kalender von Veranstaltungen zu diesem Thema in Ihrer Region, die Ihr Verständnis von spiritueller Gemeinschaft erweitern könnten. Ich möchte Ihnen sehr empfehlen, dass Sie unter www.7masters.com den Newsletter abonnieren, so dass wir regelmäßig in Kontakt sein können.

Zusammenfassung

Und nun ist die Zeit gekommen, da das Ende dieses Buches nur noch ein oder zwei Seiten entfernt ist und Sie selbst die nächsten Schritte zur Meisterung und Aneignung dieser Meditationen machen müssen – Schritte, die für jeden von Ihnen ganz einzigartig sein werden. Lassen Sie mich zum Abschluss in ganz einfachen Worten zusammenfassen, was wir meiner Meinung nach gemeinsam gelernt haben.

Wir haben gesehen, wie alle sieben der hier ausgewählten spirituellen Meister ihre Schüler dazu angeleitet haben, die Macht ihrer Aufmerksamkeit auf spezielle Weise zu benutzen, um tiefere Bereiche des Bewusstseins zu erwecken. Alle sieben Meister haben gezeigt, dass unser beurteilender Geist unser inneres Leiden verursacht und dass ein stiller Geist zu innerem Erwachen und Frieden führt.

Weiterhin haben alle sieben Meister betont, dass wir uns nur dann in weitere Bereiche des spirituellen Bewusstseins und der Klarheit hinein ausdehnen können, wenn wir die Wirklichkeit, wie sie in diesem gegenwärtigen Augenblick tatsächlich ist, ganz und gar annehmen und uns selbst genau so annehmen und lieben, wie wir sind. Und schließlich waren sich alle sieben Meister darin einig, dass wir unser Herz und unseren Geist für die Weisheit und die heilende Berührung eines größeren Bewusstseins öffnen müssen, wenn wir entdecken wollen, wer wir wirklich sind, und wenn wir unsere tiefere glückselige Natur freilegen wollen.

Sie kennen nun spezielle Methoden, wie Sie den meditativen Lehren der spirituellen Meister dieser Welt folgen und Ihre eigene Erfahrung dieser sieben Erweiterungen machen können. Sie haben ein Online-Unterstützungssystem, das Ihnen helfen kann und Sie ermutigen wird, wann immer Sie solche Hilfe benötigen. Sie haben auch augenblicklichen Zugang zu einer spirituellen Gemeinschaft, in der Sie neue meditative Freunde finden können und die Ihnen die Möglichkeit gibt, all die neuen Wege, die sich Ihnen im Verlauf Ihrer spirituellen Reise auftun, zu erkunden.

Ich möchte mit einem wundervollen Spruch der alten Daoisten schließen, den ich von Alan Watts gelernt habe. Er rundet unsere Diskussion mit vollkommener Symmetrie ab.

DAOISTISCHE MEDITATION

Ich schließe meine Augen
und sehe klar …

Ich bemühe mich nicht mehr zu hören,
und vernehme die Wahrheit …

Ich bin still
und mein Herz singt …

Ich suche keinen Kontakt
und finde Vereinigung …

Ich stehe still
und bewege mich vorwärts …

Ich bin sanft
und brauche keine Kraft …

Ich bin demütig
und bleibe ganz …

Die Meditationen auf einen Blick

ATEMBEOBACHTUNG

Erfahren Sie die Empfindung des Atems in Ihrer Nase …
und gleichzeitig Bewegungen in Brust und Bauch …

Ich atme frei.

BEFRIEDUNG DES GEISTES

Beobachten Sie Atmung und Herzschlag gleichzeitig …
mit erweitertem Gewahrsein der Geräusche

Mein Geist ist ruhig.

DIE WAHRHEIT ANNEHMEN

Sind Sie in Frieden … oder leiden Sie? …
Lassen Sie das Urteilen und nehmen Sie die gegenwärtige Situation an …

Ich nehme die Welt genau so an, wie sie ist.

DAS ERWECKEN DES HERZENS

Beurteilen Sie sich selbst? …
Öffnen Sie sich dem Einströmen bedingungsloser Liebe …

Ich liebe mich genau so, wie ich bin.

DIE HEILUNG DER GEFÜHLE

Beobachten und akzeptieren Sie Gefühle ... haben Sie Vertrauen ...
Lassen Sie die Gefühle heilen ...

Mein Herz ist offen ... für das Empfangen ...
von Gottes heilender Hilfe.

SELBSTERINNERN

Lauschen Sie auf Geräusche ... sehen Sie alles gleichzeitig ...
Betrachten Sie Ihre innere Quelle des Gewahrseins ...

Ich weiß, wer ich bin.

GLÜCKSELIGKEIT ERFAHREN

Geben Sie sich die Erlaubnis ...
Öffnen Sie sich für Einsicht und Leidenschaft ...

Ich bin hier ... jetzt ... in Glückseligkeit.

Eline Unterstützungsgruppe finden

Meditation ist weitgehend eine einsame Erfahrung, in der man nach innen auf den eigenen inneren Kern seines Seins schaut. Doch wird das Meditieren in einer Gruppe weltweit praktiziert und als ein tiefer und wundervoller Prozess des geteilten Bewusstseins und der gemeinsamen Sammlung erfahren.

Regionale Meditationsgruppen

Damit Sie eine Meditationsgruppe in Ihrer Nähe finden können, werden auf der Sieben-Meister-Website alle Gruppen aufgeführt, die sich bei uns melden und in denen die Sieben-Meister-Meditation oder eine ähnliche Meditation praktiziert werden. Bitte gehen Sie auf www.7masters.com und klicken Sie auf „Community", um eine Gruppe in Ihrer Gegend zu finden oder Ihre Gruppe auf die Liste zu setzen.

Eine neue Gruppe gründen

Wenn Sie eine Sieben-Meister-Meditationsgruppe in Ihrer Gegend gründen oder sich mit Menschen mit ähnlichen Interessen treffen wollen, um zusammen Ihre Erfahrungen diskutieren zu können, dann senden Sie uns bitte eine E-Mail, indem Sie unter www.7masters.com auf „Contact us" klicken. Wir werden Ihnen dann helfen, mit anderen, die das Buch gelesen haben und die Meditation praktizieren, in Kontakt zu kommen.

Online-Gemeinschaft

Wir bieten Ihnen auch Online-Unterstützungsgruppen an, in denen Sie in einem Chat Room mit anderen Menschen kommunizieren können, die gleichzeitig mit Ihnen begonnen haben, die Meditationen zu erlernen. So können Sie Ihre Erfahrungen teilen und entdecken, wie andere Menschen mit dem meditativen Prozess umgehen, und Sie können neue Freunde finden. Es ist ganz leicht – kommen Sie auf www.7masters.com.

Online-Audioanleitung

Wie Sie in diesem Buch immer wieder gemerkt haben, kann die Dimension der Online-Audioanleitung dieses Systems der Meditationsschulung sich als sehr wichtig erweisen. Die Diskussion in diesem Buch wird Ihnen helfen, ein solides begriffliches Verständnis der Prinzipien und Techniken der willentlichen Ruhigstellung Ihres Geistes zu entwickeln. Einige von Ihnen werden nur diese schriftlichen Anleitungen brauchen, um das Programm meistern zu können.

Die meisten Menschen haben jedoch gewisse Schwierigkeiten, wenn sie sich nach einem Text in der Meditation schulen wollen. Fast alle von uns haben bereits die frustrierende Erfahrung gemacht, dass sie ein inspirierendes Buch eines fähigen spirituellen Lehrers gelesen haben, es ihnen dann aber nicht gelingen wollte, die Techniken nur durch das Lesen des Textes zu meistern. Schließlich hat der Lehrer selbst mit größter Wahrscheinlichkeit die Techniken gelernt, indem er sich von seinem eigenen Lehrer mündlich immer wieder durch den Prozess führen ließ. Und der Lehrer hat seine eigenen Varianten der alten Meditationsthemen entwickelt, indem er seine eigenen Schüler immer wieder durch den Prozess geführt hat, und zwar mit Hilfe des gesprochenen Wortes, nicht mit dem geschriebenen Wort.

Als Autor von spirituellen und psychologischen Texten habe ich viele Jahre lang mit der Frage gerungen, wie ich meinen Lesern am besten in dem Lernprozess helfen kann. Wie kann es ihnen möglich sein, die Augen zu schließen, von der Arbeit des Lesens abzulassen und direkt auf meine Stimme zu hören, die sie immer und immer wieder durch den Lernprozess führt, bis sie die Meditation wirklich beherrschen?

Es ist sonderbar, dass uns gerade die Hochtechnologie eine meditative Lösung bietet. Heute, da jedermann über das Internet Zugang zu gestreamten Audio-Dateien hat, können Sie mit einem bloßen Mausklick Zugang zu meiner Stimme haben, die Sie durch die Meditationen dieses Buches führt. Dieses neue Format der Übermittlung von Programmen der Audioanleitung ist etwas wirklich Aufregendes: Es kombiniert den immer noch wesentlichen geschriebenen Text, der die grundlegenden Konzepte übermittelt, die man braucht, um eine neue Erfahrung zu verstehen, mit augenblicklichem Zugang zu der mündlichen Anleitung, die ich meinen Studenten und Klienten regelmäßig gebe.

Wie Sie gesehen haben, erscheint der Text der geführten Meditation eines jeden Kapitels am Ende des Kapitels zusammen mit der Internet-Adresse (www.7masters.com), über die Sie direkten Zugang haben zu einem gestreamten Audio-Programm, in dem meine Stimme Sie durch den Meditationsprozess geleitet. Wann immer Sie also persönliche Anleitung wünschen, können Sie online gehen, Ihre Augen schließen und sich einer intimen Erfahrung des Prozesses überlassen, den Sie gerade erlernen.

Für jene, die keinen Zugang zu einem geeigneten Computer haben oder die unabhängig von einem Computer die Audioanleitungen hören wollen, gibt es eine preiswerte Version dieses Audioprogramms auf CD.

Sie können die CD Online bei www.7masters.com bestellen oder indem Sie $ 12 (einschließlich Porto und Versand) an folgende Adresse schicken: *Seven Masters* CD, PO Box 861, Kilauea, HI 96754, U.S.A.

Fortgeschrittene Programme

Die Essenz der Meditation ist, sie so einfach zu halten, wie nur möglich. Gleichzeitig werden Sie, wenn Sie die Meditation für einen längeren Zeitraum ausgeführt haben, feststellen, dass Sie bereit sind, das allgemeinen Thema etwas zu variieren, oder dass Sie das Meditationsprogramm Ihren besonderen Bedürfnissen anpassen wollen.

Im Laufe der Jahre habe ich eine Reihe von Meditationsprogrammen entwickelt, die parallel laufen zu den Sieben-Meister-Meditationen und die spezielle Fenster des Zugangs zur Erfahrung Ihrer tieferen spirituellen Natur bieten. Von einigen dieser Programme gibt es Tonaufnahmen; Sie können auf die Website www.7masters.com gehen und sie sich in Ruhe anhören, herausfinden, welches Ihnen zurzeit am besten entspricht, und beginnen, diese neue Meditation zu meistern.

Ich heiße Sie zu dieser lebenslangen Erkundung Ihres meditativen Potenzials willkommen. Sie finden auch psychologische Heiltechniken, die auf meinem Buch „Quiet Your Mind" und auf anderen Selbsthilfeprogrammen basieren, die Ihnen helfen können herauszufinden, ob Ihnen emotionale Probleme den Zugang zur Meditationserfahrung versperren.

Jeden Morgen treten Sie beim Aufwachen auf ganz natürliche Weise in einen neuen Tag ein, der seine besonderen Themen oder Aufgaben hat, die an diesem Tag besonders wichtig erscheinen. Ich habe das Online-Unterstützungssystem unter www.johnselby.com so strukturiert, dass Sie in dem Bereich, in dem Sie gerade besonders unter Druck sind, Hilfe finden können. Es gibt hier geführte Sitzungen oder Serien von Sitzungen, die Ihnen echte Entlastung und Einsicht bringen werden. Bedienen Sie sich dieser geführten Programme, wann immer Sie mögen!

Basierend auf dem Feedback, das ich online oder in Briefen zu Erfahrungen mit dem Sieben-Meister-Programm erhalte, entwickle ich zudem spezielle Programme, die Ihnen helfen und Ihre meditative Erfahrung ausweiten sollen. Bitte schreiben Sie mir und lassen Sie mich wissen, welche Fragen und Probleme in künftigen Programmen behandelt werden sollen.

Literatur

Dieses Literaturverzeichnis wurde vom Übersetzer, Stephan Schuhmacher, für die deutschsprachige Ausgabe bearbeitet.

1. ATEMBEOBACHTUNG – PATAÑJALI

ALMAAS, A. H.: *Being and the Meaning of Life,* Berkeley, CA: Almaas Publishing, 1990; deutsche Ausgabe: *Essentielles Sein: die Bedeutung des Lebens,* Freiamt im Schwarzwald: Arbor-Verlag, 2000.

AUROBINDO, SRI: *The Adventure of Consciousness,* Pondicherry, Indien: Sri Aurobindo Trust, 1968. Eine deutsche Ausgabe dieses Buches ist nicht auffindbar, eine gute Einführung in das Werk von Sri Aurobindo ist jedoch: Sri Aurobindo: *Der Integrale Yoga,* Reinbek bei Hamburg: Rowohlt Taschenbuch Verlag, 1993.

BERENDT, JOACHIM-ERNST: *Nada Brahma – Die Welt ist Klang,* Frankfurt am Main: Insel, 1983.

BOUANCHAUD, BERNARD: *The Essence of Yoga: A New Translation and Reflections on the Yoga-Sutras of Patanjali,* Portland, OR: Rudra Press, 1997; keine deutsche Übersetzung. Eine hervorragende kommentierte Übersetzung der Yoga-Sutras findet sich in: Prem Prakash / Barbara Stoler Miller: *Yoga: Der innere Weg zur Freiheit,* Frankfurt am Main: Wolfgang Krüger Verlag, 1999.

EASWARAN, EKNATH (ÜBERS.): *The Upanishads, Tomales,* CA: Nilgiri Press, 1987; keine deutsche Übersetzung. Eine gute Übersetzung der wichtigsten Upanischaden findet sich in: *Die Weisheit der Upanischaden: Klassiker indischer Spiritualität in zeitgemäßer Neuübertragung,* übersetzt und herausgegeben von Hans-Georg Türstig, Frankfurt am Main: Fischer Taschenbuch, Reihe „Spirit“, 1996.

EVANS-WENTZ, W. Y.: *Tibetan Yoga and Secret Doctrines, or Seven Books of Wisdom of the Great Path, According to the Late Lama Kazi Dawa-Samdup,* Oxford: Oxford University Press, 1935, 1958; deutsche Ausgabe: *Yoga und Geheimlehren Tibets,* München-Planegg: O. W. Barth, bearbeitete Neuausgabe 1951.

GENDLIN, EUGENE: *Focusing,* New York: Bantam, 1981; deutsche Ausgabe: *Focusing: Technik der Selbsthilfe bei der Lösung persönlicher Probleme,* Salzburg: Müller, 1981.

HAZRAT INAYAT KHAN: *The Mysticism of Sound and Music,* Boston: Shambhala, 1996; deutsche Ausgabe: *Musik und kosmische Harmonie aus mystischer Sicht,* Heilbronn: Verlag Heilbronn, 2. Auflage 1987.

MYREN, ANN, UND DOROTHY MADISON, (HRSG.): *Living at the Source: Yoga Teachings of Vivekananda,* Boston: Shambhala, 1996; keine deutsche Übersetzung. Einen guten Einblick in die Lehren Vivekanandas gibt: Swami Vivekananda: *Vedanta: Der Ozean der Weisheit,* Bern, München, Wien: O. W. Barth, 1989.

NEWBERG, ANDREW, UND EUGENE D'AQUILI, M.D.: *Why God Won't Go Away,* New York: Ballantine, 2001; deutsche Ausgabe: *Der gedachte Gott: wie Glaube im Hirn entsteht,* München, Zürich: Piper, 2003.

PINKER, SIMON: *How the Mind Works,* New York: W. W. Norton, 1997; deutsche Ausgabe: *Wie das Denken im Kopf entsteht,* München: Kindler, 1998.

RAM DASS: *Journey of Awakening: A Meditator's Handbook,* New York: Bantam Books, 1978; deutsche Ausgabe: *Reise des Erwachens: Handbuch zur Meditation,* München: Droemersche Verlagsanstalt Knaur, 1985.

ROSENBERG, LARRY: *Breath by Breath: Insight Meditation,* Boston: Shambhala, 1998; deutsche Ausgabe: *Mit jedem Atemzug: Buddhas Weg zu Achtsamkeit und Einsicht,* Freiamt im Schwarzwald: Arbor-Verlag, 2002.

TAGORE, RABINDRANATH: *The Religion of Man,* London: George Allen, 1953; deutsche Ausgabe: *Die Religion des Menschen,* Freiburg im Breisgau: Hyperion-Verlag, 1962.

Teasdale, William: *The Mystic Heart: Discovering a Universal Spirituality in the World's Religions,* Novato, CA: New World Library, 1999.

Tolle, Eckhard: *The Power of Now: A Guide to Spiritual Enlightenment, Novato,* CA: New World Library, 1999; deutsche Ausgabe: *Jetzt! Die Kraft der Gegenwart: ein Leitfaden zum spirituellen Erwachen,* Bielefeld: Kamphausen, 2000.

Venkatesananda, S. Yoga: *Vasistha's Yoga,* Albany: State University of New York Press, 1993.

Yogananda, Paramahansa: *Autobiography of a Yogi,* Los Angeles: Self-Realization Fellowship, 1987; deutsche Ausgabe: *Autobiographie eines Yogi,* München-Planegg: O. W. Barth, 1950.

2. BEFRIEDUNG DES GEISTES – LAOZI

Austin, John: *Zen an the Brain: Toward an Understanding of Meditation and Consciousness,* Cambridge, MA: MIT Press, 1998.

Benoit, Hubert: *The Supreme Doctrine,* New York: Pantheon, 1955; deutsche Ausgabe: *Die hohe Lehre: Der Zen-Buddhismus als Grundlage psychologischer Betrachtungen,* München-Planegg: O. W. Barth, 1958.

Blofeld, John: *The Teachings of Huang Po,* New York: Grove Press, 1970; deutsche Ausgabe: Huang-po: *Der Geist des Zen: Der klassische Text eines der größten Zen-Meister aus dem China des neunten Jahrhunderts,* Frankfurt am Main: Fischer Taschenbuch, Reihe „Spirit", 1997.

Cleary, Thomas: *The Essential Tao,* New York: HarperCollins, 1991; keine deutsche Übersetzung. Eine hervorragende Anthologie daoistischer Texte vom selben Herausgeber ist: *Die Drei Schätze des Dao: Basistexte der inneren Alchimie,* herausgegeben von Thomas Cleary, Frankfurt am Main: Fischer Taschenbuch, Reihe „Spirit", 1996.

Conze, Edward: *Buddhism: Ist Essence and Development*, Oxford: Cassirer, 1953; deutsche Ausgabe: *Der Buddhismus: Wesen und Entwicklung*, Stuttgart: Kohlhammer, 1953.

Herrigel, Eugen: *Zen und Die Kunst des Bogenschießens*, München-Planegg: O. W. Barth, 2., vom Verfasser durchgesehene Auflage 1951.

Humphreys, Christmas: *Zen Buddhism*, London: Heinemann, 1949; deutsche Ausgabe: *Zen-Buddhismus*, München-Planegg: O. W. Barth, 1951.

Kapleau, Philip: *Three Pillars of Zen*, Boston: Beacon Press, 1968; deutsche Ausgabe: *Die drei Pfeiler des Zen: Lehre, Übung, Erleuchtung*, Zürich, Stuttgart: Rascher, 1969.

Merton, Thomas: *Mystics and Zen Masters*, New York: Farrar, Strauss and Giroux, 1967; deutsche Ausgabe in: Thomas Merton: *Weisheit der Stille: die Geistigkeit des Zen und ihre Bedeutung für die moderne christliche Welt*, Bern, München, Wien: O. W. Barth, 1975.

Mitchell, Stephen (Hrsg.): *The Enlightened Heart: An Anthology of Sacred Poems*, New York: Harper and Row, 1989.

Newberg, Andrew, und Eugene D'Aquili, M.D.: *Why God Won't Go Away*, New York: Ballantine, 2001; deutsche Ausgabe: *Der gedachte Gott: wie Glaube im Hirn entsteht*, München, Zürich: Piper, 2003.

Suzuki, D. T.: *Essays in Zen Buddhism*, London: Rider, 1951. Die dreibändige Rider-Ausgabe der „Essays" erschien auf Deutsch in 6 Bänden: *Satori – Der Zen-Weg zur Erleuchtung*, Bern, München Wien: O. W. Barth, 1987; *Zazen – Die Übung des Zen*, Bern, München, Wien: O. W. Barth, 1988; *Koan – Der Sprung ins Grenzenlose*, Bern, München, Wien: O. W. Barth, 1988; *Karuna – Zen und der Weg der tätigen Liebe*, Bern, München, Wien: O. W. Barth, 1989; *Prajna – Zen und die Höchste Weisheit*, Bern, München, Wien: O. W. Barth, 1990; *Shunyata – Die Fülle in der Leere*, Bern, Müchen, Wien: O. W. Barth, 1991.

Suzuki, Shunryu: *Zen Mind, Beginner's Mind: Informal Talks on Meditation and Practice,* New York: Weatherhill, 1970; deutsche Ausgabe: *Zen-Geist, Anfänger-Geist,* Berlin: Theseus-Verlag, 9., überarbeitete Auflage 2000.

Watts, Alan: *Still the Mind: An Introduction to Meditation,* Novato, CA: New World Library, 2000; deutsche Ausgabe: *Zen: Stille des Geistes; eine Einführung in die Meditation,* Berlin: Theseus-Verlag, 2001.

Watts, Alan: *The Book on the Taboo Against Knowing Who You Are,* New York: Random House, 1966, 1989; deutsche Ausgabe: *Die Illusion des Ich: westliches Wissen und Zivilisation in der Krise; Versuch einer Neuorientierung,* München: Kösel, 1980.

Watts, Alan: *The Spirit of Zen,* London: Murray, 1955; deutsche Ausgabe: *Vom Geist des Zen, einem Lebens- und Schaffensstil im Fernen Osten,* Basel, Stuttgart: Schwabe, 1956.

Wei, Henry: *The Guiding Light of Lao Tzu: A New Translation of the „Tao Te Ching",* Wheaton, IL: Theosophical Publishing House, 1988; keine deutsche Übersetzung. Ein wenig „angestaubt", aber immer noch eine der besten Übersetzungen des Daodejing ist: Laotse: *Tao Te King: Das Buch vom Sinn und Leben,* übersetzt und mit einem Kommentar von Richard Wilhelm, Düsseldorf, Köln: Eugen Diederichs, erweiterte Neuausgabe 1978.

3. DIE WAHRHEIT ANNEHMEN – BUDDHA

Goldstein, Joseph: *Insight Meditation: The Practice of Freedom,* Boston: Shambhala, 1994; deutsche Ausgabe: *Vipassana-Meditation: die Praxis der Freiheit,* Freiamt im Schwarzwald: Arbor-Verlag, 1999.

Gunaratana, Mahathera Henepola: *Mindfulness in Plain English,* Boston: Wisdom Publications, 1993; deutsche Ausgabe: *Die Praxis der Achtsamkeit: eine Einführung in die Vipassana-Meditation,* Heidelberg: Kristkeitz, 2002.

KABAT-ZINN, JON: *Wherever You Go, There You Are: Mindfulness Meditation in Everyday Life,* New York: Hyperion, 1994; deutsche Ausgabe: *Stark aus eigener Kraft: im Alltag Ruhe finden – das umfassende Meditationsprogramm für alle Lebenslagen,* Bern, München, Wien: O. W. Barth, 1995.

KORNFIELD, JACK: *A Path With Heart,* New York: Bantam, 1993; deutsche Ausgabe: *Frag den Buddha – und geh den Weg des Herzens,* München: Kösel, 1995.

LAMA SURYA DAS: *Awakening the Buddha Within: Tibetan Wisdom for the Western World,* New York: Broadway Books/Bantam Doubleday, 1997; deutsche Ausgabe: *Der achtfache Pfad: Lehrbuch zur Erleuchtung,* Frankfurt am Main: Wolfgang Krüger Verlag, 1999.

LEVINE, STEPHEN: *A Gradual Awakening,* New York: Doubleday, 1979; deutsche Ausgabe: *Schritte zum Erwachen: Meditation der Achtsamkeit,* Reinbek bei Hamburg: Rowohlt Taschenbuch, 1997.

NANAMOLI THERA: *Mindfulness of Breathing,* Sri Lanka: Buddhist Publication Society, 1982.

NYAMGYAL RINPOCHE: *The Breath of Awakening,* Konmet, Ontario: Bodhi, 1992.

SALZBERG, SHARON: *A Heart as Wide as the World: The Path of Lovingkindness,* Boston: Shambhala, 1999; deutsche Ausgabe: *Ein Herz so weit wie die Welt: buddhistische Achtsamkeitsmeditation als Weg zu Weisheit, Liebe und Mitgefühl,* Freiamt im Schwarzwald: Arbor-Verlag, 1999.

THICH NHAT HANH: *Present Moment, Wonderful Moment,* Berkeley, CA: Parallax Press, 1990; deutsche Ausgabe: *Unsere Verabredung mit dem Leben: Buddhas Lehre vom Leben im gegenwärtigen Augenblick; Übersetzung und Kommentar zu: Das Sutra der Kenntnis des besseren Weges, allein zu leben und Das Sutra der acht Verwirklichungen der großen Wesen,* Zürich, München: Theseus Verlag, 1991.

THICH NHAT HANH: *Breathe: You Are Alive: Commentaries on „The Sutra on the Full Awareness of Breathing"*, Berkeley, CA: Parallax Press, 1988; deutsche Ausgabe: *Das Sutra des bewussten Atmens: Kommentare zu dem Anapanasati Sutra,* Zürich: Theseus-Verlag, 1988.

TRUNGPA, CHÖGYAM: *Shambhala: The Sacred Path of the Warrior,* Boston: Shambhala, 1984; deutsche Ausgabe: *Das Buch vom meditativen Leben: die Shambhala-Lehren vom Pfad des Kriegers zur Selbstverwirklichung im täglichen Leben,* Bern, München, Wien: O. W. Barth, 1986.

WELWOOD, JOHN: *Awakening the Heart,* Boston: Shambhala, 1983.

4. DAS ERWECKEN DES HERZENS – JESUS

BEEVERS, JACQUES: *The Autobiography of St. Therese of Lisieux,* New York: Doubleday, 1971; keine deutsche Übersetzung. Eine deutsche Ausgabe der französischen Originalausgabe ist: *Thérèse ‹de l'Enfant Jésus›: Geschichte einer Seele / Theresia vom Kinde Jesu,* Einsiedeln: Johannes-Verlag, 1947.

BRYANT, CHRISTOPHER: *Jung and the Christian Way,* London: Darton, 1983.

HARVEY, ANDREW: *Son of Man: The Mystical Path to Christ,* New York: Jeremy Tarcher/Putnam, 1998; deutsche Ausgabe: *Der mystische Weg zu Christus,* Petersberg: Verlag Via Nova, 2001.

INGE, W. R.: *Christian Mysticism,* New York: Meridian Books, 1956; keine deutsche Übersetzung. Eine Interpretation biblischer Texte aus mystischer Perspektive ist: *Ravi Ravindra: Mystisches Christentum: das Johannesevangelium im Licht östlicher Weisheit,* Frankfurt am Main: Fischer Taschenbuch, Reihe „Spirit", 1996.

JAMES, WILLIAM: *The Varieties of Religious Experience,* New York: University Books, 1963; deutsche Ausgabe: *Die Vielfalt religiöser Erfahrung: eine Studie über die menschliche Natur,* Frankfurt am Main, Leipzig: Insel-Verlag, 1997.

KATIE, BYRON: *Loving What Is,* New York: Random House, 2002; deutsche Ausgabe: *Lieben was ist: wie vier Fragen Ihr Leben verändern können,* München: Goldmann, 2002.

LEWIS, C. S.: *Mere Christianity,* New York: Macmillan, 1943; deutsche Ausgabe: *Christentum schlechthin,* Köln, Olten: Hegner, 1956.

MATT, D. C.: *The Essential Kabbalah,* San Francisco: HaperSanFrancisco, 1997; keine deutsche Übersetzung. Eine gute Einführungen in die Kabbala ist: Perle Besserman: *Der versteckte Garten: Die Kabbala als Quelle spiritueller Unterweisung,* Frankfurt am Main: Fischer Taschenbuch, Reihe „Spirit", 1996; eine Anthologie von kabbalistischen Texten ist: Perle Besserman: *Früchte vom Baum des Lebens: die Weisheit der jüdischen Mystik,* Frankfurt am Main: Fischer Taschenbuch, Reihe „Spirit", 1997.

MERTON, THOMAS: *Contemplative Prayer,* New York: Doubleday, 1969; keine deutsche Übersetzung auffindbar. Eine Einführung in die christliche Kontemplation ist: Erika Lorenz: *Praxis der Kontemplation: die Weisung der klassischen Mystik,* Frankfurt am Main: Fischer Taschenbuch, Reihe „Spirit", 1997.

MITCHELL, STEPHEN (HRSG.): *The Enlightened Mind: An Anthology of Sacred Prose,* New York: HarperCollins, 1991.

OLIVER, JOAN: *Contemplative Living,* New York: Omega/Dell, 2000.

UNDERHILL, EVELYN: *The Mystics of the Church,* New York: Schocken, 1964: deutsche Ausgabe: *Mystik: eine Studie über die Natur und Entwicklung des religiösen Bewusstseins im Menschen,* Bietigheim, Württemberg: Turm-Verlag, 1978.

5. DIE HEILUNG DER GEFÜHLE — MOHAMMED

ANDRAE, TOR: *Mohammed and His Faith,* Mineola, NY: Dover, 1955; deutsche Ausgabe: *Mohammed: sein Leben und sein Glaube,* Hildesheim, New York: Olms, 1977.

CLEARY, THOMAS, (ÜBERS.): *The Essential Koran: The Heart of Islam,* San Francisco: HarperSanFrancisco, 1993; keine deutsche Übersetzung. Eine deutsche Übersetzung des Korans ist: *Der Koran: das heilige Buch des Islam,* aus dem Arabischen von Max Henning, überarbeitet von Murad Wilfried Hofmann, München: Diederichs, 1999.

COOPER, DAVID: *God Is a Verb,* New York: Riverhead Books, 1997.

HELMINSKI, KABIR: *The Knowing Heart: A Sufi Path of Transformation,* Boston: Shambhala, 1999; keine deutsche Ausgabe. Eine klassische Einführung in den Sufismus ist: Idries Shah, *Die Sufis,* Düsseldorf, Köln, Eugen Diederichs, 1976.

NICHOLSON, ROBERT: *The Mystics of Islam,* London: Routledge Press, 1963; keine deutsche Übersetzung. Eine schöne Sammlung von Texten islamischer Mystiker ist: Andrew Harvey & Eryk Hanut: *Der Duft der Wüste: das Herz der Sufi-Mystik,* Freiamt im Schwarzwald: Arbor-Verlag 2003.

ROBINSON, NEAL: *Islam: A Concise Introduction,* Washington, DC: George Washington University Press, 1999.

6. SELBSTERINNERN — GURDJIEFF

BUBER, MARTIN: *Die Erzählungen der Hassidim,* Zürich: Manesse-Verlag, 1949.

BURHAM, SOPHIE: *The Ecstatic Journey,* New York: Ballantine, 1997.

CASTANEDA, CARLOS: *Journey to Ixtlan,* New York: Ballantine, 1972; deutsche Ausgabe: *Reise nach Ixtlan: die Lehre des Don Juan,* Frankfurt am Main: S. Fischer, 1975.

CASTANEDA, CARLOS: *A Separate Reality,* New York: Ballantine, 1972; deutsche Ausgabe: *Eine andere Wirklichkeit: neue Gespräche mit Don Juan,* Frankfurt am Main: S. Fischer, 1973.

CROWLEY, VIVIANNE: *Jungian Spirituality,* New York: HarperCollins, 1998.

FREUD, SIGMUND: *The Future of an Illusion,* New York: W. W. Norton, 1927; deutsche Ausgabe in: Sigmund Freud: *Massenpsychologie und Ich-Analyse,* Frankfurt am Main, Hamburg: Fischer Bücherei, 1967.

GURDJIEFF, G.I.: *Meetings with Remarkable Men,* New York: Penguin Arkana, 1963; deutsche Ausgabe: *Begegnungen mit bemerkenswerten Menschen,* Freiburg im Breisgau: Aurum-Verlag, 1978.

JUNG, CARL GUSTAV: *Memories, Dreams, Reflections,* New York: Fontana, 1995.

RUSSEL, PETER: *Waking up in Time,* Novato, CA: Origin Press, 1998.

SEGAL, ROBERT: *The Gnostic Jung,* Princeton, NJ: Princeton University Press, 1993.

SHAPIRO, RAMI: *Wisdom of the Jewish Sages: Pirke Avot,* New York: Harmony Books, 1993; deutsche Ausgabe: *Die Worte der Weisen sind glühende Kohlen: das kleine Buch der jüdischen Weisheit,* Frankfurt am Main: Wolfgang Krüger Verlag, 1998.

SNYDER, GARY: *The Practice of the Wild,* New York: Farrar, Strauss & Giroux, 1990.

7. DIE ERFAHRUNG VON GLÜCKSELIGKEIT — KRISHNAMURTI

BOHM, DAVID: *Wholeness and the Implicate Order,* Boston: Routledge and Kegan Paul, 1980; deutsche Ausgabe: *Die implizite Ordnung: Grundlagen eines dynamischen Holismus,* München: Dianus-Trikont Buchverlag, 1985.

Einstein, Albert: *Out of My Later Years,* New York: Philosophical Library, 1950; keine deutsche Übersetzung. Einen guten Einblick in Einsteins philosophische Weltsicht gibt: Albert Einstein: *Mein Weltbild,* Frankfurt am Main, Berlin: Ullstein, 1993.

Eliade, Mircea: *The Sacred and the Profane,* New York: Harcourt Brace, 1957; deutsche Ausgabe: *Das Heilige und das Profane: Vom Wesen des Religiösen,* Hamburg: Rowohlt, 1957.

Huxley, Aldous: *The Perennial Philosophy,* New York: Meridian, 1970; deutsche Ausgabe: *Die ewige Philosophie = Philosophia perennis,* München, Zürich: Piper, 1987.

Krishnamurti, Jiddu: *The Brockwood Talks,* Berkeley, CA: Shambhala, 1970; deutsche Übersetzung nicht auffindbar. Eine repräsentative Auswahl aus dem Werk von Krishnamurti ist: *Vollkommene Freiheit: das große Krishnamurti-Buch,* Frankfurt am Main: Fischer Taschenbuch, Reihe „Spirit", 2001.

Krishnamurti, Jiddu: *The Awakening of Intelligence,* New York: Harper & Row, 1973.

Krishnamurti, Jiddu, und David Bohm: *The Limits of Thought,* New York: Routledge Press, 1999; keine deutsche Übersetzung. Ein ähnlicher Band mit Gesprächen mit David Bohm ist: *Vom Werden zum Sein: der große Weisheitslehrer des Ostens im Dialog mit einem der führenden Physiker des Westens,* Bern, München, Wien: O. W. Barth, 1987.

Naranjo, Claudio: *The Psychology of Meditation,* New York: Viking Press, 1971; deutsche Ausgabe: *Psychologie der Meditation,* Frankfurt am Main: Fischer Taschenbuch, 1976.

Rogers, Carl: *On Becoming a Person,* Boston: Houghton Mifflin, 1961; deutsche Ausgabe: *Entwicklung der Persönlichkeit: Psychotherapie aus der Sicht eines Therapeuten,* Stuttgart: Klett, 1976.

Russel, Bertrand: *Mysticism and Logic,* New York: Anchor Books, 1957; deutsche Ausgabe: *Mystik und Logik: Philosophische Essays,* Wien, Stuttgart: Humboldt-Verlag, 1952.

Sloss, Radha Rajagopal: *Lives in the Shadow with J. Krishnamurti,* New York: Bloomsbury Press, 1991.

Tillich, Paul: *Systematic Theology,* Chicago: University of Chicago Press, 1963; deutsche Ausgabe: *Systematische Theologie,* Stuttgart: Evangelisches Verlagswerk, Erstausgabe ohne Jahr.

Freier Online-Zugangscode

Wenn Sie auf der Website www.7masters.com auf einen Bereich stoßen, der Besitzern der Buchausgabe vorbehalten ist, dann geben Sie bitte die ISBN-Nummer ein, die sich im Impressum auf Seite 4 findet, und Sie erhalten sofort Zugang zu fortgeschrittenen Programmen.